文化
＋
科技

广播电视技术在博物馆
中的应用研究
| CULTURE+TECHNOLOGY

中国博物馆协会社会教育专业委员会　组编

科学普及出版社
·北　京·

图书在版编目（CIP）数据

文化＋科技：广播电视技术在博物馆中的应用研究／
中国博物馆协会社会教育专业委员会组编 . —北京：科
学普及出版社，2018.8
　ISBN 978-7-110-09811-0

　Ⅰ. ①文…　Ⅱ. ①中…　Ⅲ. ①广播电视—技术—应用—
博物馆—研究　Ⅳ. ① G26-39

中国版本图书馆 CIP 数据核字 (2018) 第 088011 号

策划编辑	郑洪炜
责任编辑	李　洁　史朋飞
装帧设计	中文天地
责任校对	杨京华
责任印制	马宇晨

出　　版	科学普及出版社
发　　行	中国科学技术出版社发行部
地　　址	北京市海淀区中关村南大街16号
邮　　编	100081
发行电话	010-62173865
投稿电话	010-63581070
网　　址	http://www.cspbooks.com.cn

开　　本	787mm × 1092mm　1/16
字　　数	280千字
印　　张	15.25
版　　次	2018年8月第1版
印　　次	2018年8月第1次印刷
印　　刷	北京盛通印刷股份有限公司
书　　号	ISBN 978-7-110-09811-0 / G·4108
定　　价	68.00元

编 委 会

主　　　编：王　川

副 主 编：王　扬

编　　　写：（按章节顺序）

李　璐　　邵　壮　　仇　正　　张　悦

陈　晨　　王立军　　康　岩　　王　扬

王　川

审阅及修订：赵　菁　　吴　彪　　张丽文　　王　京

前　言

　　博物馆作为公共文化服务体系的一个重要载体，不仅具有丰富的文化资源，更是提供知识的终生教育场所，也是主要的信息传播基地，在信息空间中占有一席之地。但是，在公共文化服务体系中，博物馆的信息化程度以及信息利用率还比较落后，主要原因有四点：第一，博物馆藏品所展现的信息具有强烈的直观性与形象性，观众通过对实物的直接观察获取对于实物的感性认识，再转化为理性的知识。第二，博物馆特别是历史类博物馆中的许多实物不能成套或成系统地收集与处理，展出的信息多是孤立的、片面的，而同一文化系统或线索条件下的藏品信息之间的联系是文物研究者孜孜以求的，这部分研究信息不能及时地反映在博物馆的信息传播过程之中。第三，博物馆藏品要展示更丰富或更深层次的信息内容，需要借助其他媒介，如文字介绍、多媒体技术等，结合当时的社会背景、文化形态等诸方面进行考证分析，单独的实物信息是片面的。第四，人文历史类博物馆内的历史文物作为"人类及人类环境的见证物"，直接来源于历史，历史不能重现，所以作为信息载体的文物亦不能复制，这也局限了博物馆作为文化机构进行知识传播的功能。以上可见博物馆亟待利用信息化手段对馆藏资源进行整理，为馆际之间信息流通搭建渠道，将零散无序的信息转化为能够提供给社会公众使用的文化知识。

　　公共文化传播从整体上看包括：对源头信息的整理筛选、依托不同的媒介进行传播、对于传播结果及时地反馈和交流。若将这三者割裂开来，公共文化的传播效果势必会大打折扣。但是利用现代信息技术，通过建立信息平台，可以将这三者有机地串联起来，在促进公众与文化、公众与文化机构的沟通，推动社会文明素养的健康发展方面发挥重要作用。

世界瞬息万变，当今我们正处于影像资源极度丰富的"视觉文化时代"。广播电视、互动媒体、虚拟空间、网络等新媒体信息传播技术在博物馆的应用越来越多，特别是广播电视技术，已成为当代博物馆文化记录和传播的重要手段，给博物馆的发展带来更广阔的前景。同时，随着社会发展进程的加快，人们对优质文化生活的追求日益增长，对文化遗产社会属性的认识逐渐深化，博物馆的管理理念也在发生变化。越来越多的博物馆研究人员开始关注博物馆的社会服务功能。"怎样利用多样化的传播媒介，最有效地发挥博物馆的文化传播功能""如何让博物馆为公众提供尽可能多有价值的服务"，诸如此类的课题研究使博物馆的工作更加多元化并富有创造性。

本书以广播电视领域信息化建设工作为研究对象，以中国国家博物馆为研究例证。其馆内拥有近 800 座位的剧院，近 300 座位的学术报告厅（兼作 3D 数码影院），同时还配有广播级高清演播室、音乐录音棚、对白棚、影视后期制作机房，可以独立完成高清节目的拍摄与后期制作；媒体资源管理库及播控中心能够保障全馆公共开放区域 LED 屏幕顺利播放展览相关信息和视频节目。书中各章节内容涉及摄影摄像、数字媒体、影视动画、录音工程、灯光舞美、媒体资源管理等专业学科，每一章节都从相对应的专业技术理论出发，结合博物馆工作实例详细分析阐述"从理论到实践"的应用过程，并在博物馆运营及管理的工作中发掘规律，总结经验，制定规范，促使博物馆事业能够科学有序健康地发展，从而更好地提升博物馆公共文化服务能力，形成适应现实需要的文化传播方式和传播机制，为提升国民的文化素养提供一种新的方式，推动文化与科技、旅游、金融、制造等行业深度融合，使文化融入经济社会发展各个领域，形成一股强大的现代文明社会进步的推动力量。

2018 年 1 月

目录
C O N T E N T S

| CHAPTER 1 | 第一章

广播电视技术在博物馆公共文化
服务体系中的应用研究

李璐

中国国家博物馆成立于 1912 年，至今已经走过百余年的光辉历程，百余年来中国国家博物馆积淀了深厚的历史文化底蕴，这里记载着中华民族 5000 多年文明足迹，收藏着 130 多万件先辈留下的宝贵文化遗产，展示着伟大祖国的历史文化艺术和社会发展的光辉成就。中国国家博物馆是中华文化的祠堂和祖庙，是"中国梦"的发源地，是中华儿女传承历史、开拓未来的精神家园。中国国家博物馆作为中国博物馆行业领头人，是历史与艺术并重，集收藏、展览、研究、考古、公共教育、文化交流于一体的综合性国家博物馆，是我国最高的历史文化艺术殿堂。近年来，中国国家博物馆（图 1-1）各个方面的发展势头惊人，2016 年，更是成为全球接待游客数量最多的博物馆，位列最受欢迎的博物馆排行榜首位。

　　随着社会不断地变革，身在博物馆系统的我们身边发生了诸多变化，这些变化不但有技术方面的变化，也有理念层面的变化。在如今的中国，博物馆事业正在蓬勃发展，博物馆数量正在大幅度增加，博物馆类型日益多样化，办馆主体日益多元化，新的信息技术和传播技术迅猛发展，我们也面临着新的机遇和挑战。一代又一代的博物馆人努力在博物馆运营及管理的工作中发掘规律、总结经验、制定规则，以便使博物馆事业能够科学的、可持续的、良好的发展，从而更好地为公众服务，达成博物馆人的使命。

图 1-1　中国国家博物馆外观

第一节
博物馆公共文化服务体系理论研究

公共文化服务体系是政府主导、社会参与形成的普及文化知识、传播先进文化、提供精神食粮、满足人民群众精神文化需求、保障人民文化权益的所有公益性文化机构和服务的总和。建设我国公共文化服务体系对于积累、传承、创新、发展我国民族文化、保障公民基本文化权益、促进公众公益性文化消费、满足人民日益增长的文化需求，承担着重要的社会责任，对于我国深化文化体制改革、发展和繁荣社会主义先进文化、促进国际文化交流、增强国家软实力、建设社会主义文化强国发挥着不可替代的作用。在国家文化建设中，博物馆建设是国家公共文化建构中的重要组成部分，发展博物馆文化是保障公民文化权益的重要内容。博物馆人和公众的共同愿望与目标是使博物馆真正成为当下社会最活跃的文化生活的重要组成部分。2008 年 1 月，中共中央宣传部、中华人民共和国财政部、中华人民共和国文化和旅游部、国家文物局联合下发《关于全国博物馆、纪念馆免费开放的通知》（以下简称《通知》），《通知》要求"全国各级文化文物部分归口管理的公共博物馆、纪念馆、全国爱国主义教育示范基地在 2008—2009 年全部实行免费开放。"按照国际博物馆协会对博物馆的定义：博物馆是一个为社会及其发展服务的、向公众开放的非营利性常设机构，以教育、研究、欣赏为目的征集、保护、研究、传播及展出人类及人类环境的物质及非物质遗产。可见，当今人们非常看重博物馆的社会教

育和文化传播功能。这就是说，博物馆不仅为国家保藏珍贵的科学文化财富，并通过举办展览，向社会公众传播科学文化知识。更重要的是，它是国际文化交流的平台，还是公众接受社会教育、历史教育和艺术教育的绝佳场所。同时，博物馆可以与剧院、图书馆、音乐厅、档案馆、艺术中心等文化机构联合，整合地区文化建设资源，并为文化产业的经济增长做出重要的贡献。

党的十九大提出，中国特色社会主义进入新时代，我国社会主要矛盾已经转化为人民日益增长的美好生活需要和不平衡不充分的发展之间的矛盾。随着新时期传播方式和受众期待视野的变化，传播语境的变化需要博物馆的影视多媒体系统建构进行全面的理念革新和实践。传统的博物馆展陈体系已无法满足受众要求，同时，服务于展陈体系的技术也落后于发达国家的博物馆。而技术的进步来源于创新，但要培育技术创新的社会环境，还必须进行理论创新、制度创新、产业创新和文化创新等。将广播电视最新理念和前沿技术运用到博物馆的日常运营中，无疑是一种大的创新和飞越。

博物馆是一个国家公共文化服务事业体系中重要的组成部分。著名学者阿诺德·豪泽在《艺术社会学》中提出博物馆是传播文化艺术重要的"中介机制"的观点。他认为，若没有博物馆这一"中介机制"，所谓的"世界艺术"和"世界历史"的概念便不复存在了。这与博物馆功用中"为公众提供知识、教育和欣赏的文化教育机构或者社会公共机构"的内容相一致。博物馆有收藏、有陈列，但如果失去了传播文化、教育公众这样的文化艺术媒介属性，仅具有文物的保藏功能，是不完整的。

博物馆中基于广播电视技术的影视多媒体系统（影剧院与文化展示区域，高清演播室与音视频后期制作系统等）的构建，极大地拓展了博物馆的影响领域，丰富了博物馆定义中"教育""研究""欣赏"三大目的的外延，对博物馆传统功能有极大的改进和提升。

一、多角度的信息传达与全方位的媒介表现

当代传播语境已发生巨大变化，影视多媒体的影响力已深入各个领域，媒体是信息延伸的途径，博物馆需要提升的是信息传递手段、表现方式和与之相配合的技

术。枯燥的讲授和陈列无法激起公众的兴趣，他们期待多媒体的审美体验，期待获取知识手段的多样化。

我国地方博物馆也已开展了将新媒体及影视多媒体技术运用于展陈体系信息化方面的尝试，在互动触摸屏、幻影投像、互动投影和数字媒体影院等方面取得了良好的效果。比如江苏省南通博物院的 4D 影院，创造性地将恐龙化石与 4D 影像相融合，通过声光电的共同作用来演示恐龙是怎样灭绝的；扬州博物馆的《广陵潮》4D 环形影像采用互动触摸装置，与影像、模型相连，生动形象地展现了扬州市区的历史变迁等。有情节的主题设计、多感官的媒介刺激，不仅传递了更多的信息，提升了表现力，还使得公众对文物及艺术作品的体验建立在更逼真的历史坐标上。因此人们对历史与文化会有更直接的感受和认识，引发更深入地思索。影视多媒体运用多元的艺术手段，多角度、多维度地传递信息，引起了受众的欣赏兴趣，增强了受众之间的互动性，增加了展品的审美指数，激发了受众学习历史和文物的热情，使参观者完全置身于艺术的享受和感悟之中。

二、重新建构博物馆的公共空间

收藏和保管是博物馆最原始、最基本的功能，也是任何其他机构不能完全取代的一项社会任务。可从另一个角度来看，阿诺德·豪泽又将传统博物馆称为陵墓，"在这个陵墓中，艺术品过着一种抽象的、与世隔绝的生活，它们已经与产生它们的生活、与它们曾在这种生活中完成的实际任务隔断了联系。"法国著名作家保尔·瓦雷里认为，在传统博物馆里，艺术品都变成了像石头一样的东西，挤在博物馆的空间，失去了与外部世界的联系，相互之间也不存在任何内在联系。哈贝马斯认为，组成公共领域和空间的剧院、博物馆、音乐厅与公众有着密切的联系。传统博物馆关注的往往是国家权威空间与个人空间，缺乏对话和交集，无法构成公共话语和观点的交流，由此造成了博物馆公共空间的缺失。

随着社会经济、文化的发展和人民生活水平的不断提高，博物馆的传统职能已经不能满足社会多样化的需求，博物馆的功能也随着社会的发展而不断拓展。如何吸引更多的人走进博物馆，让参观博物馆成为一种新的生活时尚，是每个博物馆人需要思考的问题。影视多媒体系统等大众传播媒介符号的融入，使得博物馆公共空

间的概念得到强化。音乐、影像、动画等的生动展示与文化交流，增加了博物馆的文化吸引力，在公共空间的建构上成为信息的汇集点和思想的辐射点。这些新符号在博物馆公共领域的引导与实现过程中，将形成博物馆独属的公共话语空间。中国国家博物馆尽可能地运用文物、设施、场地、技术等自身掌控的公共资源，为群众提供优质的展览服务，如举办音乐会、戏剧演出，为小朋友开办培训课程和夏令营、冬令营等，将能够产生广泛社会影响力和良好口碑的系列活动固定下来作为常态活动，不断扩展服务的覆盖面，着力提升基层群众的文化品位。

三、丰富公共教育手段

中国国家博物馆通过招募社会志愿者来弥补和充实专职讲解人员队伍。传统的人工讲解服务和语音导览器的使用确实为博物馆的公众服务提供了有效的知识传递，但是形式比较单一和枯燥。保尔·瓦雷里认为，传统博物馆制造的艺术世界"其经过精心排列的组合是一种有组织的混乱"，而美学更看重"每件真正的艺术作品的个性"。现象学、美学认为，审美和艺术最为重视的就是感性。影剧院及广电影视系统作为大众传媒的实现手段，其感官体验最为强烈，是传统展览无法企及的，能够使博物馆大大提升自身的美育功能和责任。接受美学也认为，音视频的直接呈现对审美趣味的培养是不可抗拒的。例如，一件古代乐器的展示，不再只是图片加文字，还可通过音乐演出展示、影视节目互动体验、音乐录音研究等多种方式展开。

北京市教委开展了中小学"四个一"实践教育活动，委托北京教育科学研究院基础教育教学研究中心，依托四家接待单位研发学生实践学习任务单，引导学生带着问题和思考进入场馆进行主题性学习。"四个一"即为至少参加一次天安门广场升旗仪式，分别走进一次中国国家博物馆、首都博物馆和抗日战争纪念馆。中国国家博物馆、首都博物馆、抗日战争纪念馆等接待单位专门开发了针对中小学生的参观学习内容，用仪式教育、主题性教育等方式提升学生学习兴趣，加深其实践感受。自 2014 年 9 月至今，北京市已有 10 万余名中小学生来到中国国家博物馆，在丰厚的文化氛围中培育和践行社会主义核心价值观。在中国国家博物馆一天的实践教育活动中，备受学生喜爱的学习内容之一为来到学术报告厅观看时长 30 分钟的 3D 人文纪录片《国脉》。学生们欣喜地戴上 3D 眼镜，感受极具冲击力的银幕效果和杜比环绕声带来的震撼。对他们来说，通过影片既了解了中国国家博物馆悠久的历史，欣赏了恢弘的建筑结构，又对馆内丰富精美的馆藏有了初步的认知——"博物馆是一部百科全书，好似一扇向过去、现在和未来打开的文明之门，能够帮助我们更直观地认识自己和这个世界。"由此可见，博物馆影视多媒体系统的建构，对培养公众的艺术修养，提升公众的审美趣味有极大帮助。

四、提高受众的参与度与体验感

影视多媒体的信息易于被受众解码，所传播信息的编码也相对简单。传播学者梅洛维茨认为，电子媒介展示了自发和自然的信息，"且将不同人所展示的大众形象类型都融入了公共领地"。在接受影视多媒体信息时，受众的体验感往往是无法被传统的讲授和陈列所复制和替代的，这种体验会长时间存在于受众的脑海中，形成深刻记忆。多媒体的融合及互动，为人们提供了广阔的艺术空间，尤其为原来没有机会或能力从事艺术活动的人们提供了体验的条件。因此，影视多媒体系统的融入能够使博物馆更符合大众需求，更利于文化传播与交流，全面提高受众的参与度。中国国家博物馆教育体验区于 2011 年 9 月建成并投入使用，总面积近 1500m²。其各功能区外形呈椭圆形，给人以圆润、灵动之感。其造型错落有致、富于变化，与中国国家博物馆庄严宏伟的建筑风格形成方中有圆、圆中有方的韵味对比。教育体验区包含展示接待区、艺术交流区、舞台表演区、手工制作区和影音影像区 5 个部分，并根据美术、音乐、戏剧、科学 4 个门类开发了 50 余种体验项目。尤其是影音影像区，其在内容设计上以青少年观众为核心，兼顾其他年龄段观众兴趣爱好的同时，提出了"走进博物馆""体验博物馆""爱上博物馆"的整体思路。青少年在体验区组织的活动中不仅可以学到书本以外的知识，还可以激发他们的参与意识，引导他们感受博物馆的文化、历史与艺术氛围，逐步养成参观博物馆的习惯，进而拉近博物馆与青少年的距离，建立起良好的沟通互动关系。在博物馆日益亲民化的今天，越来越多的观众把博物馆当作一个可以度过愉快假期，同时可以获取知识的休闲娱乐场所，轻松有趣的影视多媒体参观体验，无疑会增加博物馆的吸引力。

第二节
以中国国家博物馆为例的应用实践

中国国家博物馆于 2011 年完成改扩建工程，其不仅建筑体量扩大，而且重视相应硬件设施的技术革新，这其中包含先进影视多媒体系统的技术建构。目前，中国国家博物馆逐渐形成了独具特色的音视频多媒体技术系统，并将在今后的运用中挖掘新技术，提高数字内容水平。

影视多媒体音视频群涵盖了剧院、学术报告厅（兼 3D 数码影院）、高清演播室以及后期制作群等大量影视制作用房，其中包括高清演播系统、视频后期制作与资源共享管理系统、环绕声制作系统、3D 影视制作系统等。这些影视多媒体技术的运用极大地提升了中国国家博物馆的数字内容水平，全面提高了观众的参与度和体验感，为参观者提供了更加丰富便捷的文化服务。

一、完成文化节目录制的高清演播系统

充分利用好独一无二的历史资源（文物、学术专家、考古活动等），对已有珍贵影视资料进行整理存档和编辑利用，录制相关影视节目，不仅需要保证节目内容上的权威性和科学性，也需要在节目制作技术上做到一流。

中国国家博物馆 600 m^2 的高清演播室包括音视频系统、通话系统、同步系统、应急系统等功能较为完善的数字演播室系统。它主要由高清演播室摄像机、演播室

切换台、高清数字录放机、监视设备、应急切换矩阵、同步系统、音频系统、音视频周边设备等组成。高清演播室不仅配置了演播室摄像设备，还配置了野外电子新闻采集（ENG）拍摄设备。先进的多媒体演播技术，不仅可以用于文物、非物质文化遗产和文化活动录制，对文化遗产的存档也有重要作用。

例如，在中国国家博物馆高清演播室录制完成了"中国绘画史系列"高清节目。此外，还充分结合中国国家博物馆功能区域的实际情况和使用需求，独具特色地建立了以高清演播室为核心，以演播大厅、中国国家博物馆剧院、学术报告厅为主景区，以后期制作机房群为后期制作中心的整体演出制作系统。这使得中国国家博物馆能够在现实展示空间和虚拟空间都能分别搭建影像化的平台，在举办中国国家博物馆讲堂系列活动、诺贝尔奖获得者北京论坛、中英博物馆连线、亚洲博物馆论坛、"启蒙之对话"中德高端论坛等活动时，借助先进的影视多媒体系统完成中国国家博物馆公共空间的重构，以立体化（现场视、听、感多角度接受）、影像化（多讯道拍摄）、多媒体化（现场、影视、网络等多种途径）、多语言化来促进公共话语和观点的交流，增强中国国家博物馆的文化吸引力。

2012 年，中国国家博物馆与北京史家小学在"如何最大化发挥博物馆教育资源优势以促进学校教育"方面达成共识。2013 年，中国国家博物馆与史家小学的合作项目"漫步国博——史家课程"在中国国家博物馆正式签约。史家小学品德与社会、美术、科学、书法等多个学科的老师带着学生走进中国国家博物馆，与博物馆内社会教育宣传部的讲解员一起为学生上课。课程全程在中国国家博物馆录制完成并进行后期制作包装（图 1-2）。每节课程主要有两部分内容。第一部分在展厅，学生们能够近距离接触到书本图片对应的真实历史文物，并聆听专职讲解员深入浅出的介绍；第二部分在中国国家博物馆 600 m² 高清演播室里进行。史家小学的老师针对学生们在展厅里所看到的、学到的知识进行进一步扩展和组织动手实践。不仅学生们非常喜欢这种上课模式，家长们也是赞不绝口。他们普遍认为这种课程极大地扩充了学校的课程体系，使课本更加鲜活。"漫步国博——史家课程"成为学校行动课程中重要的一篇，也体现了教育的另一种新形式，既培养提高了孩子们的观察能力、研究能力，又渗透着美育，激发了他们的爱国精神。史家小学校长王欢认为："依托博物馆丰富的课程资源，老师们可以带领学生走进社会、穿越世界、穿越古今，直面鲜活的文化、悠远的历史，让学生的视野超越学校围墙的限制，让教育回归生活、回归社会。"随后，中国国家博物馆和北京史家小学组织专家和教师编写的《中华传统文化——博物馆综合实践课程》系列教材于 2015 年 9 月正式出版，开始为广大学生服务。课程内容以中国国家博物馆馆藏精品为依托，以史家小学多年来的实践为基础，涵盖"说文解字""美食美器""服饰礼仪"和"音乐辞戏"4 大主题，在全国范围内具有一定的创新性和引领性。博物馆课程极大地满足了学生不同的需求，激发了学生的兴趣和主动性，让不同学生找到适合自己的学习内容和学习方式，促进了其潜能开发，并取得了很好的效果。

图 1-2 《漫步国博——史家课程》演播厅录制现场

二、完成文化庆典与交流的演出场所

中国国家博物馆坚持历史与艺术并重，配合展览、文化庆典与国际交流的各类演出从实践上多角度、多方向地传播了世界民族优秀艺术，它是博物馆在文化展示和文化交流层面上的有益尝试和功能拓展。

其中，中国国家博物馆剧院是组织文化交流与展示的优质场所，目前已举办各类演出交流数百场。取材于中国传统文化，讲述春秋战国时期故事的戏剧《说客》；以交响音乐朗诵的形式来展现我国唐诗宋词一座座巍巍丰碑的"中国唐宋名篇"音乐朗诵会；"红楼梦钢琴协奏曲"全球首发音乐会；"旷世清音·中国弦乐之美"古琴琵琶音乐会（图1-3）；魅力西藏歌舞表演等。此外，通过承办来自国外的优秀演出，使得中国国家博物馆真正承担起国际文化交流平台的重任。例如，中国国家博物馆剧院首场演出暨德国德累斯顿国家管弦乐团交响音乐会以极高的艺术水准演绎了贝多芬"英雄"交响曲，场面热烈；由中国国家博物馆与歌德学院主办的戏剧经典朗读系列活动；阿塞拜疆的木卡姆乐团、委内瑞拉国家舞蹈团激情四射的拉美

图1-3　旷世清音"中国弦乐之美"音乐会现场

歌舞；蒙古国家歌舞团的传统民俗表演；沙特阿拉伯王国歌舞表演；意大利的"当鲁特琴遇见琵琶"音乐会；"中泰建交 40 周年泰国传统文艺表演"等一系列外国的民族传统文化交流与文化演出，也使观众体验了原汁原味的异域文化。

　　值得一提的是 2015 年 12 月 30 日，配合河南博物院在中国国家博物馆举办的"大象中原"展览系列活动之一的"华夏正声——音乐考古复原专场演出"在中国国家博物馆剧院成功举办（图 1-4）。河南博物院华夏古乐团为观众倾情呈现了中原大地上碧落黄泉、五湖三江的古乐。副团长、演出总监霍锟老师为大家讲解了距今超过 8000 年的贾湖骨笛、超过 5000 年的红陶鼓和彩陶缶、超过 3000 年的安阳殷墟的兽面纹铜铙以及 2500 年前两周时期的钟鼓磬瑟、管箫琴笙。这些古乐器在身着古代特色服饰演员的倾情演绎下，观众仿佛重回古书中所载的那个古老而真实的世界里。千年古乐，盛世再现。华夏古乐的乐器和服饰复原是考古研究成果的实验与再现，从史前至明清古代乐器的复制研发，如史前骨笛和陶乐器、商周编钟、汉魏和唐宋弦乐器等几十个品类。华夏古乐的曲目乐谱是在古代乐谱、古琴谱的基础上，由国内多位著名音乐考古、史学、乐学专家共同合作创编配译的。华夏古乐

图 1-4　华夏正声—音乐考古复原专场演出现场

对古代服饰如商代服饰，先秦深衣，汉代曲裾，唐代男女衣装、发饰和佩饰等的研究复原，是由考古学专家和服饰造型师共同合作的学术成果。华夏古乐的演出是一种非物质文化遗产的综合表现，每项都连带着科学考古学的背景和专利性质的研究历程。骨笛陶埙、钟鼓磬瑟、箫管琴笙，奏响天籁之声，再现汉武唐韵。无形的文化遗产转化为有声的音乐，这个复原过程紧紧连带着深远的历史文化背景。正是借此次音乐会，观众才深切领会到展柜里静静躺着的一件件古乐器竟能发出如此美妙绝伦的声音，完全沉浸在来自国宝的冲击和震撼中。此次音乐会被中国国家博物馆工作人员精心录制下来，并在成片中增加了对古乐器演奏者的采访和古乐乐器独奏演示，以作为本次展览系列活动的成果汇报和展览宣传手段之一。中国国家博物馆复兴与再现我国优秀文化遗产的成功实践，更是对古代文化、文明的复兴与崛起的伟大献礼，获得了良好的社会反响。

此外，作为国际文化交流场所，中国国家博物馆越来越多地承担大型文化庆典或仪式的任务。例如，2011 年 4 月在中国国家博物馆举办的"启蒙的艺术"大型展览开幕式及"启蒙之对话"系列活动；2014 年 4 月"名馆、名家、名作——纪念中法建交 50 周年特展"新闻发布会及中法建交 50 周年重点项目推介会；2015 年 4 月中泰建交 40 周年泰国传统文艺表演活动；2017 年 3 月"阿拉伯之路"展览开幕。这些活动会有政府首脑、外交使节、著名历史文化学者参加并做报告。自中国国家博物馆 2011 年开馆以来，大型庆典音视频系统已陆续服务了各类大型展览开幕式、大型文化交流庆典活动 1000 余场。先进的音视频多媒体技术保证了典礼活动的国家级水准，更好地为公众提供了精神文化享受。

三、音视频后期制作系统

中国国家博物馆的文化传播和公众教育任务，不仅要在展厅实现，还需要系列化的影视多媒体节目来实现。那些基于模拟视音频原理而日益面临磨损的珍贵影像、声音资料，同样是宝贵的文化遗产，需要中国国家博物馆构建先进的影视多媒体系统来形成整套拍摄与制作系统以及转换与备案系统。

中国国家博物馆视频后期制作与资源共享管理系统包括媒体资产管理系统、远程资源回传系统、后期制作系统等。具有节目制作，存储网络化的大容量磁盘阵列资料库，实现资源共享，网络化节目采集、制作、数字化存储等功能。后期制作非编工作站、节目包装工作站、合成渲染工作站，极大地丰富了视频制作的表现手段。中国国家博物馆环绕立体声制作系统基于中国国家博物馆文艺录音棚，通过强大的计算机多轨数字音频工作站、广播级数字调音台、音频处理器与效果器和众多优质话筒来完成制作任务，能够完成民族戏曲戏剧录制、民族音乐与非遗类音乐录音、历史文化专题片配音与音效合成。

由于中国国家博物馆每天所能承载的客流量和参观时段有限，因此导致来自世界各地的游客不能在有限时间内看完全部感兴趣的展品，而有些人甚至不能亲自来到中国国家博物馆一饱眼福。所以，凭借先进的音视频后期制作系统，能够以新媒体及电子出版物为载体，完成博物馆的公众教育、学术研究推广与艺术欣赏功能。例如，每次举办临时特展，比如"罗马与巴洛克艺术展""伏尔加河回响——特列恰科夫画廊藏巡回画派精品展""罗马尼亚珍宝展""来自肖邦故乡的珍宝——15—20世纪的波兰艺术展""卢浮宫的创想""道法自然——大都会艺术博物馆精品展"等重量级外展，博物馆影视制作的工作人员都会认真拍摄每件展品，撰写展品的详细介绍，录制解说词，精心制成影音资料来满足公众的观赏需求。2012年是中国国家博物馆建馆100周年，作为百年庆典系列活动之一，中国国家博物馆剧院连续举办数场"琴汇——中国古琴大师雅集"系列音乐会。由于该演出汇集了当今古琴界最具代表的8位大师，有着卓越的艺术水准。中国国家博物馆利用高清视频讯道系统、数字音频工作站等先进设备完成了演出实况的录制，并制作成光盘套装由中国录音录像出版总社出版发行，以更好地传播中国传统文化，展示非物质文化遗产。

四、3D影视制作系统

博物馆拥有独一无二的历史文物资源，能够拍摄、制作并推广一批高质量3D节目，这将极大地提升博物馆的吸引力和影响力，并使博物馆的影视多媒体技术走在业界前沿。目前，中国国家博物馆已建立起一整套3D立体视频实时拍摄与制作系统，它包括立体电影制作系统、双路数字放映系统、金属屏幕、特殊观看眼镜等。3D技术的开发和运用为前来中国国家博物馆参观的公众提供前所未有的视觉体验，极大地增强了公众的参与性、体验性和交互性。

中国国家博物馆和中央电视台联合摄制了《国脉——中国国家博物馆100年》大型历史人文纪录片以及《国脉》3D版。该系列专题片对中国国家博物馆所有影像资料进行了整理，对建筑和文物进行了高清拍摄，而且采用了情景再现等手法重现中国国家博物馆的历史，运用三维动画等方式丰富了观众的视觉体验。该片2013年元旦在中央电视台播出后，受到各方关注和好评。《国脉》3D版更是在2013年5月于中央电视台3D频道震撼播映，成为中国国家博物馆立体展示我国民族文化瑰宝的典范之作。

2017年12月25日，中央电视台纪录片频道在中国国家博物馆学术报告厅举行了百集纪录片《如果国宝会说话》的首映式（图1-5）。此片目光跨越8000年，从新石器时代到宋、元、明、清。中国国家博物馆的30余件文物都将在片中与广大观众见面。这100件文物，特别是中国国家博物馆馆藏品红山玉龙、上海博物馆藏品大克鼎、河南博物院藏品莲鹤方壶、广汉三星堆博物馆藏品三星堆青铜人像、金沙遗址博物馆藏品太阳神鸟金箔、湖北省博物馆藏品越王勾践剑等众多国宝文物，

图1-5 百集纪录片《如果国宝会说话》首映式现场

都是各博物馆的镇馆之宝。如今齐聚片中，从收藏到展示，从展示到让文物说话，用独特的视角和生动的形式为大家讲述属于它们自己的故事。《如果国宝会说话》总导演徐欢说："我们也有一个愿景，希望这 100 个 5 分钟能够成为中华文明的视频索引，5 分钟请你点击进去，激发你更渴望了解我们的历史、我们的文化。"可见，立足于公共文化服务的最前沿，博物馆人和媒体人都在努力将广播电视技术和手段充分运用于博物馆文化服务当中，利用广播电视多媒体的优势，全面、客观、专业、权威地给更多的人讲好中国故事，最大化地满足公众对公共文化的需求。

现代化的博物馆不仅是历史的圣殿，更是艺术的圣殿。在博物馆建设中，以先进的影视多媒体技术为重点，建立博物馆独属的配套影剧院与文化展示区域、高清演播室与音视频后期制作系统，并充分发掘其使用潜力，合理运用于非物质文化遗产展示、考古遗址拍摄、文化节目录制、主题场景设计、文化庆典与交流等诸多领域，使得博物馆不再只是静态的展览馆，而是能满足不同观赏者的不同观赏模式、不同观赏层次、不同观赏目的，成为多维度的包罗万象的文化场所，这也是如今博物馆创造力和活力的最好体现。

| CHAPTER 2 | 第二章

博物馆公共文化服务体系自主节目拍摄及演播厅应用

邵壮

博物馆是国家公共文化服务体系的重要组成部分，而博物馆公共文化体系自主节目拍摄及演播厅应用，又是其中具备展示服务品质专业化、多样化的有效载体。随着国家经济和科技的快速发展，以及互联网时代的到来，博物馆原有的以收藏、保管、研究为中心的公共文化服务模式已无法满足与科技、互联网对撞接轨后人们快速喷发的精神文化需求。"与基本建成公共文化服务体系的目标要求相比，公共文化服务体系建设水平仍然有待提高。在新的形势下，构建现代公共文化服务体系，是保障和改善民生的重要举措，是全面深化文化体制改革、促进文化事业繁荣发展的必然要求，是弘扬社会主义核心价值观、建设社会主义文化强国的重大任务。"① 对此，中国国家博物馆在公共文化服务体系自主节目拍摄及演播厅应用方面，首先做了大量工作和探索，以期对原有公共文化服务体系自主节目的"老态龙钟"或者"裹足不前"状态予以改进，进而使观众参观博物馆时能够精神愉悦，有良好的体验，为公众提供更加多样、专业、艺术的公共文化服务。

---

　　① 　参考中共中央办公厅、国务院办公厅发布的《关于加快构建现代公共文化服务体系的意见》。

第一节
博物馆自主节目拍摄及演播厅
应用现状与分类

在博物馆公共文化服务体系中，不同的博物馆其自主节目的设置、操作及其实现方式都有所不同。中国国家博物馆公共文化服务体系中现有的自主节目拍摄主要有：文物拍摄、国内外重大展览、捐赠仪式及开幕式拍摄、党和国家领导人及各国领导人来馆参观拍摄、各种特展、常规展览的拍摄、国博讲堂拍摄、各种宣传片拍摄、"馆校合作"青少年教育项目、"四个一"精品工程拍摄等。

摄影作为一种艺术形式、一种事实的记录、一种视觉的历史文献，可以拍摄和留存有关人类历史、社会实践以及文化发展的轨迹。对于博物馆来说，摄影是最科学、最客观的盛载、存放、保存文物及其身影的载体之一。今天的现实，就是未来的历史；过去的历史，在当下就应完整地留存。因此，对于博物馆来说，服务于公共文化的那些自主节目拍摄的重要性不言而喻。

如果单从专业技术角度对自主节目拍摄及演播厅应用进行分类的话，大体可分为 4 类，即：静态拍摄，动态拍摄，静、动结合拍摄以及演播厅拍摄。不同的拍摄方式，分别对应不同的节目和拍摄对象。同时，也要对应不同的拍摄场景和拍摄环境。

一、静态拍摄

从摄影学的角度看，静态拍摄属于静物摄影范畴，也就是对静止物体的拍摄。一般博物馆文物的拍摄，都属于静态拍摄，即静物摄影。应该说，静态拍摄是相当有难度的，也颇能显现摄影师的专业功底和技术水准。

以对中国国家博物馆整体建筑的拍摄为例。中国国家博物馆是中华文化的"祠堂"和"祖庙"，不光内容丰富，而且外在建筑风格也是一件巨幅艺术品。作为中华人民共和国成立十周年的十大建筑之一，建筑恢宏大气，尤其是改扩建工程之后，更加雄伟壮观。而恰恰是因为中国国家博物馆的大，所以在用摄影表现其建筑的美感时，并不容易找到合适的角度。要拍好中国国家博物馆的建筑之美，首先要了解其建筑风格，中国国家博物馆综合了中式和苏式的建筑风格，兼具希腊、罗马立柱建筑风格。其中，拍好中式建筑，最关键的是要把握好"对称"，因为几乎所有中国古典大型建筑都是轴对称的，如故宫、天坛、恭王府等。中国国家博物馆也是如此，其是一个南北轴对称的建筑。在拍摄的时候需要尽可能地把镜头对准中轴线位置，才会有一种对称之美。这种美是人类的审美本能，更是这类对称建筑的内在之美。可以把国家的力量、中华文化的光辉很好地凸显出来，恢宏大气。

但有时为了表现侧面或者在拍摄西大厅举办的开幕仪式等大型活动，无法在中轴线利用对称性的美感来拍摄。这个时候就要利用博物馆的另一个建筑特性——西式建筑的笔直线条美。中国国家博物馆建筑的线条多呈横平竖直，而且有规律地几何排列，可以结合摄影构图中的焦点汇聚法，利用这些隐形的看不见的线汇聚到被摄主体，用视觉引导来突出被摄主体。

文物是宝贵的历史文化遗产，是人类文明的艺术瑰宝。因此，要拍好文物，不但要求摄影师具备较强的专业技巧，还要求摄影师具备相当的审美意识和艺术品位。只有这样，才能拍摄出文物应有的历史和艺术价值。

由于中国国家博物馆的特殊性，很多展品无法拿出展柜在专门的摄影棚内拍摄，因此，在展柜中拍摄展品和文物时，特别是遇到需要拍摄正在展出的文物时，就需要采用特殊的拍摄方法和摄影技巧。拍摄展柜中的展品时最大的限制，就是有一层玻璃罩着文物，而玻璃是反光的，所以，在拍摄时必须避开摄影师和摄影机在玻璃上的投影反光。这个原理可用初中物理中的光学知识来分析，要掌握好入射角和反射角，也就是照相机相对于展柜和文物的角度。这种方法适用于很多立体文物，如陶罐、瓷器等展品的拍摄。但也并不尽然。例如，需要表现文物的正面图案，或者是拍摄照片展品和书画展品时，从正面拍摄就非常重要。如果从侧面拍摄，则不利于对文物的表达，会给观众不专业、不严肃的感受。而摄影师和照相机直面文物时，摄影师和照相机的投影会完全进入画面，这时，可以在摄影师的身后放一面很大的黑布，俗称"打黑旗"，此时，摄影师和其助手也应该身穿黑色工作服，甚至要带黑色的手套，照相机一般是黑色的，如果不是黑色的，也要用黑色的布裹起来。这样整个人和照相机就完全"沉浸"在黑背景中，而此时，黑布倒映在玻璃上，是看不到的。这样，就可以从正面拍摄文物和书画了。

例如，"大英博物馆100件文物展"有许多世界级的精品文物，有些是第一次来华展出，对这些展品或文物逐一进行拍摄，就是在展馆内的静态拍摄。无论是摄影技巧、拍摄角度，还是对光的运用，或是对色调、对比度、饱和度等技术指标的把握，都经常会运用到上述技巧。

又如，在2016年进行的第三次文物普查工作中，对大量可移动文物进行拍摄，采用的就是静态拍摄方式。采用的拍摄器材是特殊照相机，对文物影像格式、质量等方面技术要求高，对平面文物和立体文物都分别有不同的拍摄要求，如对立体文物要求拍摄全形图及正视角图的顶面和底面图。再如对具有花纹、附件、内壁铭文或其他特殊情况的立体文物，相应部位均要进行局部拍摄。要严格按照影像基本技术要求和拍摄技术规范去做，从而使所拍文物主体突出，布光均匀，影像信息含量完整，达到拍摄技术要求，基本达到了真实再现文物基本特质的目的。

二、动态拍摄

这类拍摄主要针对的自主节目有：各种重大展览、特展，文物捐赠的开幕式或新闻发布会，国博讲堂，"四个一"精品工程，各类宣传片以及来华各国领导人的参观活动等。这部分自主节目的动态拍摄主要运用设备是摄像机，拍摄地点大多是馆内或展厅内。

专业摄像机指摄像机中摄录放一体机，具体还可分为演播室/现场座机型摄像机和便携式摄像机。前者体积较大较笨重，一般安装于底座或三脚架上才能操作，镜头的体积、焦距范围、相对孔径大，常用于演播室或其他位置相对固定的场所。便携摄像机体积小、重量轻、携带方便，用三脚架或人体支撑拍摄均可，一般采用直流电池供电，也可通过交流结合器交流供电。可用于多种场合，如，电子新闻采访（ENG）和电子现场制作（EFP）。例如，在拍摄国外领导人参观或是国外大型展览观众参观时，拍摄通常避免将镜头正对阳光，以避免损害摄像机的电荷耦合器件板（CCD）。冬天，从馆外进入馆内时机器容易结霜，因此，应将数码摄像机放在密封的塑料袋中。此外，摄像师在抢拍镜头时，要注意电缆和录像机的连接，防止因电缆扯翻录像机或因用力过大而扯断录像机电缆中的连线。

三、动、静组合拍摄

这种拍摄方式主要针对重大展览、特展，以及常规展的全程拍摄。既拍文物，又拍观众，有静也有动，有细节也有场面，力求做到静动结合、人物互动、物景交融。拍摄时既要有照相机也要有摄像机。

例如，近几年国际上几大著名博物馆的来华展览，"启蒙的艺术""地中海文明——法国卢浮宫博物馆藏艺术精品""大英博物馆100件文物展的世界史"及美国的"大都会艺术馆精品展"，观众的参观情景盛况空前。因此，除了对于国内观众平时极少看到的国外精品文物要一一拍摄留存外，对于观众高度热情参观的场面也不能放过。中国国家博物馆大门外，冒着炎炎烈日或数九寒冬的来自全国各地等待参观的群众排队数百米，展厅内里三层、外三层聚集在文物旁驻足的观众，那一双双渴望、渴求、全神贯注的眼睛，都通过照相机和摄像机记录了下来。动态拍摄时，主要是完整记录观众的观展过程，了解观众的观展情绪、观展兴趣点、观展难度、观展热度、观展时长、观众组成等，在拍摄整体场景时，要调动技术手段拍好人物（观众）的特写镜头。静态拍摄则是对展出的文物或艺术品进行静物拍摄。由于中国国家博物馆的精品巡回展或特展都有时间限制，因此，对于国内观众，特别是外地来京旅游的观众来说是难得一见的，有的展览更是可遇不可求。因此，博物馆要一一拍摄，"留此存照"。之后，为大量没有机会亲眼目睹展览的观众播放，也不失为另一种形式的"观展"和享受。

四、演播厅拍摄

演播厅是集节目拍摄、制作、播出于一体的智能化场所。它在新闻、艺术、娱乐等诸多方面都有广泛应用。在博物馆领域，演播厅技术是公共文化服务体系自主节目中最具现代化科技含量的应用手段之一。它可以引入多种新媒体表现手段，以多种形式传达信息，支持多媒体采集、多平台发布，为观众提供最有用、最及时的互动服务。目前，演播厅技术由于受经济等条件的限制，在国内绝大多数博物馆还没有配置。2011 年，中国国家博物馆改扩建后，建立了一个 600m² 的电视演播厅，这是当时世界上首个博物馆内的电视演播厅。演播厅从建筑上满足了空间和电声的要求，具有先进的灯光控制系统和摄录像设备，可以搭设布景和舞台，并配备有专业技术人员操作。由于文物的拍摄不能离馆，演播室投入使用后，中国国家博物馆珍贵文物实现了足不出户在馆内拍摄、录制，并可以现场直播。

目前，中国国家博物馆利用演播厅拍摄的自主节目主要有："四个一"精品工程、博物馆各种展览讲解素材以及近年来的青少年观众体验节目与"馆校合作"项目相关课件的制作节目等，其中，后者已成为中国国家博物馆公共文化服务体系自主节目中的品牌节目。在演播厅拍摄制作的"史家小学课程"合作项目，被中国博物馆协会评为"首届中国博物馆教育项目评选优秀示范案例"（全国同行业最高奖），并得到了国家文物局和中华人民共和国教育部的充分肯定与推广。

第二节
博物馆自主节目拍摄及演播厅应用
对公共文化服务的促进作用

博物馆公共文化服务体系，为广大观众提供了多角度、多层面、多样化的观展需求。实践证明，中国国家博物馆所设置的自主节目所采用的拍摄与演播厅技术，对博物馆的公共文化服务起到了积极的促进作用，也体现了摄影的力量。正如美国摄影大师 W. 尤金·史密斯所说："摄影只是一个很小的声音，但是有的时候，一张照片，或一组照片，却能够引发我们的责任感意识。也许我们中的很多人因此而受到影响，他们要找出什么是错的，要找到通向正确的道路。"

一、促进了博物馆社会教育功能的发挥

近年来，随着国内博物馆的普及和发展，博物馆成了公众文化教育越来越不可或缺的重要场所。仅就中国国家博物馆统计，2011 年改扩建试运行以来，中国国家博物馆参观人数逐年递增，2011 年观众量为 370 万人次，截至目前已达到近千万人次。可见博物馆的吸引力和影响力正在稳步提升。但是，也应当看到，博物馆观众的构成比例趋于中老年化，对于青少年观众缺乏吸引力，同时，博物馆自身对青少年观众的倾斜度和"亲近感"不够，再有，博物馆的教育理念和教育模式相对滞后、呆板，缺乏创意和个性。因此，自主节目的拍摄及演播厅应用发挥了重要的促进教育作用，吸引和培育了一大批潜在的、具有高尚品格的、文化教养和健全人格

的青少年观众。

例如，中国国家博物馆与北京市史家小学共同研发了"漫步国博——史家课程"合作项目，充分利用博物馆丰富的文物资源，紧密围绕学校教学大纲，采用现场参观与授课相结合的方式进行授课。课程面向 3～6 年级学生，开发了 12 种校本教材，均是在演播厅制作完成的，并于 2013 年正式签约开课。合作项目的开发实施，特别是在演播厅制作的令人耳目一新的课件，深深地吸引了广大学生。例如，"说文解字"课程的设计，使学生们对汉字的产生、发展有全面的了解，并让学生理解汉字作为独有文化符号的特征和属性。通过课件的"讲述、展示""启发、引导""观察、思考""总结、模仿" 4 个环节全面展现汉字的魅力。学生先在"古代中国"展厅里参观文物，然后到中国国家博物馆学习体验教室，继续学习学校老师的甲骨文课程，通过 PPT 展示、观看文物复制品、观看视频、学生在骨片篆刻及瓦片上书写甲骨文等环节，使学生借助一件件珍贵的文物，体验到历史悠久的中国汉字和博大精深的中华文明。

目前，中国国家博物馆利用演播厅拍摄制作的与学校间的合作教育课程受到家长、学校和社会的普遍欢迎，已经先后与北京市 30 多所中小学校开展了合作项目，使中国国家博物馆成为中小学生综合素质教育中不可或缺的"社会大课堂"基地，对促进博物馆的公共文化资源转化为公共教育资源起到了很好的推动作用。

二、扩充了博物馆公共文化服务体系的服务内容

中华民族有着悠久的历史和久远的收藏文物与艺术品的传统。博物馆是以馆藏、陈列、研究、传播为公众提供文化服务的，这种服务及其内容越丰富，对社会和公众就越具有吸引力和影响力。

目前，中国国家博物馆公共文化服务体系在一些自主节目的内容设置和操作上，一改原有节目单一、内容陈旧、表现方式老套的状况，通过摄影和演播厅应用，辅以技术支持和艺术表现力，呈现文物独有的质感，扩充了公共文化服务的内容。

例如，与中央电视台合作拍摄的影视片《国脉》《中国记忆》等，在央视及国内外重大场合播映后反响强烈，多次荣获全国同类最高集体大奖。其中，《国脉》系

统完整地记录了中国国家博物馆的百年兴衰，运用视觉影像的表现形式，向国人，更向世界展现了中华民族的历史与文化，该片被评为2013年度纪录片中篇优秀奖。《3D国脉》获国际3D与高级影像协会颁发的国际3D电视纪录片类杰出成就奖——国际卢米埃奖。此外，中国国家博物馆自主拍摄的文创产品宣传片，根据公共文化和旅游产业的需求进行自主创作，也是博物馆公共文化服务体系中自主节目拍摄的很好例证。

三、丰富了博物馆公共文化服务体系的服务方式

摄影术的诞生，使记录事实成为可能。它诞生之后显示出了强大的生命力。

照相机由原来的胶片相机，发展到数码相机、单反相机、全画幅相机；照片和摄像也由初始的黑白到彩色、由模拟到数字、由标清到高清等。神奇的摄影不知记录了多少波澜壮阔的人类历史和文明艺术，留下了多少令人感慨震撼、令心灵激情抚慰的难忘瞬间，给人们的工作和生活带来了新的视觉冲击，开拓了数字影像丰富的世界。照片作为历史的证物渐渐显示了它独立的、不可替代的价值。正如摄影师詹姆斯·巴洛格所说："摄影可以改变人类（对世界）的认知。"而新发展起来的演播室技术，充分利用光和声进行空间艺术创作和各种节目的制作，录制声音，摄录图像，嘉宾、主持及演职人员在演播室内进行工作、制作及表演，还可以直播，可谓多媒体技术的集约化呈现。它实现了对系统中各种新媒体的集中管控，同时也是新媒体接入的门户。

国家博物馆演播厅自组建以来，先后拍摄制作了众多视听节目，也取得了很好的反响。所有高科技在自主节目中的应用，都比传统的实物展示、陈列、讲解显得生动而令人容易接受，产生兴趣，让人感受到高雅的艺术感受，达到满足人们文化和审美需求的目的。这也是博物馆摄影工作者今后在公共文化服务体系中仍将不断面临的新课题。从这个意义上说，中国国家博物馆将摄影和演播厅作为载体引入到自主节目的制作中，无疑使博物馆产生了浓厚的综合艺术氛围和文化影响，使公共文化服务自主节目的效果更加富于表达内涵，也更好地承载其应有的社会责任。

四、增强了民众和博物馆工作者的文化自信

在博物馆公共文化服务体系中，应立足传统文化的根基，通过自主节目拍摄及演播厅应用，摸索运用大量最新的技术手段和载体，力求更全面、更多样化地展示中华文化和整个人类文明的宝贵结晶。这个过程本身就是在增强文化自信。在这个过程中，博物馆工作者看到了观众人数的增加以及观展热情的提升，也感受到了博物馆文化影响的扩大，提升自身荣誉感。

第三节
博物馆公共文化服务体系自主节目的拓展

我们深知，不断改善人民群众精神文化生活，提升公共文化的管理和服务水平，是一项崭新而长期的任务。对于博物馆来说，公共文化服务自主节目的拍摄及演播厅应用大有拓展和延伸空间，同时也颇具挑战性，是博物馆工作者在公共文化服务体系中面临的新课题。

一、以人才的发掘和培养，增强文化服务软实力

博物馆的公众文化服务及传播，主要靠文物的陈列、图片的展示、视听多媒体等手段来完成。随着科技的飞速发展，以及互联网时代的到来，实现这些服务的手段也越来越多样化和现代化，国外的一些知名博物馆已走在了前面。例如，法国的卢浮宫早在 10 多年前就率先实现了馆藏文物和艺术品的数字化，并在网站上提供了 3D 虚拟参观服务。目前，中国国家博物馆的公共文化体系自主节目单从拍摄及演播厅应用方面早已数字化，其他方面，如展品的保藏数字化，观众的参观及导览等服务也在飞速进步，而且并不逊色于发达国家。显然，如果放宽国际视野，对于与中国这样一个历史文明悠久，传统文化博大精深的国家相匹配的博物馆，需要有一支对于互联网、多媒体技术等有熟练驾驭能力的与时俱进的人才队伍。

值得一提的是，2017 年来华展出的"大英博物馆 100 件文物的世界史"展览，

从策划到展出的整个过程，大英博物馆共请了400多位考古、文物、哲学、历史、艺术、美术等学科大师和专家参与策展，通过100件文物（9件来自中国），讲述世界简史。这样的展出形式是创举，令人耳目一新。这个展览在北京和上海都取得了空前的成功，在上海博物馆，有的观众竟然排队6个小时等待参观。北京的中国国家博物馆也是门庭若市，尽管收取门票，但依然挡不住参观的人群。大英博物馆作为人类历史上第一个博物馆，其背后有着具有深厚积淀、博学广识的专业人才群体支撑。

博物馆拥有的文化自信是建立在拥有一支具备高水平艺术素养和专业技术的人才队伍基础之上的，从这个意义上来说，博物馆的人才群体素质，应当是越专业、越科技、越文艺，越多元、越全面越好。为提高博物馆人才队伍的文化素养和科技水平，国家政策层面给项目、给课题、给"养分"、给鼓励、给机会、给挑战放开人才"跨界"，允许人才"混搭"，重视发挥年轻人接受新事物、新技术、新知识快，爱时尚、爱交流的特点，不断改进博物馆传统的"按部就班"和"墨守成规"，不断融入"日新月异"和"突飞猛进"，可以多方聘请考古学者、民间收藏家、互联网高手等多学科、多专业的行家来馆讲课、培训，让人才成为博学的"杂"家，让人才伴随着科技进步一起成长，让人才有空间施展才华，唯此，方可使博物馆的公共文化服务体系自主节目越来越丰富，越来越吸引人、教育人、感召人、鞭策人。

二、以科技和艺术的融合，寻找文化服务的"真谛"

近年来，中国经济飞速发展。人民基本解决温饱问题，但是，我国整体的文明和文化发展程度还停留在较低的层面。老百姓在精神和文化上的诉求还需要不断地得到满足和提高。"在公共文化服务体系建设中统筹考虑群众的基本文化需求和多样化文化需求，推动公共文化服务向优质服务转变，实现标准化和个性化服务的有机统一。"①

应当看到，博物馆公共文化服务体系本质是为了教育民众，并在教育的过程中为广大民众提供精神的愉悦和心灵的体验。而这种人文体验，应该直达人的内

---

① 参考中共中央办公厅、国务院办公厅发布的《关于加快构建现代公共文化服务体系的意见》。

心。这才是博物馆公众文化服务陶冶人、教育人、感化人的"真谛"。实现这种体验不可能是单一、单薄、教条和古板的。作为博物馆文博工作者有责任不断地改进工作，主动深入了解观众，而不能只站在服务者的角度去提供服务，也应从观众的角度，以观众的视角寻找观众的兴趣点，以多元和多样化的方式，为观众提供高尚的精神文化需求和体验。要主动从观众的认知水平和理解能力出发，设置文化服务体系自主节目，激发观众欣赏艺术的审美情趣、探求历史的好奇心、学习知识的求知欲。

中华人民共和国成立以来，博物馆与西方博物馆的文化交流甚少势必积压了国内观众对西方文化展示的渴求。近年来，中国国家博物馆先后举办了 18 个大型交流展，如介绍国外文明的"地中海文明——法国卢浮宫博物馆藏文物精品""玛雅：美的语言"，还有介绍国外艺术的"罗马与巴洛克艺术""佛罗伦萨与文艺复兴""鲁本斯、凡·戴克与佛兰德斯画派"，以及不久前的"伦勃朗和他的时代"、介绍国外音乐的"创建真实——人类情感大师威尔第展览"等。这些借展门票都价格不菲，但每次展览都是人山人海、摩肩接踵。国内的观众，不出国门就能欣赏到世界级艺术品，大开眼界。这不仅是博物馆的进步，也是观众艺术欣赏水平的进步。这种空前的盛况，无疑对博物馆工作者是有触动的，从工作角度也感受到了不同文明国度的文物展品之丰富，艺术水准之高。

大英博物馆馆长曾对外宣称："大英博物馆本身就是一部百科全书，大英博物馆是世界性的。"对此，我国文博工作者不妨也站在全人类科技文明的高度，来审视和考虑建设我国未来的博物馆。文物和艺术品能否更加丰富？例如，在国宝展馆中增加一些西方元素，展示的方式和手段能否更贴近观众？比如"创建真实——人类情感大师威尔第展览"，步入馆中，简直如同进入了艺术殿堂，威尔第大师的音乐作品隐约响在耳边，他的生平、作品、手稿，还有音乐剧历历在目，尽收眼底。整个展览制作精良，视听手段运用恰到好处、炉火纯青，伴随着音乐徜徉其中，令人心驰神往，不愿离去。这种美的享受和体验，对人的心灵真的是一次精神上的洗礼。

对于没有机会到现场观看展览的观众来说，博物馆可以考虑开辟出一块场馆，将一些优秀的大展阶段性总结，运用熟练的镜头语言录制成节目，再加以后期制作，应用多媒体的手段进行展品的表达，将图形、文字、声音、图像、动画有机地结合起来，最大限度地丰富和完善展品陈列设计手段。将这样的间接展览，介绍、回放给观众，同时，观众也可以根据自己的口味和喜好，选择以往的国内外优秀展览的摄制录像和照片。这也正是博物馆应该提供的公共文化体系细化的增值服务。

美是分不同层次的，审美是需要培养的，文明是需要渗透和建设的。艺术和科技的融合是实现这种培养、渗透和建设的最佳途径。博物馆公共文化服务体系正是要有这样的担当。我们要紧跟互联网和科技进步的浪潮，把艺术与科技融合，为博物馆插上科技的翅膀。例如，适当提高博物馆演播厅的利用率，多增加一些自主节目的制作播出，使博物馆的服务手段和载体更加丰富多样，增加观众在精神层面的体验。艺术和科技是没有边界的。影像技术的发展正以其迅猛的势头诠释着博物馆公共文化服务体系的建设。与此同时，伴随着网络传输技术的便捷和普及，博物馆自主节目的拍摄不仅实现了博物馆文物的记录保存，而且改善了观众传统的欣赏习惯，从表现手法、风格样式、信息传达等方面彰显出不同的艺术思维。未来还可以利用大数据、互联网等高科技，服务于艺术、方便观众、吸引观众、改善服务，让科技引领"美"，让精神随艺术升华，让博物馆的公共文化服务品质得到不断提升。

| CHAPTER 3 | 第三章

博物馆公共文化服务中非线性视频后期编辑系统的应用

仇正

博物馆面对新媒体技术的不断发展，参观的现代化建设面临着诸多的挑战，为了让更多的观众了解博物馆，为了保持展览的长久性，满足全国乃至全世界观众不受地域和时间的限制参观展览，对于展览的视频类资料收集、整理、制作逐渐成为博物馆公共文化的一项重要工作。观众并不会对一条一条的视频素材进行观看，因为这些素材既没有视觉效果，也没有逻辑和层次，对于展览的主旨、目的，不能清晰地理解。展览资料的收集与整理更像是针对博物馆内部的一项工作，制作与播出才是博物馆公共文化服务中真正面向观众的一个环节。对于视频的制作，应用到的是非线性视频后期编辑系统，对于这个非线性编辑一词，大多数人是不理解的，这个词是什么意思？"非线性"意思就是不以线性方式为工作流程，操作者无须按照时间先后进行操作，可以随意选择工作的对象。简单来说，就是对视频或音频素材进行编辑整理时，不需要像使用磁带那样，通过快进快退寻找画面或声音。

　　非线性视频编辑系统简单来说，需要一台性能强大的计算机，一套视频音频输入输出卡（俗称非线性卡），再加上一个大容量的存储设备，搭配非线性音、视频编辑软件。非线性视频编辑系统可分为专用型和通用型，专用型多由开发商根据他们输入、输出卡的特点专门开发。通用型是非线性卡自带输入输出软件，但是不能对素材进行编辑，编辑素材需要借助第三方编辑软件。目前市面上的非线性编辑软件，大多带有输入输出端口，方便操作者使用，极大地提高了制作效率。中国国家博物馆目前拥有大洋非线性视频编辑系统、宽泰后期包装系统以及达·芬奇调色系统，这些都属于非线性后期编辑系统的一部分。多方合作，发挥优势，极大地提高了工作效率。

第一节
中国国家博物馆非线性视频编辑系统

一、大洋非线性编辑网络系统

中国国家博物馆目前使用的是大洋第二代非线性后期视频制作网络系统。制作网络系统在设计上紧密结合电视节目后期制作的需求，为上载、编辑、合成、下载等环节提供最佳的功能平台，所有功能的实现都通过特定功能站点的网络接入，完美地融合到一个整体的网络中。同时，通过数据库管理软件的集中管理，使节目制作中的每个环节都得到统一的协调和检测。整个制作网可分为以下几个模块。

● **上下载模块**　　上下载模块提供素材的上下载功能，可控制多个 VTR 上传，全面支持松下 P2 和索尼蓝光设备（图 3-1）。

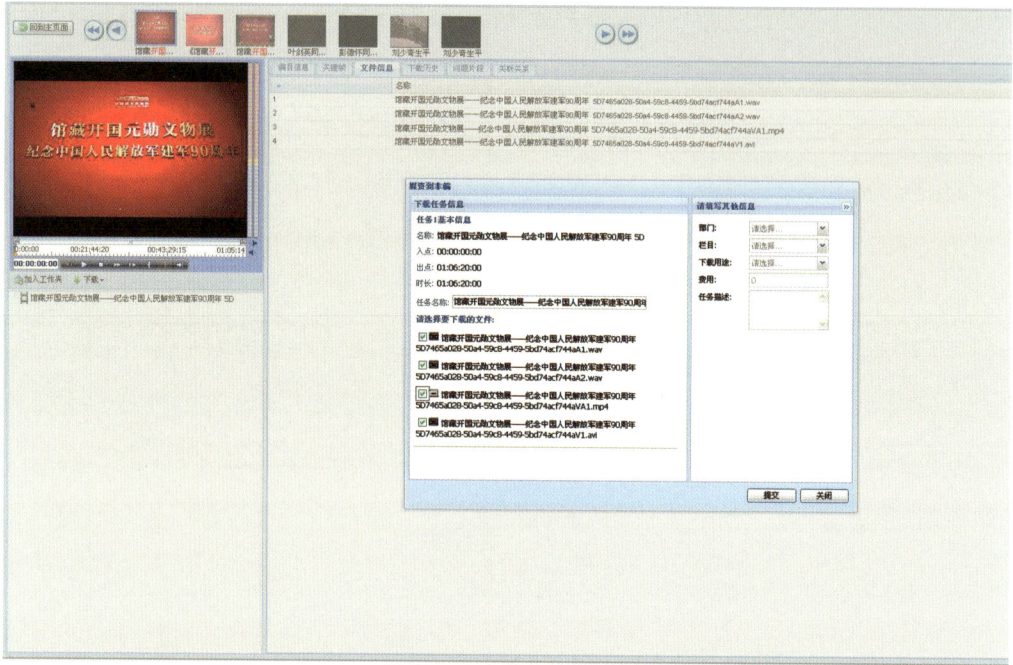

图 3-1　上下载模块

● **编辑模块**　编辑模块提供视频编辑、节目合成及包装，提供强大的实时编辑功能，保证在进行复杂编辑和节目包装时也能实时操作（图 3-2）。

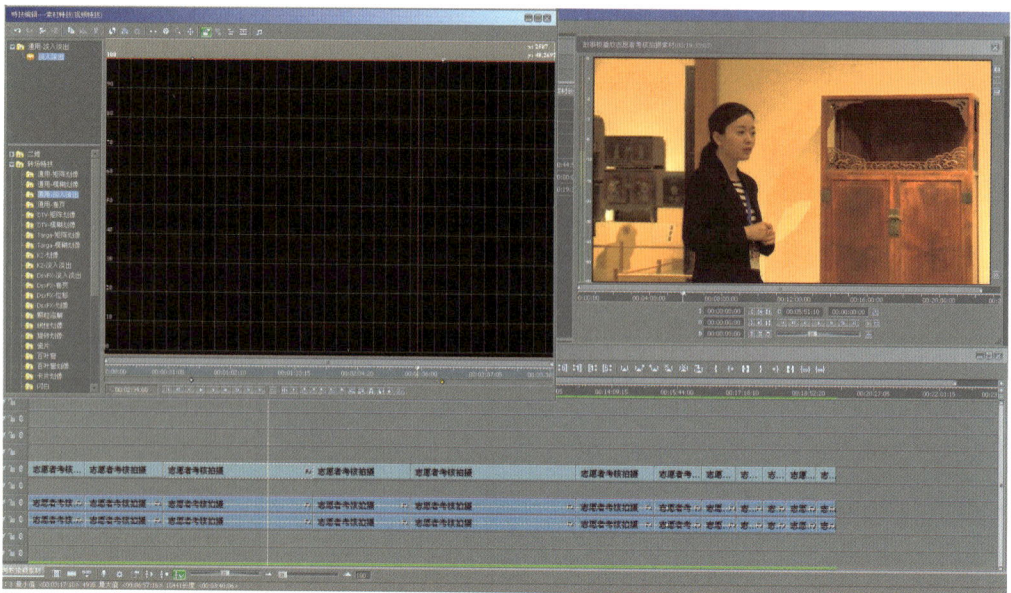

图 3-2　编辑模块

● **素材采集上载模块**　　通过 1394 或 SDI、复合、分量等各种方式将录像机、摄像机等机内素材上载到中心存储中。在素材上载时，同时生成了高低码率两种格式（图 3-3）。

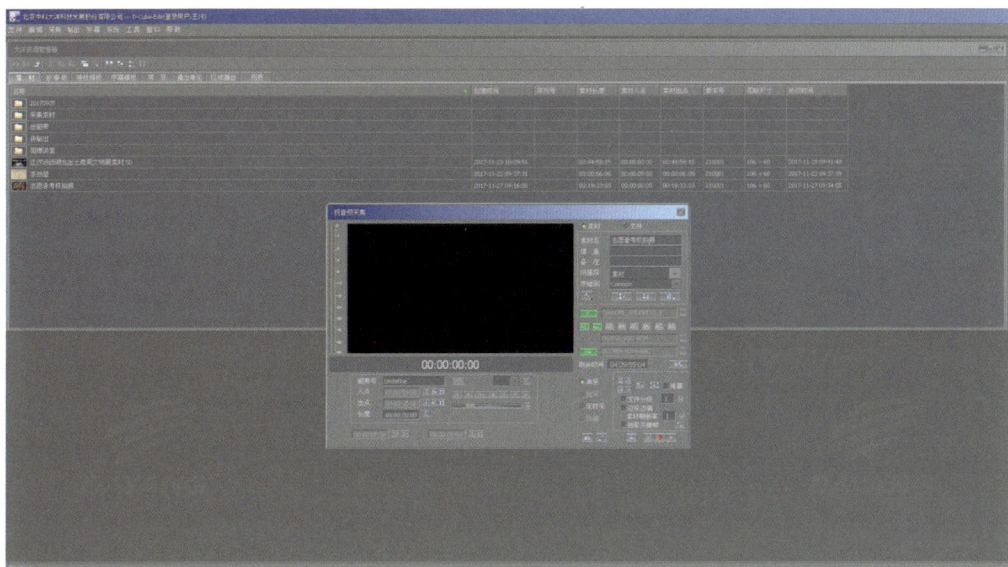

图 3-3　素材采集上载模块

● **低码率编辑模块**　　在低码率编辑工作站上进行低码率粗编（图 3-4）。

图 3-4　低码率编辑模块

● **高码率编辑模块**　在高码率编辑工作站进行高码率精编和节目包装（图 3-5）。

图 3-5　高码率编辑模块

● **节目检索与下载模块**　审核通过后的节目可以提交到其他网络或数字播出系统，或者直接通过编辑站点进行磁带的下载（图 3-6）。

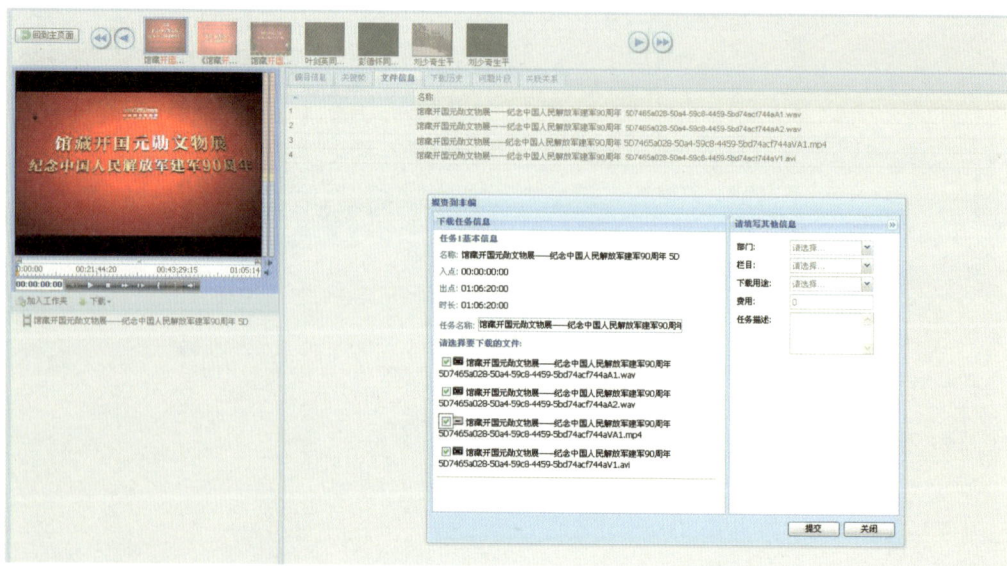

图 3-6　节目检索与下载模块

制作软件选用的是大洋 D3-Edit 非线性编辑工作站。全新构架的 D3-Edit 系统完全采用了全插件开放式构架，整个应用软件独立于硬件成为一个单独的体系，所有功能模块都表现为逻辑上相对独立的插件。这些插件组合在一起，提供了输入／输出、编解码、特技、编辑、控制、资源管理在内的所有功能。

D3-Edit 具备强大的编辑功能，主要实现节目的剪辑、特技制作、字幕制作等（图 3-7 ～图 3-9）。使用 D3-Edit 系统，可以实现多层视频叠加、实时三维特技、无限层字幕叠加、高级色键等功能。支持 DVSD、DVCPro、DVCPro50、MPEG2 I（10 ～ 50 Mbps）、MPEG2 IBP、MPEG4、M-JPEG、YUV（仅 7200 支持）等视频格式。

D3-Edit 包含了 5 个主插件模块，包括应用软件、编解码器、资源管理器、特技特效引擎、视频板卡驱动引擎。5 个主插件都可以进行单独的升级和扩展，同时，每个插件又包含了各自的子插件，子插件也具备独立的可维护性，扩展或升级都非常容易实现。后台合成插件在完全对用户透明的后台自动运行，正在被编辑的故事板出现不实时区域时，后台合成插件将自动定位不实时区域，并在不中断用户编辑的情况下完成对不实时区域的合成，用户感觉不到合成时间的花费，大大提升了节

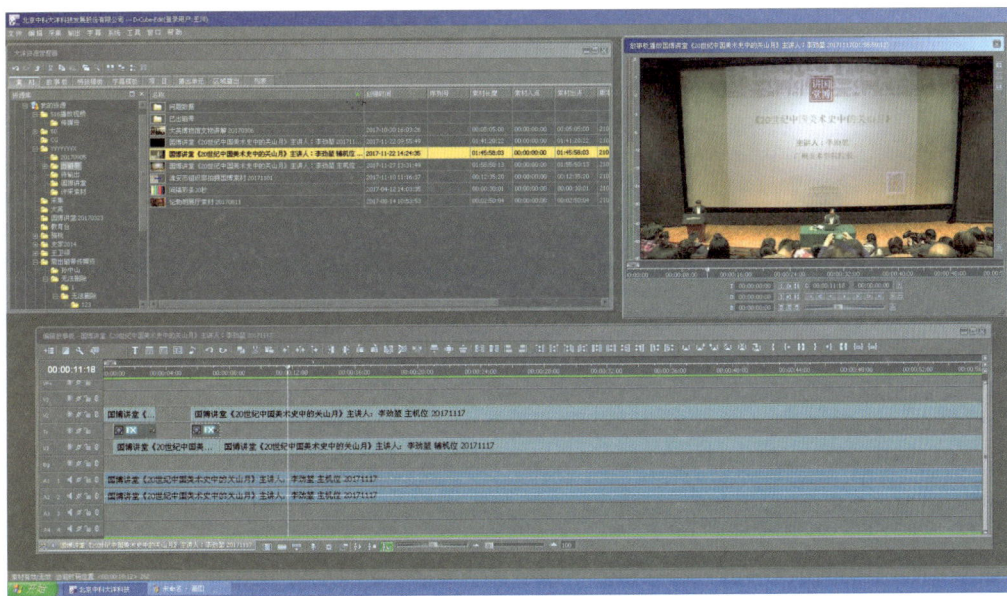

图 3-7　视频剪辑界面

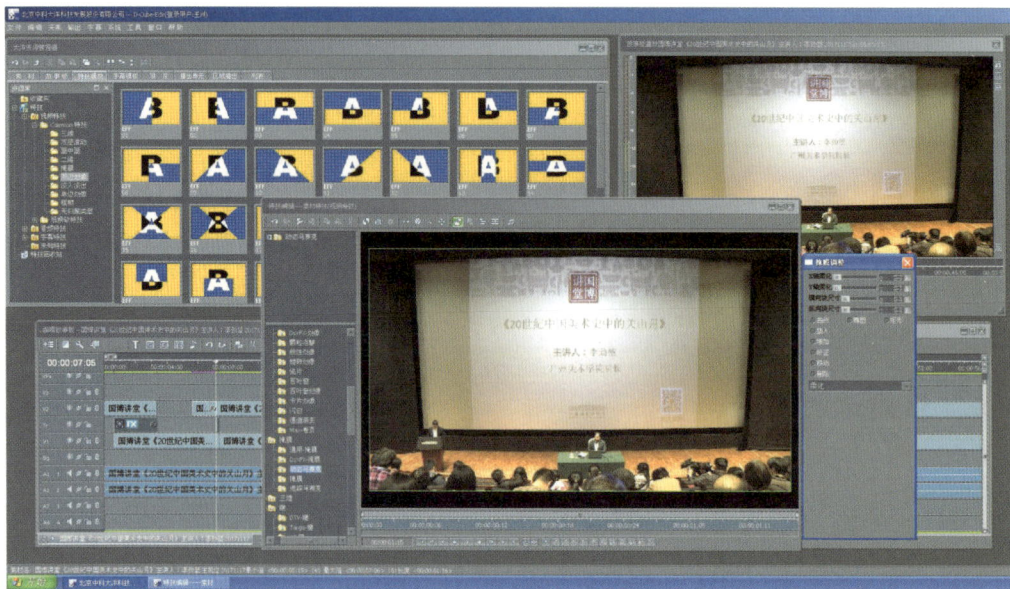

图 3-8　视频特技制作界面

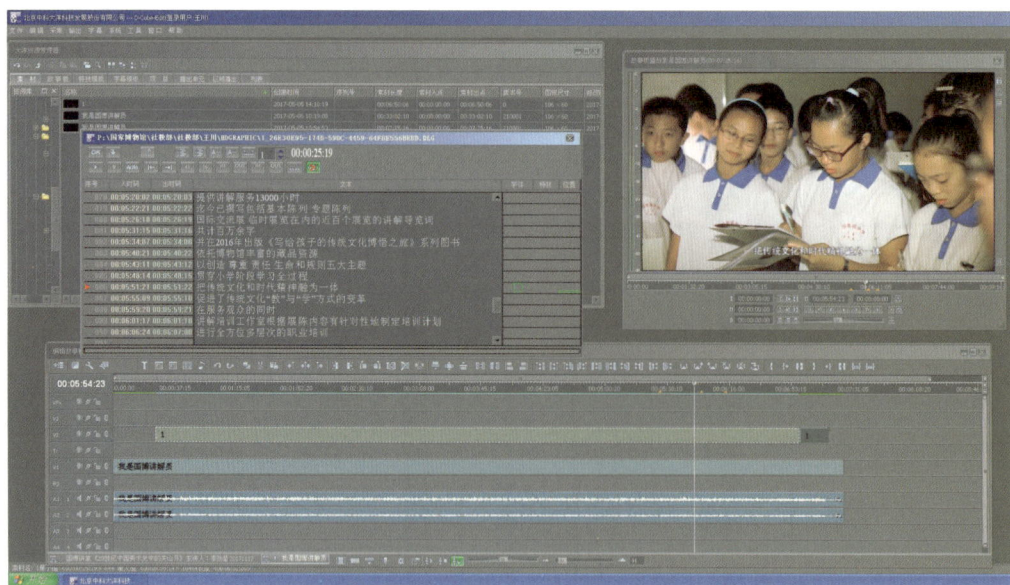

图 3-9　字幕制作界面

目制作的效率。虽然大洋的非线性编辑系统比较完善、全面，但功能还不算强大，毕竟大洋公司的强项在于对素材的存储以及媒资系统的搭建与管理，对于一些高标准的视频项目，博物馆也可以选择一些专业的视频制作软件来完成项目。

二、Adobe Premiere PRO非线性视频编辑软件

在一些普通的视频项目上，我们使用 Adobe Premiere PRO 来进行剪辑，Adobe Premiere 是一款编辑画面质量比较好的软件，它可以提升创作自由度，是一款易学、高效、精确的视频剪辑软件。Adobe Premiere 提供了剪辑、调色、美化音频、字幕添加和输出一整套流程，完全可以满足在项目制作初期的所有工作需求，满足高质量作品的要求。目前，这款软件广泛应用于广告制作和电视节目制作。同时，它又有较好的兼容性，不仅能与其他 Adobe 软件联动使用，还能同达·芬奇、Final cut PRO、宽泰、AVID MEDIACOMPOSER、Autodesk Smoke 等高端后期包装软件建立关联文件，提高了工作的通融度（图 3-10、图 3-11）。

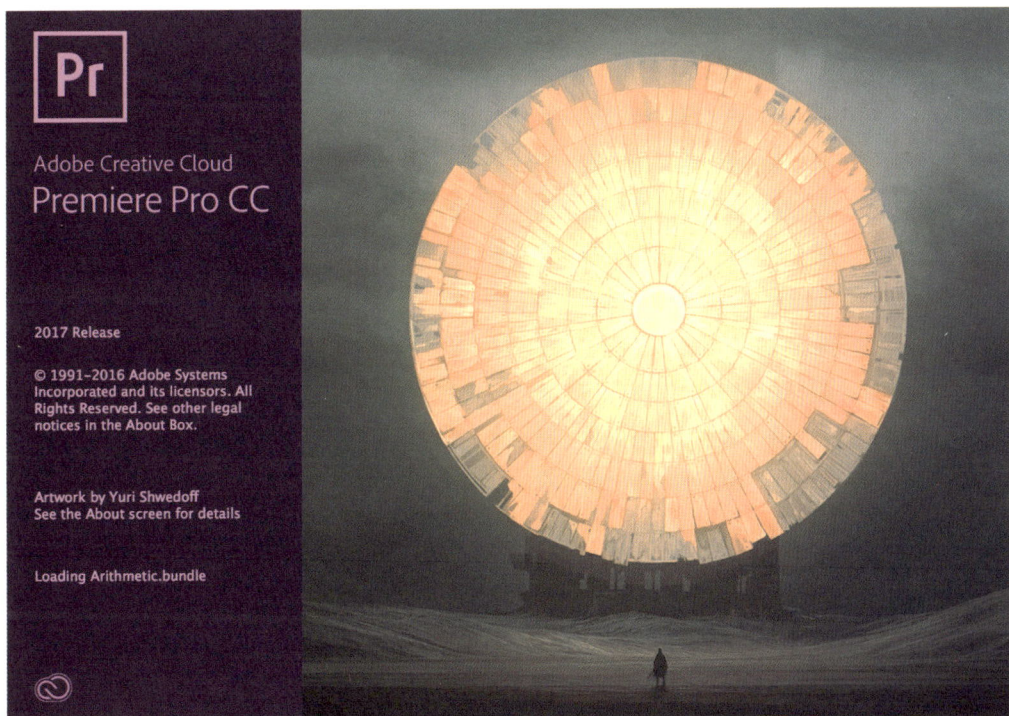

图 3-10　软件启动界面

图 3-11　视频素材编辑界面

三、AVID MEDIACOMPOSER 非线性视频编辑系统

当进行一些大型项目的拍摄制作时，拍摄的素材单体文件内存过大，这种视频剪辑的单兵利器显然无法满足我们的需求，这时就需要借助一些大型的高端集成型制作软件来支持我们的工作。中国国家博物馆拥有一套 AVID MEDIACOMPOSER 视频编辑系统，这是目前电影行业中比较受欢迎的一款制作软件，Media Composer 为处理海量媒体文件而设计，提供加速的高分辨率和高清工作流程，实时协作以及强大的媒体管理能力，减除耗时的工作任务，真正让制作者专注于创作本身。更加现代的界面、支持高动态范围（HDR）、更多的音频轨道以及其他强劲功能，使得 Media Composer 操作更加方便（图 3-12、图 3-13）。

Media Composer 提供了其他编辑系统力所不能及的功能，让制作者能以更快的速度创作和交付最佳作品。加速 4K、超高清、高清、标清、3D 以及屡获殊荣由美国商品交易所（英文简称 ACE）认证的工具，能最大限度发挥制作者的创造力，使其轻松完成制作。同时，由于复杂的媒体管理任务，如，视频转码、转换格式或特辑渲染等耗时工作，可在后台自动执行，极大地缩短了制作时间。

图 3-12　软件启动界面

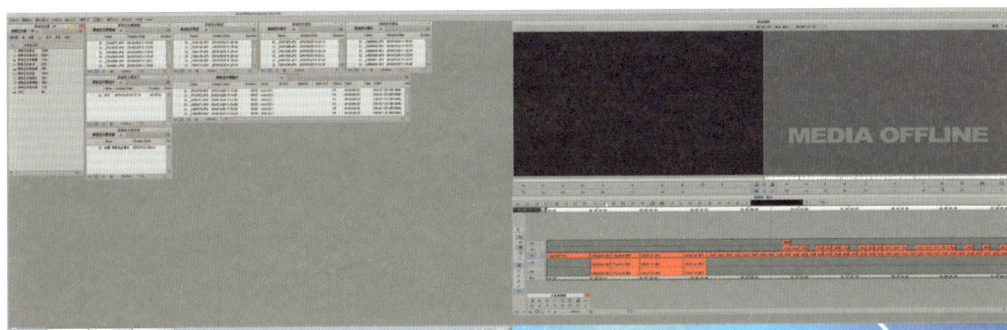

图 3-13　软件操作界面

　　AVID 分辨率无关技术及新增的 DNxHR 编码格式，可以满足任意分辨率的工程制作。我们既可以使用 AVID I/O 接口，也可以使用任意第三方的 I/O 接口来采集和监控媒体，或使用独立软件移动编辑。AVID 还提供了众多控制界面来加速编辑进程，同时添加了分级调色、母版输出、新闻文稿集成以及更多的选项。

　　当然，每个系统都有局限性，术业有专攻，上述的系统对于视频的包装与剪辑可以说是轻而易举。但是现如今，观众对于影片质量要求不断提高，简单的画面拼接或不合理的画面剪辑，哪怕是好莱坞式的包装制作，也是不能满足观众需求的。对于任何一部视频影片来说，制作的第一步就是对画面的剪辑，这是对影片传情达意的基础，对于剪辑的基本知识还有技巧讲述如下。

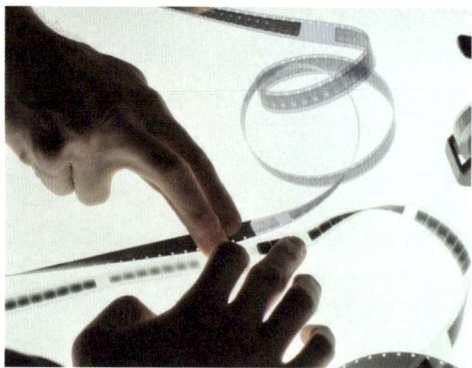

图 3-14　传统胶片剪辑

● **剪辑的概念**　　剪辑可以说是一个镜头与下一个镜头的调度。传统的影片拍摄用的都是胶片，所以必须区别制作阶段的剪辑与影片中看到的剪辑。就制作来说，一个镜头是一段底片上一格或一格以上的连续画面。剪辑师先要去掉不要的画面，然后在将需要用的第二个镜头的第一个画面与上一个镜头最后的画面接在一起。这个过程，就是传统意义上的剪辑（图 3-14）。现如今数字技术的进步，大大简化了这一过程，现在的剪辑，全程不会接触胶片，只需要在电脑上用鼠标轻轻一点，即可完成一个剪辑。

● **剪辑的表现形式**　　剪辑的表现形式有"切接""淡出""淡入""叠化""划接"。切接在传统技术中使用胶或胶带，将两个镜头粘在一起，在最终效果的呈现中，则是两个画面之间没有任何的修饰效果（图 3-15、图 3-16）。"淡出"是将一个镜头的尾端逐渐转为黑画面（图 3-17）。"淡入"是将一个镜头由黑画面转亮（图 3-18）。"叠化"是将一个镜头的尾部画面与接下来镜头的开始做短暂的交叠（图 3-19）。"划接"是一个画面由其边线划过银幕取代原画面（图 3-20）。

图 3-15　镜头画面 1

图 3-16　镜头画面 2

图 3-17　镜头尾端转为黑画面

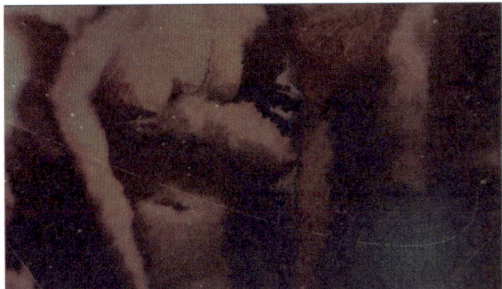

图 3-18　镜头由黑转亮

图 3-19　镜头叠化

图 3-20　划像剪接

● **剪辑技巧**　　剪辑之中当然也会有一些技巧，使用这些技巧，会让你的画面看起来更加流畅，制作起来更为快捷。首先要确定一种剪辑风格，因为在博物馆公共文化服务中播放的影片，并不像电视或电影节奏那么快，多数为专题片、纪录片、资料片或宣传片。因此，在画面的剪辑节奏中，很少会用到"快切"的手法，大多是根据旁白或故事情节，以一种较为缓和的节奏来剪辑，使画面看起来流畅合理。

（1）画面剪辑首先应当注意镜头的拼接要符合逻辑，抛开旁白，单纯看画面，也应该是逻辑清晰合理的。

（2）镜头剪辑应当遵循"循序剪辑"的方法，由远及近或者由近及远，每种剪辑方式都会带给观众不一样的视觉感受。在剪辑时，应当根据脚本的情绪起伏，配合画面加以展现。

（3）画面剪辑时，应当遵照"动接动，静接静"的规律，这样可以使画面看起来流畅。

（4）在这种科教片类型的影片中，常常会遇到素材景别类似，但是又没有其他合适的素材来穿插的情况，可以利用声音帮助我们完成剪辑。科教片多数会有配音或者背景音乐，在缺少镜头的情况下，将下一个镜头的配音提前 5 到 10 个字播放，再接入下一画面（图 3-21），这样在两个镜头之间，看上去不会很突兀，因为声音的带入使得观众的注意力分散，视觉感官相对弱化。

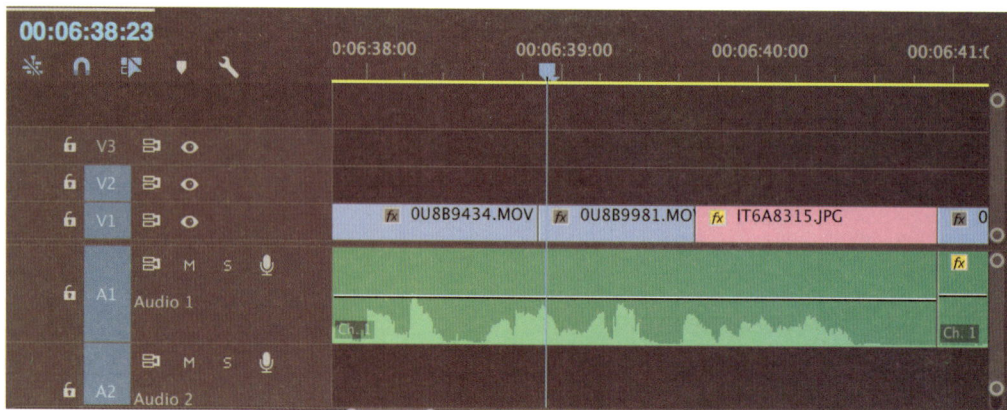

图 3-21　音频在画面剪辑点之前先行播放声音

当然，如果前一镜头的画面也是带有配音的，剪辑时应当注意在画面结尾处，需保持合理时间的声音空白，否则效果会大大减弱（图 3-22）。

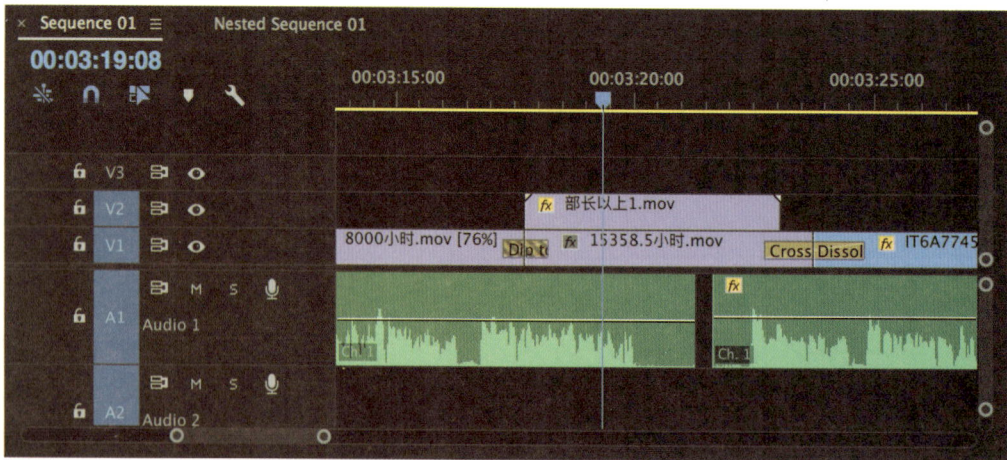

图 3-22　画面结尾处合理的声音空白

　　这些技巧仅是众多技巧中的一小部分,这是在博物馆专题片以及宣传片制作过程中常使用的技巧。当然,这些技巧也并非一成不变,而是根据脚本、视频需求加以调整,使用最恰当的剪辑手法,剪接最清楚最合理的画面,使视频成果呈现最好的效果。

第二节
中国国家博物馆非线性后期包装系统

一部影片完成初期的剪辑工作之后，会进入下一步的包装工作，当然，剪辑也属于包装工作的一类。本书讲到的包装，是在剪辑之后的包装。所谓后期包装，是将剪辑完成的镜头进行进一步的制作，使得影片更加完整，视觉效果不断提升。包装工作相当烦琐，工作内容主要包括素材处理、特效制作、字幕制作、音频处理、片头片尾制作、成品输出。素材处理就是将之前剪好的视频素材导入包装软件或直接用综合性较高的剪辑制作软件继续制作，提供片段删减、段落顺序重组、历史素材并入、相关素材引入组合等多项处理。特效制作包括转场制作、三维特技制作、抠像、视频画面调色以及形象 LOGO 的制作。字幕处理包括影片中转场字幕制作、人物配音字幕条制作、名称标签字幕条制作、说明性字幕制作以及字幕的入出场效果等。音频处理则是将事前在拍摄时单独录制的音频与视频进行对位调整，添加后期配音、配乐、特效声音。成品输出就是将制作包装完成的视频，导出为播出所需要的格式，以及输出磁带、DVD、录像带等（图 3-23）。

图 3-23　后期编辑人员在使用宽泰包装系统制作特效

一、Quantel（宽泰）超高清后期制作包装系统

中国国家博物馆后期包装机房内有一套完整的宽泰后期包装系统。中国国家博物馆自开馆以来，举行的活动、开办的展览不计其数，拍摄的视频素材从标清到高清各种格式数量巨大，加之中国国家博物馆的前身革命博物馆和历史博物馆中存有大量的老旧视频素材，这些素材相当珍贵，但是由于格式不同，有些新的制作软件无法读取或编辑，而宽泰公司全新一代的超高清产品，采用开放式硬件平台，支持 16 比特非压缩 4K、4K（3D）、6K 的节目在线实时编辑制作，结合宽泰原厂的高品质视频卡、专业调色台等顶级专业产品，为节目的后期制作提供极速保障（图 3-24、图 3-25）。

随着数字技术的不断发展，数字 3D 技术走入人们的生活，2009 年，电影《阿凡达》的上映，超高的票房标志着立体影像时代的到来。2012 年，中国国家博物馆已经走过了百年风雨，与中央电视台合作制作的《国脉——中国国家博物馆100 年》

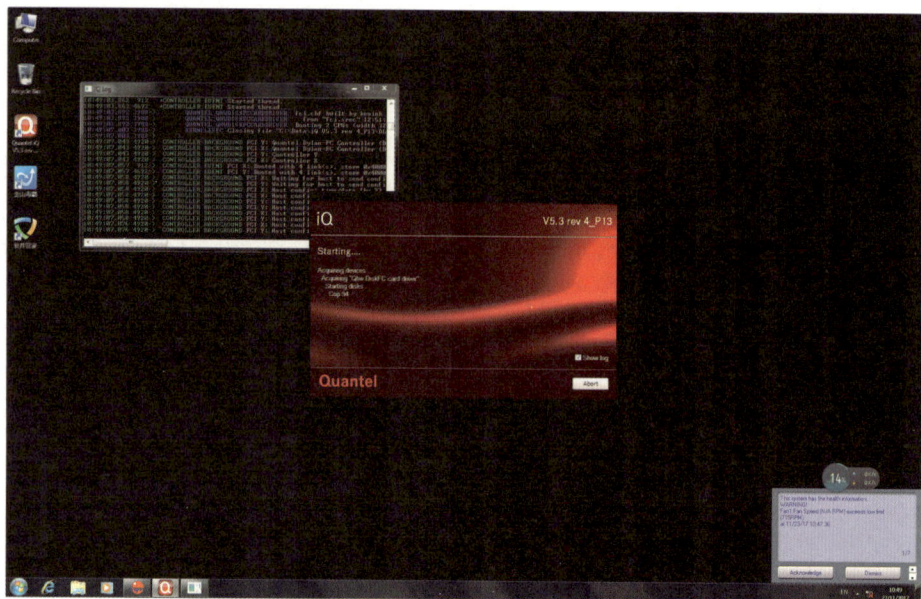

图 3-24　软件启动界面

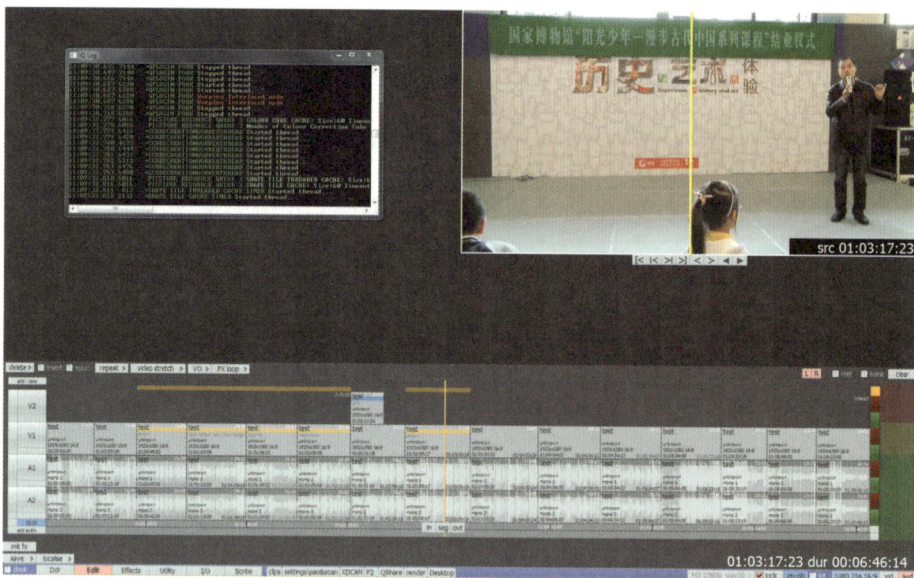

图 3-25　软件操作界面

大型高清人文纪录片，首次利用 3D 拍摄技术，简述中国国家博物馆的发展历史以及馆内展品所蕴含的悠久历史。而宽泰后期包装系统的另一项重要作用在此刻得以体现，它完全实现由 3D 摄影机拍摄出来的立体素材采集，视频文件进入计算机后，可以实现立体素材剪辑，立体的调光调色，立体特效包装制作，以及立体节目成片的输出工作，极大地适应了整个制作项目的需求。《国脉——中国国家博物馆100年》荣获了第七届"纪录·中国"创优评析人文（自然）类一等节目，中国电影电视学会3D影视作品最佳奖、第九届"中国纪录片国际选片会"创优评析人文自然类一等节目（图3-26～图3-28）。

图3-26 "纪录·中国"创优评析人文（自然）类一等节目

图3-27 中国电影电视学会3D影视作品最佳奖

图3-28 第九届"中国纪录片国际选片会"创优评析人文自然类一等节目

二、Autodesk系列后期制作程序

（一）Autodesk Maya

"大美木艺——中国明清家具珍品"展览专题片中，为了清晰展现中国传统家具的榫卯结构，我们特意从现场展出的榫卯结构图中挑选出比较具有代表性的图片进行三维还原，并制作了一个黄花梨圆后背五雕花交椅的三维模型，最大限度地还原了真实文物的样子。在影片中，通过三维动画，将榫卯结构生动形象地展示给观众，将中国的传统文化，通过数字媒体技术传播出去（图 3-29）。

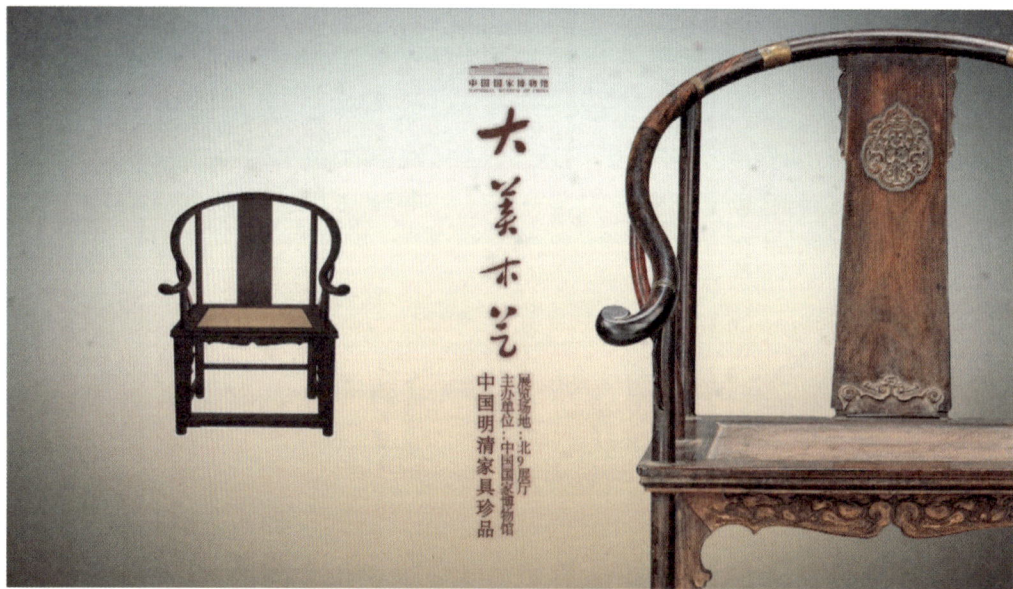

图 3-29　黄花圆后背五雕花交椅的三维模型

三维模型的制作使用的是 Autodesk Maya 软件。Maya 是美国 Autodesk 公司出品的世界顶级的三维动画软件，应用对象是专业的影视广告、角色动画、电影特技等。Maya 功能完善，工作灵活，易学易用，制作效率极高，渲染真实感极强，是电影级别的高端制作软件（图 3-30）。

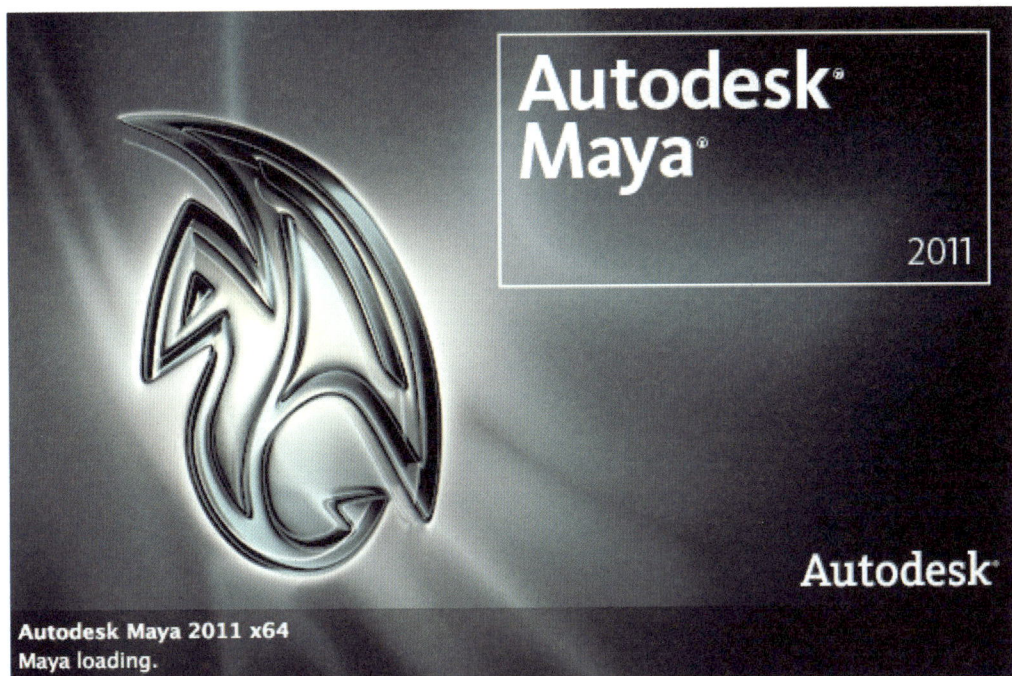

图 3-30　软件启动界面

　　Maya 应用领域主要包括 4 个方面：平面图形可视化，增进平面设计产品的视觉效果，强大功能开阔平面设计师的应用视野；网站资源开发；电影特技；游戏设计及开发学习内容。

　　Maya 软件在影视动画行业有广泛的运用，学习 Maya 基础操作及建模技术，掌握 Maya 基本角色、贴图、动画制作方法，了解并掌握 Maya 动力学系统，表达式的应用及 Maya 涂刷效果、Maya 毛发、部分 Maya 插件，可以在博物馆自主拍摄工作中如虎添翼。Maya 软件荣获美国电影艺术与科学学院奖项，是世界上最强大的整合 3D 建模、动画、效果和渲染的一款优质软件。

　　另外一款与 Maya 齐名的软件是 3dsmax。3dsmax 也是 Autodesk 公司的产品，但早于 Maya 出现。两者有什么区别呢？① Maya 是高端 3D 软件，3dsmax 是中端软件，易学易用，但在遇到一些高级要求，例如，角色动画或者动力学模拟方面远不如 Maya 强大。② 3dsmax 的工作方向主要面向建筑动画、建筑漫游及室内设计。Maya 的用户界面比 3dsmax 更为人性化，作为三维动画软件的后起之秀，深受业界欢迎和钟爱。Maya 软件主要应用于动画片制作、电影制作、电视栏目包装、电视广告、游戏动画制作等。③ Maya 的基础层次更高，3dsmax 属于普及型三维软件，有条件最好还是学习 Maya。④ Maya 的 CG 功能十分全面，建模、粒子系统、毛发生成、植物创建、衣料仿真等都可以实现。当 3dsmax 用户匆忙地寻找第三方插件时，Maya 用户已经可以安心地工作了。[1, 2]

从建模到动画再到输出，Maya 都非常出色，其主要就是为影视应用而研发的。在专题片的制作过程中，榫卯结构的三维模型制作最为困难，榫卯结构是通过连接处形状不同的接口穿插在一起，使得两个部分牢牢固定，所以，接口处并不是一个规则的立方体，需要制作者具有较强的空间想象力（图 3-31）。

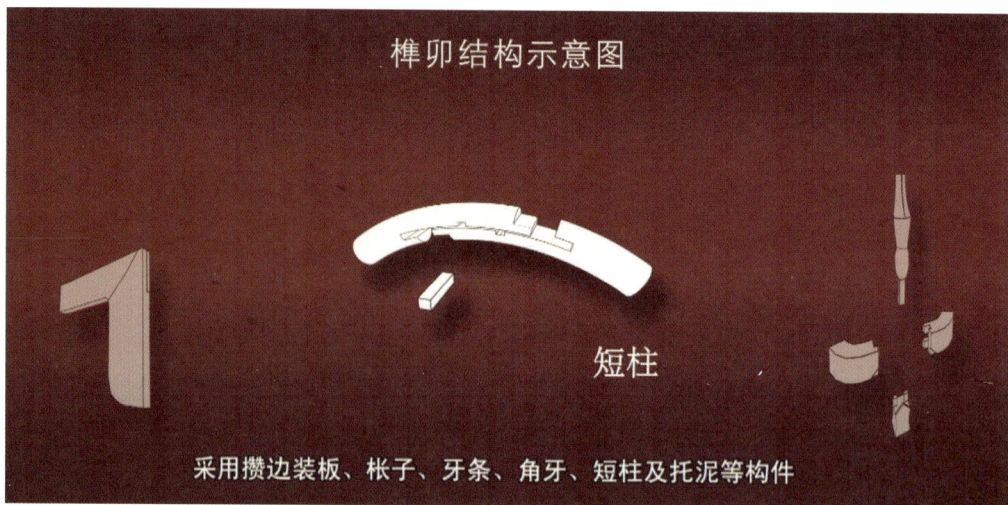

图 3-31　榫卯结构三维模型制作

展厅中的文物不可能打开，观察并制作三维模型。展厅中虽有讲解的平面示意图，但是理解起来还是有一定的难度，所以制作者在制作过程中，需要将模型做不规则分隔、调整、拼接，Maya 的"点""线""面"灵活的操作方式（图 3-32 ~ 图 3-34），给予制作者充分的自由度，提高了工作效率。Maya 同时又具有强大的动画功能、丰富的材质库以及非常逼真的渲染引擎，使最终得到的画面符合影片的需求，增加了影片整体的视觉效果。

图 3-32　软件"点"编辑模式　　　　　图 3-33　软件"线"编辑模式

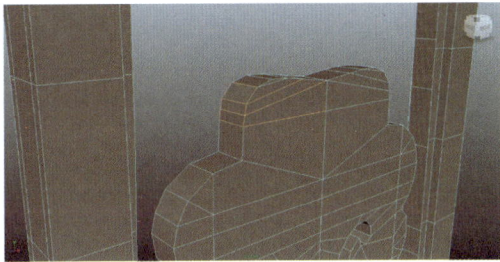

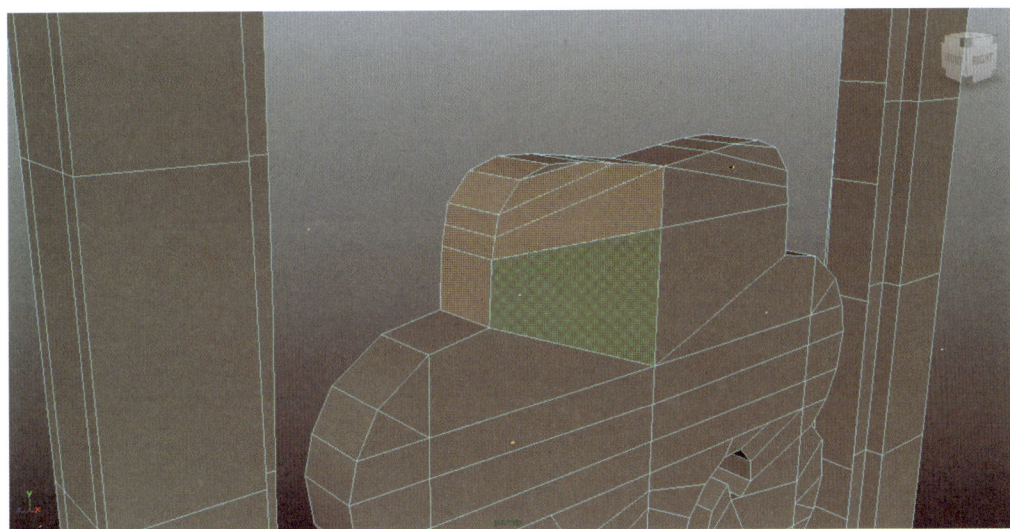

图 3-34　软件"面"编辑模式

（二）Autodesk Smoke

Autodesk Smoke 是一款集多种功能于一体的编辑及后期制作软件，包含多种后期制作工具，可以帮助制作者在 Mac 上完成后期制作流程。无论是从头开始编辑项目还是套用非线性编辑中的工作流程，Smoke 中强大的创意工具都可以提供高质量的后期制作内容，大大节省了时间（图 3-35）。

Autodesk Smoke 是杰出的一体化在线剪辑和创造性完成系统，为所有类型的创造性剪辑工作和客户监看下的制作任务提供实时的混合分辨率交互功能。Smoke 采用强大的 64 位软件结构，在一个三维合成环境中为整合、剪辑、音频、绘画、文字制作、图形设计和视觉特效制作提供了业界领先的工具，并利用了 Autodesk 的

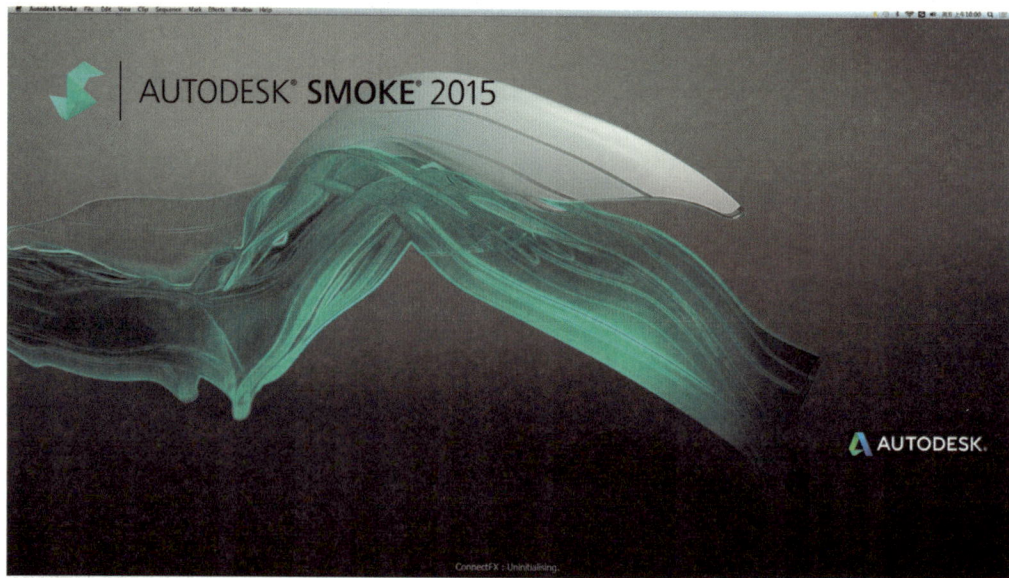

图 3-35 软件界面

Master Keyer 和 Colour Warper 技术。创造性剪辑增加了视觉特效功能，Batch 程序性合成环境通过开放时间线与特效之间的工作流程，促进了以特效为中心的工作模式，使本已十分强大的 Smoke 创作工具更加合理和高效。由于它是特别为剪辑结果配合工作而设计的，因此，可以使用时间线片段的水平或垂直选择以及软性效果进入 Batch。简化复杂的在线项目，Smoke 能够帮助您保持所有镜头之间色彩的一致性，设计富有魅力的字幕和图形元素，创建版本，把最终项目输出为多种不同的格式。

Smoke 是 Autodesk 屡获殊荣的创作工具，性能和交互性使剪辑师和客户能够携手合作，制作出理想的视觉效果。无论是处理 SD 或 HD 视频，还是在真正基于文件的以数据为中心的环境中工作，Smoke 都能加快工作流程，并能为影片提供最高质量的母版。

简化制作工作流程凭借对流媒体格式的支持，包括直接导入的 Panasonic P2 MXF 文件及软性导入的 SD 或 HD QuickTime 媒体，能够以出色的非压缩 RGB 图像质量在内部处理图像及文件格式。[①]

作为后期制作软件，抠像功能是必须具备的。在多款后期软件的使用过程中，

---

① 参考 Autodesk Smoke 官方软件介绍资料。

Smoke 的抠像能力相当强大，无论从便捷性还是实用性来说，都优于其他软件。Smoke 采用 Master Keyer 交互式手动控制的抠像工具，多种通道的抠像（颜色通道、HLS、YUV、RGB 或 RGBCMYL、Luma），可以对容差值、柔和度、收缩和键渐蚀作调整和动画。完整的色彩抑制控制，用于色彩溢出的清除；前景/背景的键控制，用于控制边缘的融合；降噪工具，用于优化键的边缘质量；不限数量的基于样条曲线的自定义遮罩的键设置；Gmask 边缘的柔和度控制，可以定义每个控制点从遮罩边缘淡出的柔和度；多个遮罩形状的选择性运动模糊；Punch matte 的选项，可指定用前景或背景的键合成；Colour Warper 功能，用于先进的一级和二级校色。[①]

在国家博物馆自制的《中国国家博物馆 MOOC（幕课）》项目中，Smoke 发挥了重要的作用。该项目采用绿幕背景进行现场录制，但由于条件的限制，拍出来的视频出现了绿色背景打光不均匀的情况（图 3-36），

图 3-36 软件抠像前的画面

为了达到更好的效果，不使用 Vizrt 系统进行虚拟演播室的实时抠像，而是将视频素材交给后期制作人员进行后期抠像，最开始选择的软件是 Adobe After Effect（简称 AE）它同样是一款后期制作软件，在新版本中自带抠像插件 Keylight（图 3-37），通

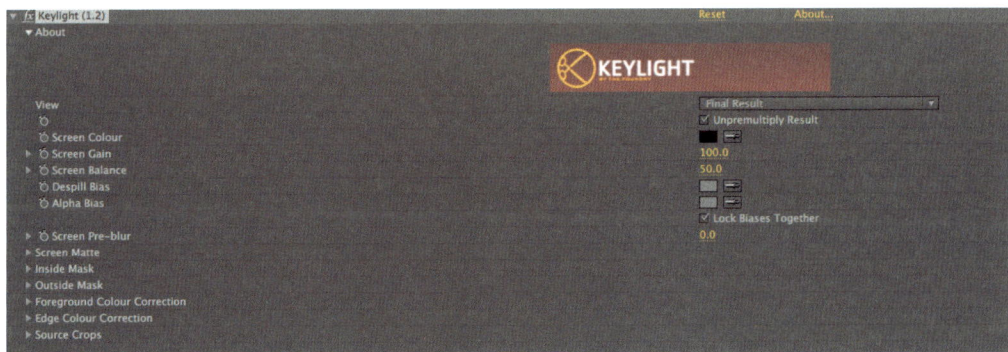

图 3-37 软件操作界面

---

① 参考 Autodesk Smoke 调色教程。

过这个插件，可以去除画面中蓝色、绿色或其他拍摄时使用的纯色背景，当我们对视频执行抠像命令后，人物的边缘会出现一个黑边（图 3-38），这个情况是第一步抠像结束后大多都会出现的情况，需要通过后期的调整进行完善。将背景叠加上去后，AE 中人物与背景的贴合度并不高，人物的边缘并没有修饰得很完善。但是，同样的素材在 Smoke 中进行抠像添加背景后，Smoke 中 Master Keyer 的强大功能得以体现，人物的黑边被去除干净，并且在与背景颜色的融合上，也进行了自动识别与调整。效果很不错，基本达到了影片的制作要求，大大提高了制作效率，节省了工作时间（图 3-39）。

图 3-38　人物外侧有黑色轮廓

图 3-39　使用软件抠像合成后的画面效果

Autodesk Smoke 作为一个全能的后期软件，当然也具备了从剪辑到调色再到输出的全部功能。现在，几乎一些中高端的后期制作软件，都会做成一种集成型的制作软件，其目的也是方便制作者使用，无须用好多程序来完成一个项目，减轻计算机的负担，加快工作进度。但是，就使用体验来说，Smoke 偏重于后期制作，而且没有推出中文版本，对使用者来说，语言上不太便利，在实际工作中，找到最适合的工作流程才是最行之有效的。

三、Adobe After Effect

AE 全称 Adobe After Effect，是由世界著名的图形设计、出版和成像软件设计公司 Adobe Systems Inc. 开发的专业非线性特效合成软件。它是一个灵活的基于层的 2D 和 3D 后期合成软件，包含了上百种特效及预置动画效果，可以与同为 Adobe 公司出品的 Premiere、Photoshop、Illustrator 等软件无缝结合，创建无与伦比的效果。在影像合成、动画、视觉效果、非线性编辑、设计动画样稿、多媒体和网页动画方面都有其发挥余地。其与主流 3D 软件也可良好结合，如 Maya、Cinema4D、3ds MAX 等（图 3-40）[1]。

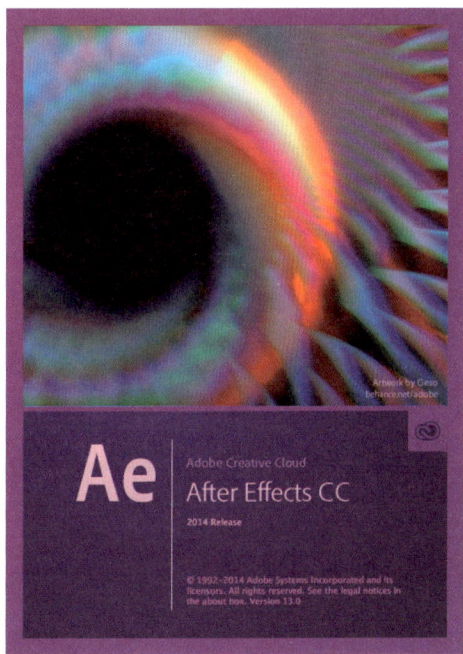

图 3-40　软件启动界面

Adobe 公司推出的制作软件从初期的 CS4-CS6 到现在的 CC2014-CC2017，功能逐步强大，深受视频后期制作爱好者的喜爱。自 CS4 系列后，Adobe 公司推出的系列软件，都可以实现联动工作。如今，后期软件众多，高级强大的后期制作软件也是相当丰富，AE 这款软件之所以还能存活在于其强大的插件库，不仅有多种自带的插件，还可以使用第三方的各种插件集合，方便了制作，提高了制作效率，

---

[1]　参考 Adobe After Effect 官方介绍。

增强了视觉效果。

在平时的博物馆自主节目后期制作工作中，AE 主要用来制作宣传片及专题片的片头，增强部分画面的效果，制作一些简单的字幕条动画。之前在剪辑部分提到过要统一影片的风格，依据脚本来制作后期，不可以想当然地增加特效。在国家博物馆的展览中，展览多为书画雕塑类型，从整体来看，剪辑应该以慢为主，切记"快剪"，在后期制作的特效风格上，应当多使用中国古典元素，使整体风格融洽统一。

《不尽丹心——蒋兆和诞辰 110 周年纪念特展》专题片使用了中国古典水墨效果来制作特技效果，通过水墨的晕染效果展现画作，包装的特效展现研磨调色的样子，观众仿佛看到了画作绘制的过程，特效的视觉效果与水墨画产生关联，提升了影片品质（图 3-41）。

在《威尼斯与威尼斯画派》展览专题片中，展现的画作是西方 14—16 世纪文艺复兴时期威尼斯画派的一些画作，虽然这也是画作，但不能套用之前的元素，虽然晕染的效果在西方绘画的技法中也有，但并不是很贴合画面的时代。西方的绘画多以写实为主，追求严紧结构关系以及光线所产生的明暗关系，追求立体的效果。依据这一条原则，在进行后期制作时，通过 AE 的插件，辅助以 Photoshop 的绘制（图 3-42），将平面的油画营造出一种三维空间的假象，增强这种立体空间的感觉，再加上计算机模拟的摄像机运动，使平面的画作看上去像是画成了立体的样子（图 3-43）。

图 3-41 《不尽丹心——蒋兆和诞辰 110 周年纪念特展》专题片水墨效果

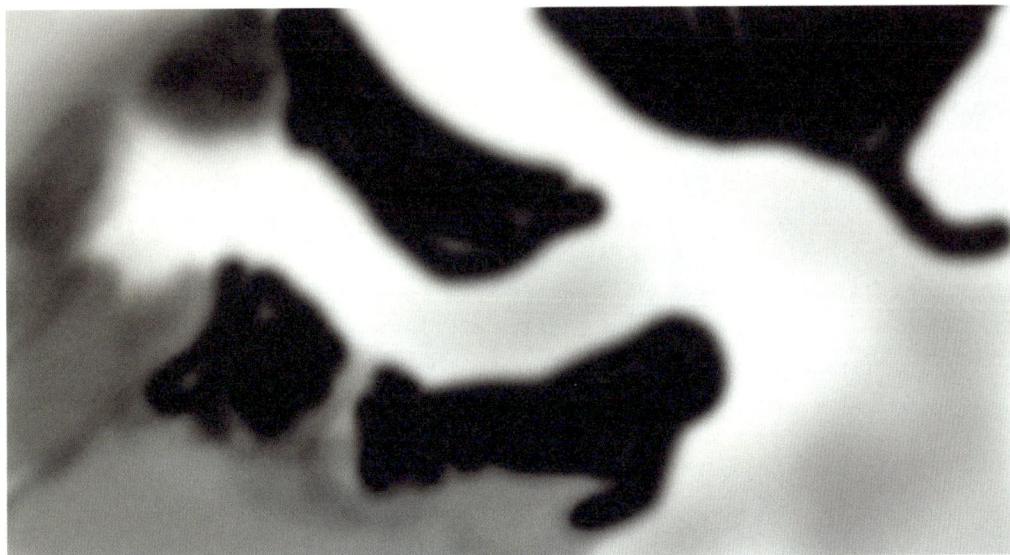

图 3-42　软件绘制的特技辅助图片

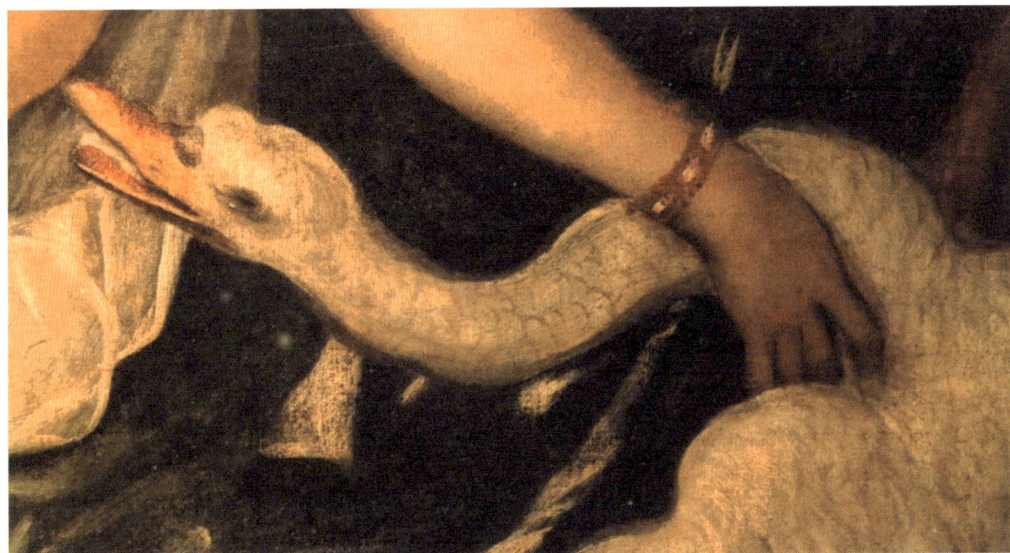

图 3-43　添加特技效果后显得立体的画面

　　中国国家博物馆的文明宣传动画短片也是利用 AE 来制作的。动画和中国传统的绘画艺术还有西方的绘画艺术相比，是一个相当年轻的艺术种类，随着数字技术的发展，动画的发展突飞猛进，《国家博物馆观众文明参观动画宣传短片》首次引用了时下广告行业流行的 MG 动画风格（图 3-44），将枯燥的标语，改变为生动、活

图 3-44　MG 动画风格

泼、有趣的话或短语，再用扁平风格的画面形式配合文字，通过多动态的画面吸引观众的眼球，达到宣传的目的。每种类型的动画，都有一定的风格特点，也会存在一定的短板，如二维平面动画，虽然可以画出任何想要的画面视角，但是需要动画师一张张绘制出来，费时费力。三维动画的优势在于动力学模拟，如爆炸，物体掉落等，但是前期制作准备需要相当长的时间。平面的 MG 动画，动画节奏快，制作简单且耗时较短，但对于物体的立体化表现较差。虽然现在的制作技术已经可以完成 MG 动画的人物立体转面问题，但是制作时间会相应增加。面对这些问题的同时，又需要与商业广告片区分开来，所以制作人员在制作该动画宣传短片时，决定舍弃常规的画面元素风格，采用中国传统戏剧形式——皮影戏的设计风格，不仅融入了中国传统元素，而且解决了一些制作中的风格弊端。作为国家博物馆的第一次尝试，该动画短片相当成功，起到了一定的示范作用，也为将来的宣传片制作形式提供了新的思路（图 3-45）。

图 3-45　国家博物馆制作的《文明参观》动画宣传短片

四、非线性调色系统——DaVinci

在一部影片完成特效制作、后期包装后，就要进行一项非常重要的操作——调色。在过去，调色这个过程并不被广泛重视，只有在电影制作中才会进行调色，电视剧中很少用到调色。随着科技的发展，观众文化水平的不断提升，对美的追求也有了更高的要求。调色这一过程越来越受到制作方的重视，甚至有剧组在拍摄现场就要进行现场调色，确定颜色基调。为什么要进行调色处理，因为随着科技的进步，人类对环境的破坏也随之增加，雾霾越来越严重，所以在室外拍出来的影片会看上去灰蒙蒙的，调色就是为了让色彩更加逼真。调色还有一项作用就是烘托影片气氛，色彩鲜艳的画面可以表达欢快的情感，灰暗的画面可以表达阴郁的情感，但是现场的颜色不可能随意调整，这一过程只能放在后期进行制作。

中国国家博物馆使用的后期调色软件是一款 DaVinci（达·芬奇）的专业调色软件。这款软件是业界最具权威的调色标准，是有史以来最为调色师所钟爱、最为电影行业所接受的调色系统。自 1984 年以来，DaVinci 调色系统一直都是后期制作行业中的标准。利用计算机构建的解决方案通常会受限于计算机本身的性能，DaVinci 突破了这一局限。它是在一个拥有许多高性能 GPU 的计算机集群基础上构建的，因此，所有处理总是实时的。这意味着 DaVinci 拥有的超级计算机性能使调色师面对各种要求时可以做出实时调整（图 3-46、图 3-47）。

图 3-46　软件启动界面

图 3-47　软件素材库界面

在博物馆日常工作中，为了保持影片的一致性，调色往往是最后一步才会做的工作，DaVinci 可以接受多种影片格式，还支持 XMF、EDL 等多种信息表格式，方便制作工程的时间线转移。DaVinci 在应对成片的调色过程时，还有一项强大的功能，它可以自动识别剪辑点，如果我们拿到一部成片进行调色处理，DaVinci 可以轻松完成剪辑点，正确率可达 99%，这一强大的功能使调色师不再需要从头剪一遍视频，加快了工作进度。

DaVinci 采用节点式图像处理。每个节点可以是一个独立的色彩校正、Power Windows 或特效。节点类似于层，但是它的功能更为强大，你可以更改节点直接的连接方式。顺序连接或平行连接节点可以把校色处理、特效、混合处理（Mixer）、键处理（Keyer）、自定义曲线结合起来，制作出摄人心魄的画面风格，绝不会因为设备的原因使制作者在创作上受到任何限制。调色师可以按照任何顺序重新连接节点来实现其他出色的画面效果。DaVinc 的每个节点都可以进行 RGBY 处理并利用以下选项进行一级和二级调整：Lift、Gamma、Gain、色度、饱和度、亮度、校准的印片机配光、遮片出焦（Matte Defocus）、图像出焦（Image Defocus）、3D 物体跟踪、YSFX、Custom Curves™、Soft Clip、高光、圆形、矩形、多边形 Power Windows™ 以及可进行全面贝塞尔控制及独立内部和外部柔化的 Power Curve™ 窗口。

一级调色（图 3-48）：Lift、Gamma、Gain、Offset 等一级颜色调整可通过色轮、曲线进行调整。一级颜色很重要，片段颜色的主基调通过一级颜色调整来控制，好的一级颜色调整能保留尽可能多的颜色信息为二级颜色调整作充分准备。

二级调色（图 3-49）：当对人物面部细节、高光、中部、暗部颜色分别调整时便用二级调色。二级调色的窗口有限选器、窗口、跟踪器等。

DaVinci 系统具备强大的二级颜色调整功能，不同的颜色效果可以通过节点的并行和串行连接调整来实现。当一部影片有好多类似的色彩镜头时，通过 DaVinci 独特分类功能快捷划分统一调色，极大地提高了调色的效率，这是 DaVinci 非常贴近调色师工作的一项设计。[1]

在制作《江汉汤汤——湖北商周文物展》展览专题片时，制作人员就使用了

① 参考 DaVinci（达·芬奇）官方调色教程资料。

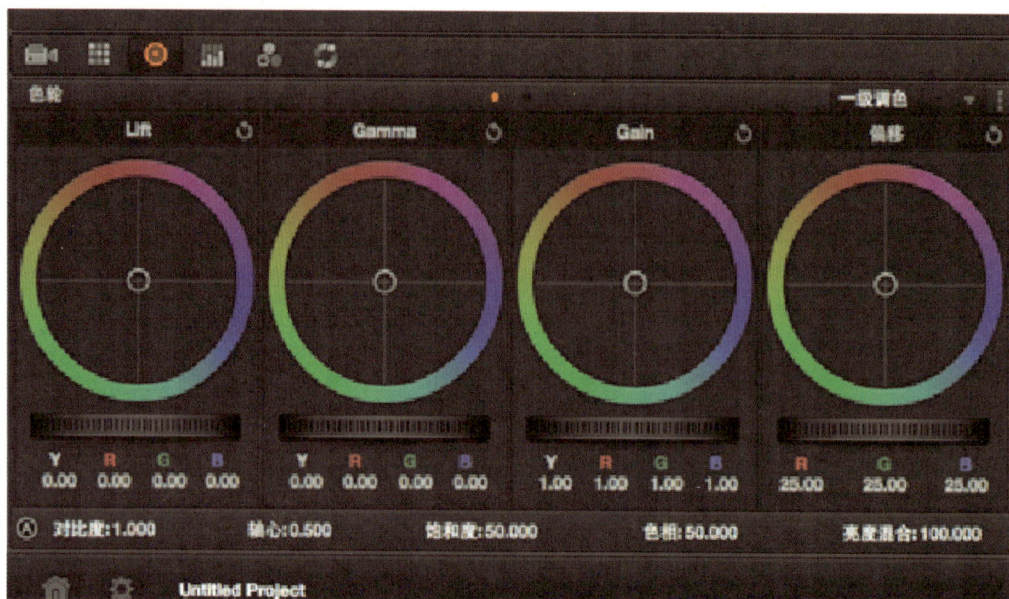

图 3-48　软件一级调色界面

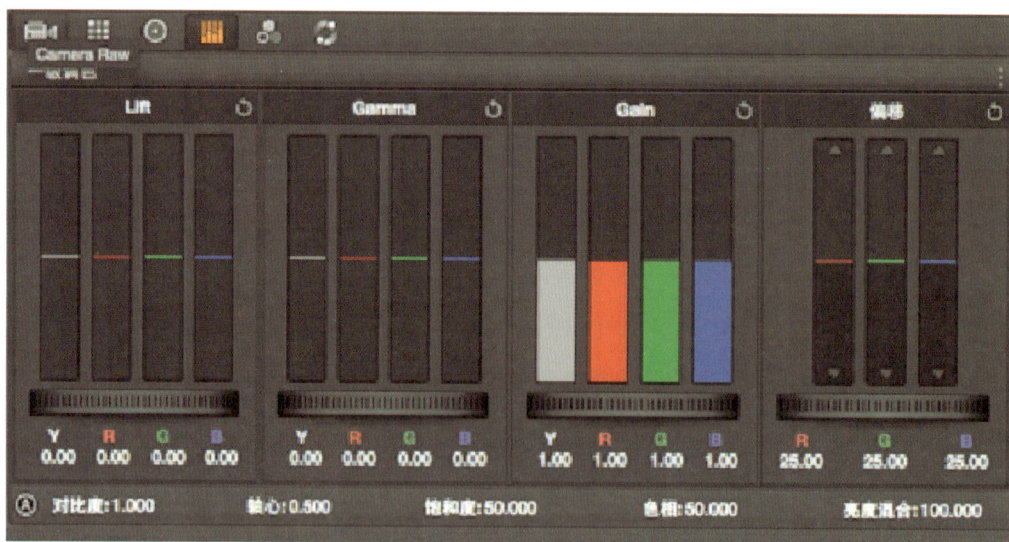

图 3-49　软件二级调色界面

DaVinci 对影片进行了最终的调色处理。图中展示的是在展厅中拍回来的原始素材（图 3-50），可以看出画面中的明暗对比过于强烈，对于旁白中的文物细节描述不能很好地展示，但是展厅拍摄条件不允许，拍摄人员无法拍出适合画面的镜头，这条素材只能在后期进行调色。后期制作过程中，制作人员利用 DaVinci 的强大的二级调色功能（图 3-51），将画面的暗部调亮，使得观众能够看清旁白描述的文物细节。制作人员还对画面素材做了轻微的氛围渲染调色处理，因为该展览是商周时期的文物展览，大多是青铜器具，展厅为了配合展览内容的特点，在展厅墙面的

图 3-50　展厅拍回的原始素材

图 3-51　二级调色后的画面

设计上，选用了青绿色作为主体颜色。在后期制作中，该专题片也同样对整体的颜色基调进行了一定的调整，正是利用 DaVinci 的一级调色功能，对所有素材进行统一的色调处理。对画面镜头比较多的专题片来说，这样的调色无疑是一种重复劳动，DaVinci 的调色模板功能对减轻工作量起到了很大的作用。首先挑选一个需要调整较大的镜头，进行一级和二级调色，调色完成后，将目前的调色设置进行预制保存，然后再将该预制信息复制到每个镜头上，再根据画面的具体情况进行适当调整。如此，不仅保持了画面的整体性，还提高了工作效率，使得制作人员可以在最短的时间内将展览的专题片展现给观众。

现在的后期包装制作系统多数都可以实现从剪辑到调色等一系列的后期制作工作，大大节省了时间和硬件成本，中国国家博物馆面对每年数百场的展览以及不计其数的活动，丰富的制作包装系统可以使后期制作部门在短时间内完成对展览专题片、资料片、活动宣传片的包装制作，面对一些大型的纪录片，各系统之间协调合作，更好地发挥了在博物馆公共文化服务中的职能。

参考文献

［1］刁礼帅. Maya 软件介绍［J］. 信息通信，2015（2）.

［2］刁礼帅. 浅谈三维软件 Maya 建模［J］. 信息通信，2015（2）.

| CHAPTER 4 | 第四章

博物馆基于光纤网络的多区域音频共享录制模式的应用

张悦

中国国家博物馆改扩建后，新馆增加了以下功能房厅堂：剧院（位于 −6m 标高中央，设有双层共 712 座观众席，舞台 20m×14.2m×10m，观众席 22m×29m×9m）、学术报告厅（兼做 3D 数码影院，位于 −6m 标高中央，设有 264 座观众席，观众厅 13m×25m×8m，银幕 12m×5.9m）、演播厅（位于 −6m 标高，面积 527㎡）、西大厅（位于 1.4m 标高的观众开放区，演播厅上空）、文艺录音棚（位于 −6m 标高，演播厅旁侧）及其他后期制作机房。中国国家博物馆改扩建工程配套音视频群包括了高清演播系统、EFP 视频讯道系统、大型线阵列扩声系统（含各厅堂的本地音频系统）、3D 立体放映与影视制作系统、环绕声录音制作系统、视频后期制作与资源共享管理系统等。

第一节
中国国家博物馆音频系统概述

在演播厅、剧院、学术报告厅、西大厅等功能房配置了一定规模的音频设备，各功能房中核心系统配置如下：演播厅系统配置调音台为模拟调音台 Soundcraft MH4；剧院系统配置调音台为 Soundcraft Vi6，它能够较好地满足剧院本地扩声需求，但剧院同时也有演出节目录音需求，剧院本地控制室难以同时满足。学术报告厅系统配置调音台为 Soundcraft MH2，能够基本满足学术报告扩声需求，但该厅堂同时也有节目录音需求，学术报告厅本地控制室难以同时满足。西大厅原系统配置调音台为 Soundcraft Vi6，它能够较好地满足西大厅本地扩声需求，但由于西大厅为观众开放区，在有录音需求时难以架设复杂录音系统。

第二节
基于光纤网络的多区域音频共享录制模式的
意义

目前，大多数大、中型演播厅都采用二级调音的工作模式。传统的二级调音模式如图 4-1 所示，是由演播现场调音台将信号混合好，送到播出机房调音台然后再送录制播出，这种方法只能确保现场扩声的声音效果，却无法保证播出的音效能令人满意。

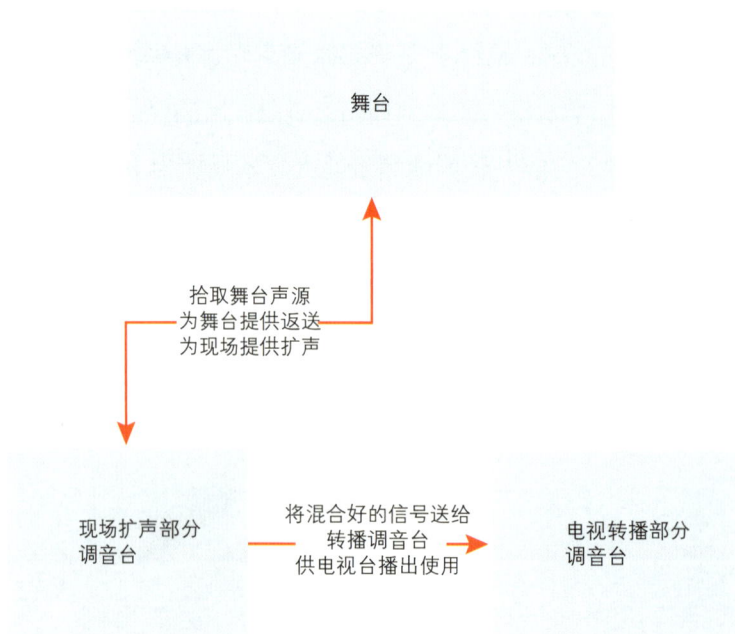

舞台

拾取舞台声源
为舞台提供返送
为现场提供扩声

现场扩声部分
调音台

将混合好的信号送给
转播调音台
供电视台播出使用

电视转播部分
调音台

图 4-1 传统二级调音方式

新型二级调音模式如图 4-2 所示，其指将现场采集的信号（如话筒信号等）经话筒分配放大器放大后分别送给扩声调音台和录制播出调音台，由它们分别担负现场扩声和转播录制的声效处理，调音师在两台调音台上分别针对现场扩声及录制播出的要求进行信号混合，并分别送给现场扩声系统进行扩声，送给录制播出系统进行播出，以使现场观众和节目不同播出渠道的受众均可获得最佳的音响感受。

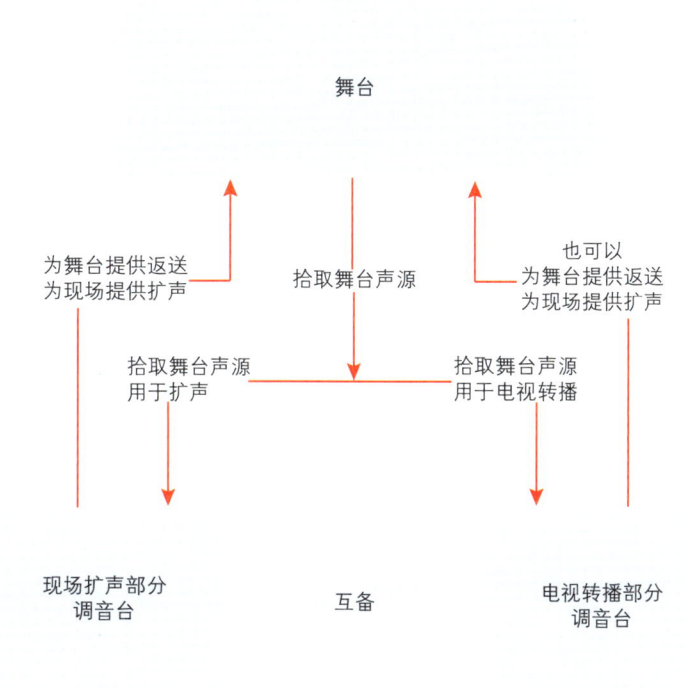

图 4-2　新型二级调音方式

为了使中国国家博物馆演播厅、剧院、学术报告厅、西大厅、文艺录音棚的每个音频分系统既可以独立使用，又可因需要彼此相互连接组合使用，提高各个厅堂音频系统的利用效率，满足几个厅堂活动联动时的音频制作需求，形成连通，形成便捷的节目演出制作系统，基于多通道数字音频传输格式的 MADI 光纤传输网络在博物馆中应运而生，将各音频分系统有机地结合在一起，从而实现演播厅、剧院、学术报告厅、文艺录音棚、西大厅之间多路音频及控制信号传输。建立这样的信号传输网络将给系统带来以下几方面的优势：提高了分系统之间的信号共享能力；提高系统的先进性及使用的灵活性；简化了系统布线的难度；提高了信号传输的质量。

MADI 接口格式是国际通用的多声道信号传输标准，允许双向传输 64 通路音频信号并可同时附带控制信号，因此，仅需 1 条 2 芯光纤便可解决系统所需输入及输出信号的传送需要，不仅大大简化了系统布线的工作量，也很好地解决了信号远距离传输的问题。光纤的传输距离取决于光纤材质的选用，单模光纤的传输距离最多可达 30 km。因此，这一技术不仅可以完全满足系统传输通路数量及距离的需要，同时因为光纤传输抗干扰能力强且没有任何损耗，从而确保了信号远距离传输的质量。

第三节
利用光纤实现扩声系统与
录制系统共享信号

将演播厅音频系统分为现场扩声系统和录制系统。现场扩声系统配置
Soundcraft Vi6 数字调音台，录制系统配置 Studer Vista 5 数字调音台（含主备同步
Master Sync）。录制系统所选用的瑞士 Studer 公司生产的 Studer Vista 5 数字直播调
音台，是享有盛誉的 Vista 家族中最紧凑简洁的成员。它将最人性化的 Vistonics 用
户界面安装在了便携的数字调音台上，体现了人体工学设计的新水平。在高度紧张
的播出现场，调音师需要依靠调音台顺利流畅的工作。不仅如此，播出人员中可能
会有临时雇用的工作人员或其他外请的制作队伍，这就要求必须有一台易于快速掌
握的调音台。如今已有的调音台的操作部分一般都位于显示屏的周围或下方，音频
参数都显示在屏幕上，但是相关的控制部件却在别的地方，调音师必须很快反应出
屏幕所需要控制的部件的位置，疲劳状态或压力很大的情况下极易出错。Vistonics
控制界面整合了镶嵌在平面显示屏上的旋钮控制和按钮，将人的视线和操作统一在
一起。而且这个用户界面有多重颜色和外形的控制功能，一个特定的音频功能总是
与相同的颜色相关联，一个参数总是与一个相同的显示数值的图标相关联，这甚至
比模拟调音台更加直观。Vista 5 使用 Studer D21m I/O 系统提供灵活并可扩展的高
密度 24 比特 96 kHz 音频接口，最多支持 9 个本地 I/O 模块连接到 DSP 核心，这
些 I/O 模块可以使用 MADI 光纤或 Cat5 与远程舞台机箱连接，使得在演播室或其

他位置的话筒信号能够连接到调音台中。因此，Vista 5 与 RME 生产的 MADI 分配切换矩阵搭配，能够实现以光纤传输的方式进行多通路数字或模拟信号传送的能力。也就是说它能够构建一个基于标准 MADI 多通路数字传输格式的光纤网络，将各个分系统有机地结合在一起，从而实现各分系统之间灵活、方便的音频及控制信号传输，以提高系统的信号共享能力、使用的灵活性、简化系统布线的难度、提高信号传输的质量。

Studer Vista 5 及 Soundcraft Vi6 数字调音台配置了输入 / 输出共享机箱，将有线及无线话筒的信号接入此共享机箱。此外，配置了 MADI 信号切换器 RME MADI Bridge 及遥控器 MADI Converter。RME 的 MADI 转换器有 6 对 MADI 输入 / 输出接口（光纤与同轴），可以将 MADI 数字音频信号在光纤与同轴之间互相转换。这个小型的 IU 设备可以提供 6 组完全相互独立的双向信号转换器，所有的输入信号都可以完全不变的直接通过设备。它具有 6 个同轴输入 / 输出，信号可以被转换成光纤传输，这对于现场演出以及长距离的系统安装都是相当有益的。MADI 转换器使用了特殊的高灵敏度的输入电流，可以将同轴信号最远传输 100m，将光纤信号最远传输 2000m。此外，MADI 转换器还有内置的 MIDI 分配功能，可以将 MIDI 输入信号分配到 3 个 MIDI 输出通道中，用户不需要使额外的 MIDI 信号分配器来控制多个不同的设备。MADI Bridge 是一个非常方便的设备管理器。作为跳线板、信号分配器、信号缓冲器以及输入选择器，MADI Bridge 将各个厂商的 MADI 设备完美地连接在一起。MADI Bridge 具有 6 个同轴输入接口以及 6 个同轴输出接口，外加 2 个光纤输入 / 输出接口，最多可以连接 16 台设备。它可以将所有的 MADI 输入信号流原封不动地送到选定的 MADI 输出，而不对信号进行任何加工。因此，MADI Bridge 支持多种格式的信号，可以传输 56 或 64 通道信号，乃至可能被包含在 MADI 数据包中不可见的控制命令。MADI Bridge 的前面板上有 8 个 LED 灯，可以显示每个通路信号源的状况。这些 LED 灯所显示的内容可以通过两个按钮来切换，每个输入信号都可以被送到一个或者几个输出通道。MADI Bridge 可以传输任何采样频率的信号，即便超规格的数据、非标准的 MADI 协议数据都可以。此外，MADI Bridge 可以通过 MIDI 信号远程控制。而且，前面板上所有控制参数以及 LED 灯的全部状态，都可以通过 MIDI 信号读取。每个 MADI Bridge 都可以被设定，拥有自己的 ID。当系统中存在多个设备时，用户可以通过 1 个 MIDI 通路远程控制所有的设备。MADI 转换器是 RME 的 MADI Bridge 的完美搭档。两个设备可以上下放置，同轴输入和输出正好垂直相邻，可以通过很短的线缆连接起来。

中国国家博物馆剧院现场扩声调音台 Soundcraft Vi6 配置了 MADI 板卡；学术报告厅模拟调音台 Soundcraft MH2 配置了 Studer D21 远程信号机箱，将 MH2 的信号接入 D21 机箱；演播厅、剧院、学术报告厅、西大厅、文艺录音棚几个厅堂铺设 MADI 光纤通路。

通常情况下，演播厅现场的各种信号是通过模拟电缆经过话筒或线路分配器分配后分别馈送至录制和扩声调音台，如果信号的数量太多则必然需要多条多芯电缆，假如以 12 芯电缆为例，一般直径可达 24 mm，至少需要 3 条电缆方可满足目前系统的需要，不仅铺设量大，而且长距离传输还可能造成信号的衰减或引入噪声。因此，系统利用 Soundcraft Vi6 调音台的共享机箱，将来自演播厅现场的有线及无线话筒信号、各类播放器的模拟线路信号、来自视频系统及其他播放器的数字音频信号先送入该共享机箱，将共享机箱的主、备光纤信号经 MADI 光纤分配后分别送至 Studer Vista 5 调音台和 Vi6 调音台，两个调音台同时获取这些信号并分别调整后，完成音频信号的制作及现场扩声。共享机箱与两个调音台之间采用 MADI 主、备光纤连接，因此仅需 1 条 4 芯光纤便可解决系统所需的 64 路输入及 32 路输出信号的传送与备份，从而大大简化了系统布线的工作量，同时也极大地提升了信号传送的质量。共享接口机箱以及两个调音台所使用的 MADI 接口板卡均具备主、备光纤接口，当主光纤传输通路出现问题时，备份光纤传输通路自动接替，确保信号传输畅通。

几个厅堂音频系统整合的系统结构如图 4-3 所示。

从系统结构图中可以看出，音频系统以演播厅的播出机房为核心，在该系统中配置了 8 入 8 出的光纤分配矩阵系统，演播厅、剧院、学术报告厅、西大厅数字调音台共享信号接口机箱的一组 MADI 输入 / 输出接口分别与该矩阵相连接；另一组 MADI 输入 / 输出的分系统与演播厅本地数字扩声调音台的 DSP 核心相连接，供演播厅本地调音台做日常的现场扩声使用，各系统在同时使用这些共享信号时互不干涉、互不影响。

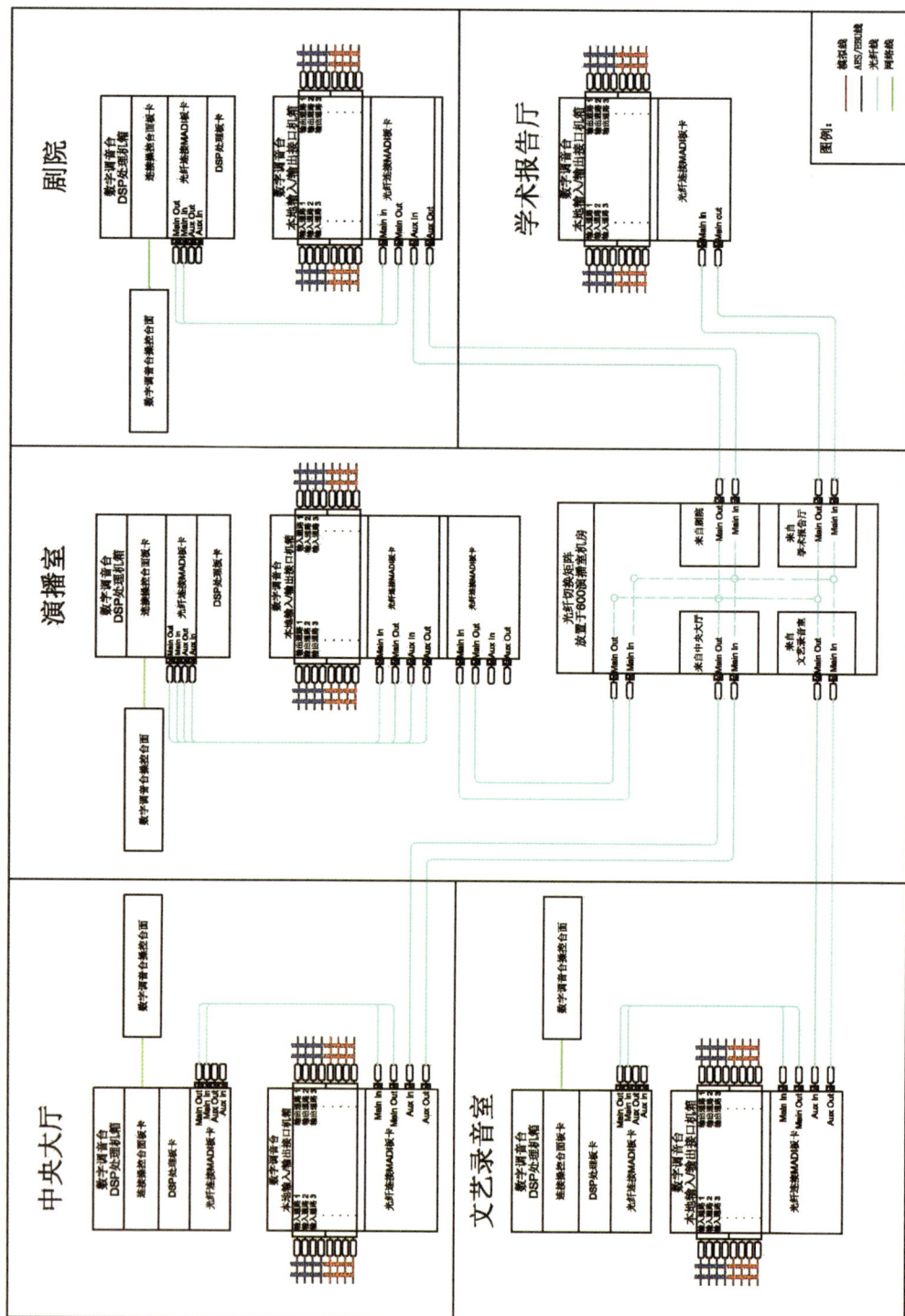

图 4-3　演播厅等厅堂音频系统结构图

基于光纤网络的系统架构，使得演播厅音频系统可以通过 MADI 光纤矩阵选择共享剧院、学术报告厅、西大厅之一的输入源信号，共享的输入源信号数量达 64 通路（信号分别包括：现场所有的有线及无线话筒信号、音频播放器、录像机声音信号、外来信号等），这些信号在被演播厅本地扩声调音台使用完成现场扩声的同时，也被演播厅录制系统获取，这样就可以通过演播厅音频录制系统录制剧院、学术报告厅、西大厅举办的现场演出或其他各类现场活动的情况。

第四节
系统的安全

在正常工作时，现场扩声调音台与录制调音台共享舞台输入信号，各司其职，分别完成现场扩声及节目录制任务。但与此同时，Vi6 扩声调音台也会将 2 路立体声备用播出信号送至 Studer Master Sync 数字音分的备用输入端。Vista 5 与 Vi6 调音台之间也通过 4 路 AES/EBU 接口互联，实现两个系统互相传递信号的目的。当 Vista 5 调音台系统出现问题时，具有自动或手动二选一切换能力的 Studer Master Sync 便可将已送入其备用端口的来自 Vi6 的备用信号切出，从而确保系统安全。当 Vi6 调音台出现故障无法使用时，也可通过共享接口机箱的手动控制遥控器 MADI Converter 来操作，使 Vista 5 接管原来由 Vi6 控制的送至共享接口机箱的扩声信号。接管之后，信号的调整将由 Vista 5 调音台来完成，而接管过程中不会出现人耳可闻的信号中断，从而确保了现场扩声不会出现静音故障。剧院内数字调音台 Soundcraft Vi6 配置了 MADI 板卡，可通过主、备光纤输送信号到演播厅内的光纤跳线盘；学术报告厅内模拟调音台 Soundcraft MH2 的信号通过接入配置的 D21 远程机箱转换成 MADI 信号，传送至演播厅内的光纤跳线盘；西大厅扩声调音台 Soundcraft Vi6 本身具备的 MADI 板卡，可直接输出主、备光纤到演播厅内的光纤跳线盘。

通过 MADI 传输，3 个厅堂的信号全部连接到了位于演播厅的光纤跳线盘上，其中任何一间厅堂有节目需要录制时，都可以通过方便快捷的跳线方式连接到演播厅录制调音台 Studer Vista 5。而在演播厅本地，现场扩声调音台 Vi6 与录制调音台 Vista 5 共享输入信号，各司其职，分别完成现场扩声及节目录制任务。这样，演播厅控制室不仅可以录制演播厅本地的节目，还可以作为剧院、学术报告厅或西大厅节目的实时多轨录音的控制室使用，灵活地将所需要的厅堂的音频信号记录到演播厅内的音频工作站上，或与视频系统完成加嵌，记录到 VTR 上。

演播厅、剧院、学术报告厅等音频系统框图如图 4-4 所示。

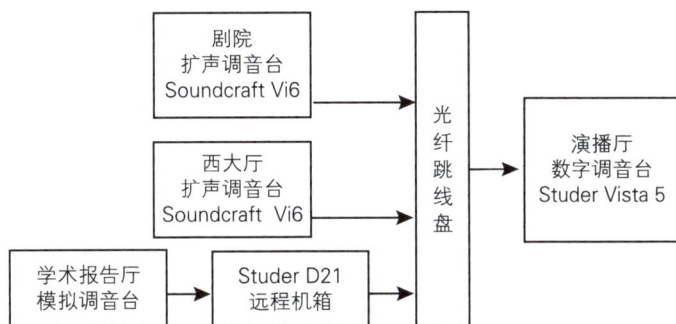

图 4-4　演播厅等音频系统框图

第五节
音频系统共享信号的应用实践

在中国国家博物馆剧院、学术报告厅、西大厅等场地每年举办的活动千余场，其中不乏艺术造诣极高的文艺演出活动，需要现场扩声和录制。比如配合"罗马与巴洛克艺术展"的系列活动"当鲁特琴遇见琵琶"音乐会、配合波兰艺术展"来自肖邦故乡的珍宝—— 15—20 世纪的波兰艺术"钢琴独奏音乐会、"中法建交 50 周年回顾展"音乐会、"纪念委内瑞拉最高统帅乌戈查维斯逝世一周年"音乐会、"纪念中委建交 40 周年"音乐会、"红楼梦钢琴协奏曲全球首发"音乐会、2015 年"旷世清音·中国弦乐之美"音乐会、"中泰建交 40 周年"泰国传统文艺表演等。

一、西大厅

中国国家博物馆中央西大厅场地活动规格高，音响系统扩声质量高，安全稳定性高，音响覆盖区域极为宽广。西大厅音频系统主扩声选择的是 JBL 有源中型线阵列扬声器 VT4888DPCN，一只扬声器所包含的单元数量是 2 个低音单元，4 个中音单元和 3 个高音单元，即高、中、低音共 9 个扬声器单元。声音的表现极为细腻逼真。线阵列作为主扩声系统解决了近场声能衰减的问题，扩展了声音辐射区域，满足了中国国家博物馆西大厅的音响需要。此外，西大厅音响系统配备了美国 BSS 公司生产的 BLU 系列的多功能综合音频处理器。多功能综合音频处理器系统是本系统中的一个非常重要的环节，具有强大的数字化处理能力。如图4-5，经调音台调整后的信号在送给扩声扬声器之前需要经过多功能音频处理器经分频、限幅、单元间增益控制、均衡以及延时等功能处理后再送至扬声器系统完成现场扩声工作，处理器的主要用途是为扬声器提供一个"原厂频率响应修正参数"，以弥补扬声器本身物理响应的声学缺陷，这样就可以部分简化调音师的调试工作。这种综合数字处理器一般具备2～8个模拟输入，以及6～8个模拟输出，集图式均衡、参数均衡、压缩、限幅、分频、增益、延时甚至自动声反馈抑制功能为一体，除此之外还固化集成了众多品牌各类型扬声器的厂家修正参数。调音师可以利用几台这样的数字处理器，代替原来可能数个机柜才能容纳的模拟周边设备，在系统连接上使原来最杂乱的一个环节变得非常简洁。另外就是在不同节目需求的切换上有了明显进步。调音师可以利用数字处理器的场景存储功能，针对不同类型的节目制作出不同的处理模式，并分别存储为具有特定编号的场景。这样在节目转换时，只要对数字处理器进行简单的场景程序切换，就完成了整个音质的调整，这种便捷是使用模拟设备无法实现的。为了方便调音师的工作，系统还具有专用的遥控界面，这种固化界面具备31段均衡马达推子、液晶显示屏幕以及相应的按键或数据轮，使调音师可以在处理器百米开外的听音区域来遥控处理器进行音质调整。

随着系统处理通路的不断增加，尤其是扬声器数量增加导致的处理需求，使信号多路分配的网络化控制功能变得重要起来，于是，原本各自为战的数字处理器就纷纷被网络连接起来。这些网络传输协议往往是各厂商自行开发的，并不能在日常熟知的电脑局域网上进行传输。其目的主要是为在各个数字处理器之间传输若干通路的音频信号，使某台处理器上得到的模拟输入信号被转换为数字信号，并经过特定网络传输给其他处理器进行处理和输出。这些处理器之间实际形成了一个虚拟的信号交换矩阵，为了能够同时调整多台处理器的内部参数并监控其工作状态。这个专用网络上还被负载了控制信号，同时开发了专门的应用软件可以安装到电脑中。当这台电脑与网络上的任何一台处理器相连接时，就可以控制、监视该网络上所有的处理器，目前软件已经支持人们自行设计定义不同的多页面的控制界面，这样，我们就可以用这台电脑作为整个处理器系统的总控制界面，从而为系统使用带来极大便利。

由于互联网的快速发展，基于 TCP/IP 协议、可经过标准以太网传输的数字音频协议被开发出来，这就是 CobraNet 协议。CobraNet 协议是使所有设备之间的音频信号传输有了完全共同的语言，处理器如果具备 CobraNet 输出接口，就可以将数字音频信号，经过类似电脑局域网式的拓扑结构，将信号广播到这个网络上。而所有连接在这个网络上的具备 CobraNet 输入接口的设备，包括其他品牌的处理器、数字功放、数字扬声器，都可以根据需要从网络上任意获取所需信号。同样，依靠光纤作为传输介质，网络就变成了一个可无限扩展、延伸的信号交换矩阵，我们的信号不再是点对点的传输，而是可以一点对多点、多点对多点的交换。

扩声信号流程以网络音频传输协议 CobraNet 为基础，系统中的调音台、信号处理器、扩声扬声器全部选用支持 CobraNet 协议的设备。舞台话筒及其他音源信号进入数字调音台，经过调音师的调整和再分配，转换成主备两路 CobraNet 信号后分别送入主备交换机，通过对 CobraNet 信号设置相应的地址码，在网络交换机内，这些信号对号入座，最终进入有源扩声扬声器（图 4-5）。以上 CobraNet 信号的流程是实时的主备信号流程，一旦主信号有任何问题，备用信号会自动启用，无须任何人工干预，且信号的整个切换过程中没有任何可闻噪声出现。除此之外，为了使这个系统具有更高级别的安全性，系统中配置了 3 台多功能扩声信号处理器，主要为了对 CobraNet 信号进行备份。3 台处理器备份了 36 只扩声扬声器的网络音

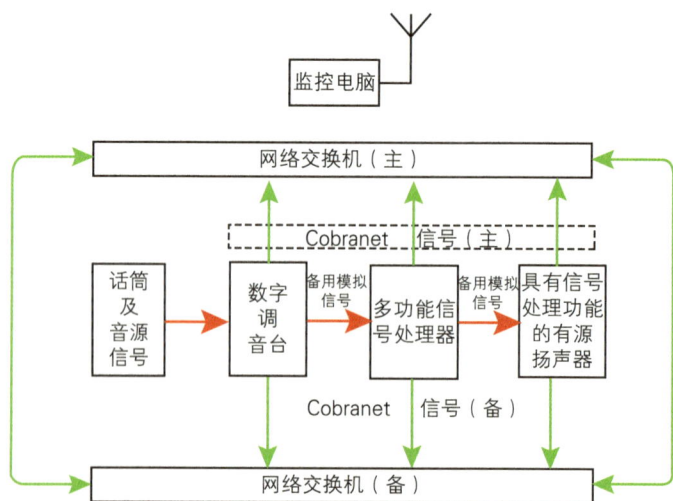

图 4-5 西大厅音频信号流示意图

频信号，实现了最大的投入产出比。

扩声调音台完成现场扩声的同时，也被 600 m² 演播厅播出系统和录音棚系统所获取，演播厅控制室和文艺录音棚可以将西大厅录制的所有音频信号通过 MADI 传输，以分轨的形式记录在演播厅控制室的 Protools HD 音频工作站中，可以根据需要将其作为原始素材供后期混音使用。

国家大剧院五月音乐节"走出去"系列公益演出从 2013 年起，每年都会在中国国家博物馆西大厅举办一场小型公益演出，一般以室内乐为主。2017 年 5 月 19 日，英国皇家北方小交响乐团的艺术家们以"聆听贝多芬"为主题，以木管五重奏和弦乐四重奏的形式为观众献上了 8 首精致的室内乐作品，从典雅古朴的海顿弦乐四重奏到浪漫动听的普契尼歌剧选段，丰富多彩的古典音乐旋律与中国国家博物馆内浓厚的文化底蕴相得益彰，音乐与历史碰撞出的火花带给人无限遐想。本次录音使用话筒为 Shure KSM137，使用 Protools HD 作为录音、混音工作站。由于西大厅（200m 长的南北艺术长廊的中央）挑高 31 m，场地空旷，混响极大，必须增加点话筒进行近距离拾音送给扩声系统。本次演出使用的 Shure KSM137 心形乐器话筒，音质细腻流畅，集中再现音源的真实声音，尤其适用于录制现场录音、管弦乐器、合唱人声、木管乐器、原声吉他、原声贝司、钢琴等。由于话筒摆放距离稍远，加上西大厅混响过大，后期处理时着重使用压缩器加强响度和清晰度，对低声部的大提琴进行了压缩和单独的混响处理。

二、剧院

剧院控制室音频系统配置了世界上顶级的数字录音制作调音台产品之一——瑞士的 Soundcraft Vi6 实况数字调音台（图 4-6）。它具备诸多优点。Soundcraft Vi6 开发 Soundcraft Fader Glow 推子，即使用不同的颜色区分不同功能的通道推子。直观的操作界面、鲜艳的色彩功能分区（比如均衡、动态处理器、声像控制等），使调音师在阅读每个推子的文字标签前一眼就能辨认出在控制什么功能通道，大大节省了调音师在调音工作中浪费在调音台物理界面上寻找所要调整相应参数值或图示所需的精力和时间，使得操作真正达到了"手到眼到"的境界，从而使调音师更专注于音频效果和质量的处理。在基本音频处理功能齐全、使用灵活的前提

图 4-6　中国国家博物馆剧院控制室音频系统

下，Soundcraft Vi6 数字调音台的另一个优势是可以利用强大的 DSP 处理功能集成一些辅助音频处理功能，例如，内置 Lexicon 混响器和效果器、dbx 动态处理器和 BSS 的图示均衡器等，这些功能对音乐制作效率的提高起到重要作用。此外，Soundcraft Vi6 具有丰富的使用接口、可靠的连接方式，Cat5 或 Cat7 线缆和 Neutrik EtherCon XLR 以太网专用连接器为 Soundcraft Vi6 舞台箱和本地箱之间提供方便、坚固、高度可靠的连接。Cat5 可以确保 100 m 的连接距离，Cat7 可以达到 130 m，在更大的演出场地可以使用光纤连接，使舞台箱和本地箱之间的最大连接距离达 2 km。标准配置的 64 个通道的 MADI I/O 卡，可以通过光纤连接的 8 通道 ADAT I/O 卡替换，或使用 25 针 TDIF I/O 卡替换。

　　"启蒙的艺术"展览是由中国国家博物馆和德国柏林国家博物馆、德累斯顿国家艺术收藏馆和巴伐利亚国家绘画收藏馆联合举办，是中国国家博物馆新馆落成开馆后举办的第一个国际交流展。在中国国家博物馆剧院，中央民族乐团的艺术家们应邀在中国国家博物馆剧院为闭幕式表演了精彩的民乐节目。他们用琵琶、笛子、古琴、二胡演绎了《春江花月夜》《幽兰逢春》《忆故人》等中国传统经典曲目。剧院音乐会现场音频信号通过舞台箱发送给剧院控制室的 Soundcraft Vi6，通过 Vi6 的 MADI 通道光纤传送给演播厅控制室，后采用同期分轨的方式记录在 Protools HD 数字音频工作站，后期制作也是用 Protools HD 直接进行缩混。比如音乐会中《幽兰逢春》这一曲目，是赵松庭、曹星于 1979 年创作，仿昆曲风格写成。兰花历来被中国人尊为花中极品，以幽兰之逢春来表现人在困境中哀而不怨、悲而不伤的心境。乐曲从压抑到舒展，中间带有一个华彩的快板段。主奏笛子与伴奏乐队配合极为默契，演奏精湛，情绪和色彩表现十分到位。录制采用主话筒为主，点话筒辅助拾音的拾音方式：主话筒为剧院吊挂 DPA d：dicate™ 4041-SP 组成 AB 制式，间距约为 25 cm，距离乐队约为 5 m。笛子演奏家王次恒的笛子采用 Schoeps MK4 话筒拾音；伴奏乐队中，低音 BASS 同样使用 Schoeps MK4 作为点话筒加强；乐队的弓弦乐器和弹拨乐器等分别通过 Schoeps MK4 话筒进行声部补点。DPA4041 为全指向大振膜电容话筒，精密背板配置在石英绝缘体上，以获得最佳的电气稳定性，同时也赋予 MMC4041 大振膜话筒头独一无二、高达 90mV/Pa 的灵敏度。4041-SP 的频响范围为 10 ~ 20 kHz，在 8kHz 轻微提升 4 ~ 6 dB。此外，当 MMC4041 大振膜话筒头与 MMP4000-S 前置放大器组合时，本噪极低，只有 7dB（A）。与此同时，它进一步提升了声压级处理能力，削波前最大声压级高达 144 dB，拥有自然通透的声音。后期制作时由于剧院舞台机械底噪较为明显，因而对主话筒信号进行降噪处理；针对笛子做了少量均衡，使之明亮灵动；对低音 BASS 进行了压缩，使作为唯一低音声部的乐器尤其在拨弦时更加有力，得以凸显。最后对主输出通路加入适当混响和压缩。《幽兰逢春》此次演出的配器在音响上达到完美的平衡和协调，堪称一次成功的演出。

2015 年 4 月 5 日，泰王国驻华大使馆在中国国家博物馆剧院举办了"泰王国诗琳通公主六十华诞庆典暨泰中建交四十周年泰国传统文艺表演"。这场文艺表演是泰国文化部在中国举办的重点文化活动。来自泰国顶级艺术团体的艺术家们表演了泰国著名的"祈福舞"和《莲花之韵》。精湛扎实的舞蹈功底在最能代表泰国传统文化的孔剧《拉玛坚》和宫廷人偶戏中展现得淋漓尽致。泰国艺术家们极具异域风情的精彩表演，让中国观众领略到了泰国传统文化的艺术风采。

为本次演出伴奏的泰国传统民乐更是令人耳目一新，如图 4-7 和图 4-8 所示。

泰国民族乐器是泰国人民文化的结晶，也是泰国文化与周边文化融合的见证。泰国人民的祖先从中国西南地区向南迁徙到现在的泰国，把中国传统民族乐器带到了泰国并进行了本土化改造。此外，泰国文化受到印度宗教文化的影响，泰国民乐也融合了大量印度乐器的元素。同时，泰国民族乐器的发展也受到同样居住于中南半岛其他民族的影响。经过几百年的发展，最终形成了现在的泰国民族乐器。

图 4-7　泰国传统文艺表演乐队布局　　　　图 4-8　泰国传统文艺表演乐器

　　因为此次演出的伴奏乐队整体安排在舞台上场口一侧，所以录制乐队并没有使用舞台上方吊装的主话筒，以免声像集中在左侧影响最终呈现效果。因此只使用了点话筒进行录制，近距离的对极具泰国特色的民族乐器进行拾音。独具韵味的竹排琴是泰国非常有代表性的民族乐器，由木制或竹制的音条竖排装在一个作为共鸣器的船形底座上。底座雕花精美，颜色华丽，用以敲击的两只槌头呈蘑菇状，也有权形双头槌。竹排琴通常和泰国笋篥在泰国的宗教仪式和节日场合合奏，音色清越，锵锵作响，略有金石之声。鳄鱼琴的琴身一端刻有鳄鱼头，琴下由 5 个支脚水平支起琴身，琴柄上有 3 根弦，弦下有 11 个琴马，演奏者左手按弦右手拨奏，摇指和轮指的技巧使音乐连绵不绝且富于韧性。高音弦奏旋律，低音弦为固定低音伴奏，音色浑厚沉稳，所奏乐曲具有独特的柔美韵味。拉弦乐器里的三胡，其与中国二胡类似，但共鸣体是由半只椰瓢做成的。以上这几种音色比较特别的民族乐器使用 Shure KSM137 心形话筒拾音。围锣分为两种，高音围锣和低音围锣，它是由按照自然音阶顺序定音的一组锣组成并平放在一个圆形的藤制支架上，圆形支架并不闭合，演奏者坐在围锣中央圆形支架内，用两只圆头的槌子敲击，音域为两个八度。

围锣使用 Shure SM81 乐器话筒，20 ～ 20000 Hz 标准的平坦响应使乐器能够在舞台表演中保持声音的精度。塔芬鼓（又称塔朋鼓）是两面绷上兽皮的桶型鼓，鼓的外围全以皮质的带子绑紧，以手敲击。克隆、扎特是大型的桶状鼓，演奏时常成对使用，鼓皮用钉绷紧，声音低沉。录制桶状鼓类打击乐器使用了 Shure BETA 52A 底鼓话筒，20 ～ 10000 Hz 超心形动圈话筒经久耐用，适合低频乐器拾音。通鼓鼓身用陶土、木头制成，呈高脚杯状，演奏者以右手击鼓，左手通过捂盖另一面来调节音色的不同。小型手鼓、通鼓使用了专门为军鼓、通鼓近距离拾音而设计的 Shure BETA 56A 紧凑型动圈话筒，在 50 ～ 16000 Hz 表现优异。一般来说，围锣是乐队的主导，竹排琴、木琴对乐曲主旋律进行加花装饰，通鼓掌控节奏变化。为了获取更好的声音平衡和演出效果，乐队也加入了一些泰国民族电子弹拨乐器来配合。因为录制时调整了每个乐器的点话筒角度来最大化的消除串音，后期混音的时候可以顺利把乐队各种乐器用声像电位器重新设计摆开。在独奏部分用均衡器和压缩器突出主奏乐器独特的音色，用混响器使乐队整体融合而不显突兀，母线压缩保证响度和富有色彩的动态。

三、学术报告厅

264 座的学术报告厅一般用来举办各种学术讲座、论坛、文化沙龙、新闻发布会及影片首映仪式等活动，偶尔也有小型音乐会和艺术交流活动。需要录制时将话筒信号接入报告厅舞台地板下面嵌入的接口箱，传送至控制室内的模拟调音台 Soundcraft MH2，再将话筒等音频信号通过控制室本地配置的 D21 远程机箱转换成 MADI 信号，由光纤传送至演播厅，再由演播厅音频控制室内的 Studer Vista 5 获取 MADI 信号发送给 Protools HD 数字音频工作站进行录制和后期制作。

2013 年 5 月 14 日，由中国音乐学院知名教授和青年教师组成的紫禁城室内乐团一行 15 人，来到报告厅举办了一场小型的中国民族音乐赏析音乐会《高山流水觅知音》。紫禁城室内乐团多次参加国家重大音乐活动，作为中华人民共和国文化和旅游部对外交流"东方快车"的国家高端艺术家团体，艺术足迹遍及国内外音乐舞台。紫禁城室内乐团之所以在当今的世界乐坛独树一帜，不仅在于乐团独特的风格和精湛的水平，更在于当代艺术家文化自觉的办团理念，即"在继承中国优秀

音乐文化遗产的同时，着力彰显中国音乐文化时代价值和当代音乐家艺术个性的宗旨"；打造民族音乐研究，民族音乐传承与创新，艺术实践与对外交流高端平台的定位；通过乐团的实践，引发对民族音乐继承与创新的讨论，创新民族音乐人才培养的特色模式，推动民族音乐创作的多元与繁荣，弘扬中华民族优秀音乐文化的目标。该团被音乐界评价为"体现了中国传统音乐特有的华贵与典雅""是探索中国当代音乐语境与世界对话的范例""是当今世界最具影响力的室内乐团之一"。

本次录音因学术报告厅舞台空间纵深的限制，民乐团座次并不能完全按照以往惯例进行布局，所以乐器的各声部音响效果不是很均衡。录制全部采用了点话筒拾音，并且话筒调试时尽量避免来自其他乐器的串音，后期制作时重新设计乐器声像。

古筝音色优美、音域宽广、演奏技巧丰富，具有相当强的表现力，是一种不可缺少的主要乐器；扬琴音色明亮、音量宏大、刚柔并济、表现力极为丰富，可以独奏、合奏或为琴书、说唱和戏曲伴奏，在民间器乐合奏和民族乐队中经常充当"钢琴伴奏"的角色；大阮音质圆润、浑厚优美动听、低沉婉转，在合奏中主要担任低音和旋乐段；中阮为中音乐器，音色恬静、柔和、富有诗意，在合奏中常担任演奏旋律或描句，具有动人的效果。而中阮担任伴奏时，丰富的节奏变化更能突出乐曲的特点。在乐队中采用两个以上中阮分部演奏和声，会使弹拨乐器组的中音声部更为丰满。此次录制古筝、扬琴、大阮、中阮使用了 DPA d：vote™ 4099 超心型指向性话筒，频响范围 80 ～ 15000 Hz，在 10 ～ 12 kHz 会产生 2 dB 的微提升。不论在现场演出还是录音棚录制，它都能极好地抑制噪声并获得出色的啸叫前增益。此话筒能保持一致的离轴响应，声音听感完全忠实还原声学乐器真实自然的声音，并能传递深沉、饱满、真实的低音。它的外形以低调优雅而闻名，而且设计轻巧、坚固耐用。灵活的设计支持多种安装和摆位方式，能够灵活稳固地将话筒固定在各种大中小型乐器上。安装系统的设计永远不会弄脏或刮花乐器表面的油漆，深受录音师和演奏家的喜爱。大三弦、小三弦和头弦各 1 把，二胡 2 把、板胡 2 把、京胡 2 把、提胡 1 把、中胡 1 把，这些拉弦乐器和笛、箫使用了 Shure KSM137 话筒拾音。此外，大军鼓 1 个、大堂鼓 1 个使用了 Shure BETA 52A 话筒。其他的打击乐器组合木鱼 1 套、颤音琴 1 架、吊镲 1 只、锣 1 套、小镲 1 套、小件打击乐器使用了 Scheops MK4 拾音。后期重点效果器处理方法是对主奏乐器加压缩和单独的混响，使乐曲的情感投递更加沉稳悠长，但主奏乐器也不能过于突出，要与乐队融合。由于是民乐团，中高频乐器尤其是中频都集中在一个频段里听感会比较躁，需要用 EQ 来调节乐器在频谱上的分布，尽量做衰减而不是提升。人类听觉系统对衰减的敏感度较低，争取以此分给每件民乐器一定的频谱空间。最后对主输出通路加入较大的混响和较小的压缩 Waves Rverb-concrete Venue Empty 和 L2，稍做声场扩展，在尽可能保留作品原貌的同时强化风格特色。

| CHAPTER 5 | 第五章

博物馆中的环绕声录音棚建筑声学改造与音频系统构建

陈晨

中国国家博物馆环绕声录音棚位于中国国家博物馆 -6m 标高，旁边是演播控制室和后期视频制作机房。由于原建筑设计存在一定问题，在本次改造前为毛坯房状态。

　　如图 5-1 所示为原环绕声录音棚区域整体布局，左上为录音控制室，右上为录音室，录音室下部为休息准备室，休息准备室与控制室由走廊相连。此外，录音棚区域还分散布局了与录音棚无关的其他两间房。经研究可以看出，原区域设计布局存在以下问题：原设计录音室呈矩形，矩形房间若构建合理的声学空间，房间长宽高的比例不能是整数比，以免简正频率的简并。通过计算模拟可以得出，这间录音室的房间室型不够理想，在 55 Hz、110 Hz 及 220 Hz 的位置会产生不良的驻波现象，从而会导致低频段器乐类（如大提琴、贝斯）录音产生失真现象。因此需要通过声学墙面造型来消除驻波。

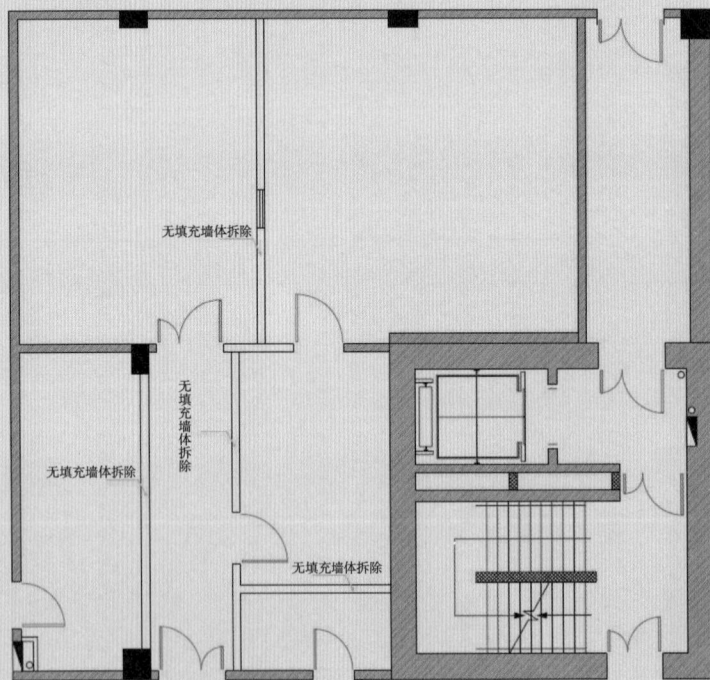

图 5-1　环绕声录音棚原始平面布局与墙体拆除图

但是作为环绕声录音室，该房间面积不够大，对于体积小的房间，单位频带中简正模式的个数较少，会使传输频响等声源特性有较大波动，易造成声染色。原设计的录音室只有 50 m^2，处理完隔声和吸声结构后可使用面积约 40 m^2，这样面积的房间，标准配置的乐队（86442）录音是不可能完成的。

　　此外，通过查阅原设计图纸和施工现场实际勘察发现，原设计顶棚未做声学考虑，而且若按原设计的录音室层高减去吊顶装修层的净高将不足 3 m，对于声音的扩散极为不利，也给人带来压抑的空间感。

　　原录音控制室在室型比例上有所欠缺，房间难以严格按照轴对称的室型布局，这样会导致后期混音时左右声道的不对称。另外，原控制室的设计中，缺少低频如 125 Hz 以下的控制结构，这样，该房间的低频混响过长、中高频混响过短，整体房间内的频响曲线不够平直。此外，与控制室相连的走廊位置不理想，空间未充分利用。

　　为满足录音控制室噪声尽可能低的要求，诸如调音台主机、控制单元等噪声大且不常操作的设备，应置于独立的设备机房中，而原设计中没有该机房。

　　环绕声录音棚位于地下二层，临近车库，此外在录音棚区域设有一部电梯和一处楼梯，虽然处于非开放区使用率低，但也需要在改造设计着重解决隔声控制问题。

　　环绕声录音棚于 2013 年开始进行音频改造，包含建筑声学改造与音频系统完善两部分。由于 2012 年末通过进一步协调，将原位于录音棚区域的两间后期设备存放间统一纳入录音棚建筑声学改造范畴，录音棚功能房得以扩展，建筑平面便于打通和重构，建筑声学改造于 2013 年中完成了主体施工。此外，为更好地满足使用功能需求，还进一步进行了音频系统完善。

第一节
环绕声录音棚的建筑声学改造

录音棚建筑声学改造包括录音室、控制室的室型设计、隔声隔振、混响时间控制、声扩散处理等。

一、建筑平面的分割改造

为了能够尽量扩大录音室的面积，更好地利用新划入录音棚区域的两个房间，在不破坏原建筑承重结构的前提下，使录音棚整体空间通过更加合理地分割得以高效利用，并避免电梯、车库等对其的不良影响，对录音棚建筑平面进行了如下分割改造：如图 5-1 所示，拆除录音室、控制室隔墙，使之相通成为一间大的录音室；拆除原走廊，新走廊向左平移与录音棚整体外围墙体相接，并设声闸；拆除原休息准备室另一隔墙，将剩余建筑平面分割为新的大控制室一间，设备机房一间，控制室与录音室之间设置一扇观察窗；拆除录音棚区域原外围墙体的门，砌成整墙，仅保留一扇门作为录音棚的入口，改为对开大门。

经过重新分割，录音室占地面积约为 100 m^2，控制室约 36 m^2，设备机房约 10 m^2。重新规划后的建筑平面布局如图 5-2 所示。

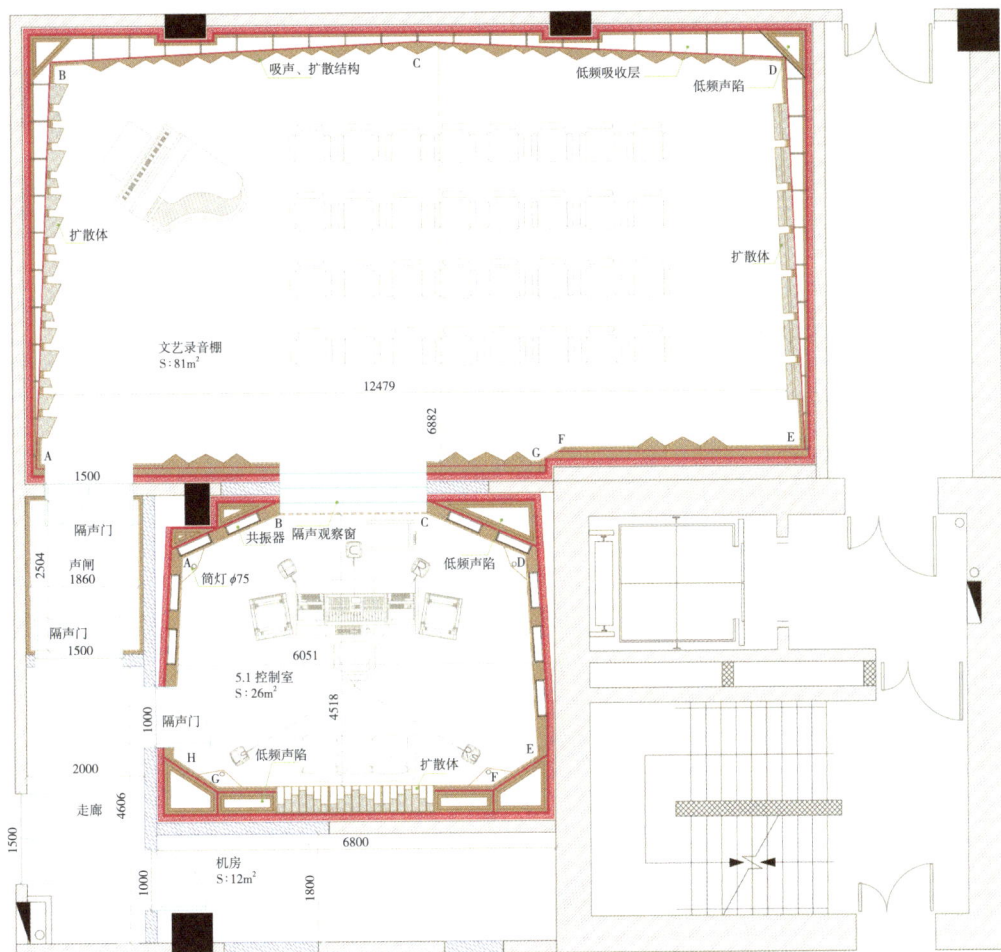

图 5-2 环绕声录音棚平面布局图

二、录音棚内声学参数的设定

录音棚内声学参数的设定包括录音室的声学要求与控制室的声学要求。

（一）录音室声学要求

录音室力求达到录音棚使用功能的多样性，在满足乐队录音需求的同时尽量适应不同类型录音对声学的需求。具体如下：①混响时间应设定在中频 0.3 s 左右，并能满足语言清晰度、可懂度、亲切感，音乐层次感的要求。②平均吸声系数应控

制在 0.65 至 0.73。③具有良好的声扩散能力。④录音室的噪声评价曲线为 NR25。⑤录音室内的频响曲线应尽量平直，低频（125 Hz 以下部分）允许有一定的上翘。⑥录音室与控制室隔墙的平均隔声量应不低于 60 dB，外界隔墙的平均隔声量应不低于 55 dB。⑦房间内不能有可听闻的声缺陷（如颤动回声、驻波等），在大声压级乐器录音时，房间内声学结构不能有共振声产生。

（二）控制室声学要求

控制室面积属中等偏小，理想的声学环境要求室内声场不会因反射导致声音染色或声像模糊。具体设定如下：①控制室混响时间在 0.2s 左右，并能满足语言清晰度、音乐层次感的要求。②墙面顶面的平均吸声系数控制在 0.85 至 0.95。③控制室的噪声评价曲线为 NR20。④控制室内的频响曲线应尽量平直，其中低频区（125 Hz 以下部分）允许有一定的上翘。⑤控制室与外界的隔墙的平均隔声量应不小于 50 dB。⑥房间内不能有可听闻的声缺陷（比如颤动回声、驻波等），在大声压级回放声音时，房间内声学结构不能有共振声产生。

三、隔声隔振处理

录音棚位于地下二层，旁边设有一部电梯和行走楼梯，本层附近还设有车库，因此，分析录音棚外的噪声源主要来自车库可能产生的低频固体传声、环境噪声；录音棚旁边的电梯运行噪声；其他相邻机房或公共走道的人员活动、说话、脚步噪声；同层左侧卫生间可能不定期引入的嘈杂声等。因此，建声处理首先考虑对录音棚进行隔声处理。

（一）墙体隔声处理

录音棚墙体采用了重体结构隔墙和轻体悬浮隔声墙相结合的组合结构。隔声墙结构如图 5-3 所示，悬浮隔声墙体结构如图 5-4 所示，其结构为板—空腔填充离心玻璃丝棉的轻钢龙骨—悬浮缝—隔声墙。

因为一般单层 12 mm 厚的石膏板隔声性能较差，即使多层石膏板层叠布设，其隔声量也不能满足要求。但如果将双层 12 mm 厚石膏板与 12 mm 的 GRC 水泥压力板交错布局，再将其固定于轻钢龙骨（空腔填充离心玻璃丝棉或岩棉）上，便能够获得很好的隔声效果。离心玻璃棉是将处于熔融状态的玻璃用离心喷吹工艺进行纤维化喷涂热固性树脂制成的丝状材料，再经过热固化深加工处理的产品，具有良好的吸声特性，它阻燃、无毒、耐腐蚀，是目前公认的性能最优越的保温、隔热、吸音材料，具有十分广泛的用途。录音室和控制室的墙体采用的是 75 mm 厚轻钢龙骨内填充 50 mm 32K 离心玻璃丝棉隔声层（与主隔声墙结构间预留 30 mm 厚的

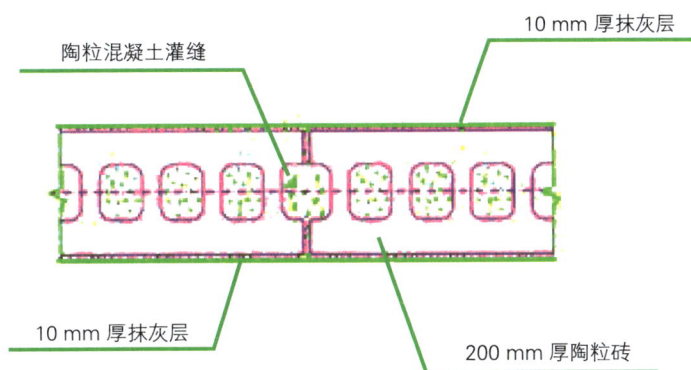

图 5-3　环绕声录音棚隔声墙结构图

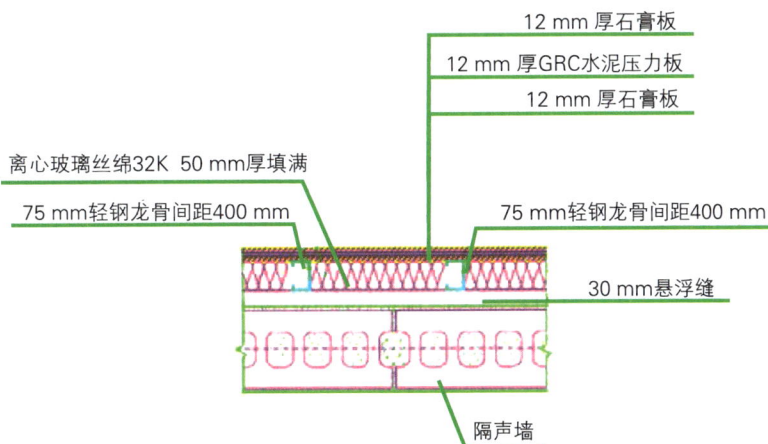

图 5-4　环绕声录音棚悬浮隔声墙结构图

空气缓冲层），此做法可使平均隔声量达到 65 dB。

（二）天花隔振处理

录音棚的顶棚采用弹性悬浮天花，此结构能够对振动噪声、撞击噪声等起到隔声作用。

如图 5-5 所示，先使用内部填充 32K 离心玻璃丝棉的 50 mm 厚轻钢龙骨，与双层 12 mm 厚石膏板、12 mmGRC 水泥压力板交错布局相连接，形成复合隔声吊顶，再通过特制钢弹簧减振构件，与原房间顶棚做到完全弹性连接，形成弹性悬浮天花。

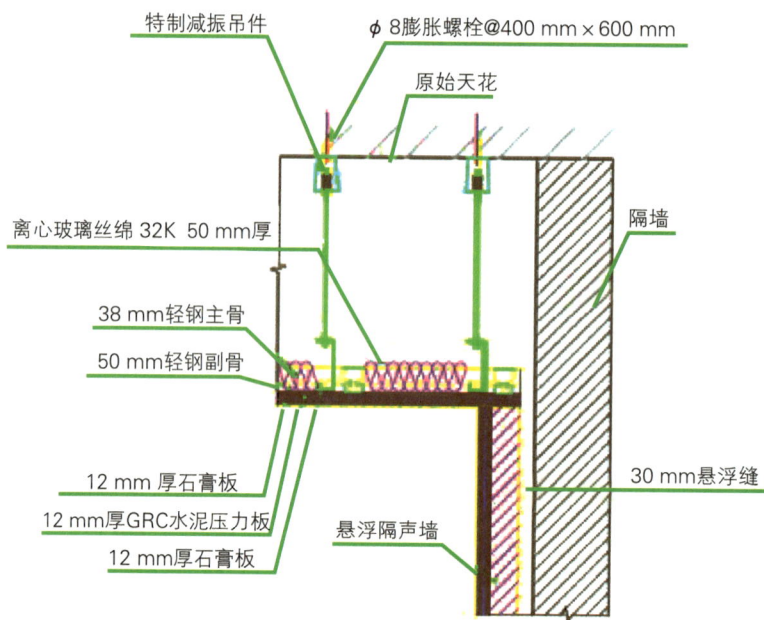

图 5-5　环绕声录音棚悬浮天花结构图

（三）地面隔振处理

录音棚的地面隔振一般要采用浮筑混凝土工艺，即在钢筋混凝土楼板基层布设弹性垫层，再于弹性垫层上铺设地板等。

本次录音室与控制室的悬浮隔声地面工艺如图 5-6 所示，它采用的是 100 mm

厚 100K 岩棉作为弹性载体，基层采用 10 mm 厚 GRC 板作为悬浮连接体，悬浮地面的主体采用的是 80 mm 厚钢筋混凝土，表面进行压光处理，最后再在做好的地面上铺设木地板。此悬浮隔声地面工艺可使楼层间的隔声达到 70 dB 以上，最大限度地避免录音棚与其他房间的相互噪声干扰。

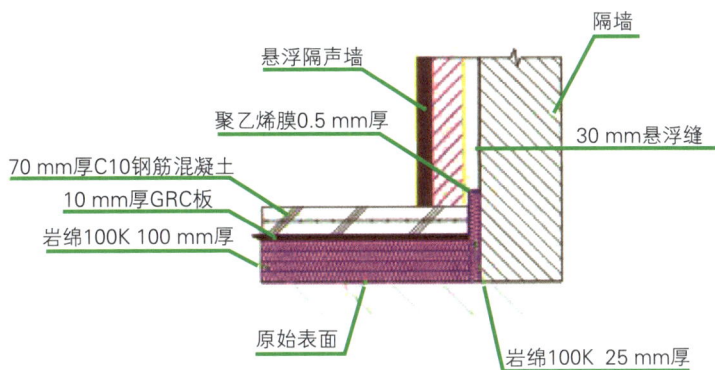

图 5-6　环绕声录音棚悬浮地面结构图

（四）门的隔声处理

如图 5-7 所示，录音棚共有三扇门为隔声门，其中控制室为 1 m 宽单扇门，录音室为两道 1.5 m 宽双扇门，构成声闸结构。平时双扇门一侧锁闭，在需要运输大件乐器通过的时候，再临时打开另一半扇门。

门的隔声性能取决于门扇本身的隔声能力和门缝的严密程度。普通木门的厚度较薄、门缝隙大且密封不佳，隔声性能一般低于 20 dB。一般专业的单层隔声门（钢质门、塑钢门、钢木复合门等）隔声量有所提升，其中钢质门隔声量最好，单层隔声门隔声量一般难以突破 35 ～ 50 dB。以上可满足控制室与外界隔声量要求，但无法满足录音室与外界隔声量的要求。

如果依靠增加门的重量来提高单层隔声门的隔声性能，会因门体的增重造成合页下沉，门间隙增大或开启不便，影响隔声的效果。通过在录音室与走廊连接区域，设置双道门构成声闸，可以使隔声量有较大的提高，也能够减轻单道门的重量，此外，可以通过加大声闸深度的方法进一步提高隔声量。

如图 5-8 所示，本次使用的隔声门采用尚普全钢结构专业隔声门，门扇厚度约 65 mm，门体总质量约 160 kg，门扇与门框之间采用了双启口密封处理，进一步保障了密封效果，在隔声门安装时，门框内均采用了水泥砂浆灌注的方式，保证了门框的隔声效果。综合以上技术措施，保证了每扇隔声门的平均隔声量约 45 ~ 50 dB，通过双道门设置声闸后，隔声量约 60 ~ 70 dB。

图 5-7　环绕声录音棚隔声门实物图（一）　　图 5-8　环绕声录音棚隔声门实物图（二）

（五）观察窗的隔声处理

录音室与控制室之间设有尺寸为 2.5 m×1.2 m 的观察窗。

单层玻璃窗的隔声量取决于玻璃的厚度和缝隙的严密程度。依靠增加玻璃厚度来提高窗的隔声量无法满足录音棚隔声的要求。因此，为了提高窗的隔声量，一般采用双层窗，它隔声量的提高除了与玻璃的厚度和缝的严密程度有关，还取决于双层窗间的距离和边框内的吸声材料。

表 5-1 所示为某实验中隔声窗材料与隔声效果的一般关系。

表 5-1　隔声窗材料与隔声效果关系

观察窗类型	单层	双层		单层	双层	
窗框材料	木材			塑钢		
（1）玻璃厚度 /mm	6	6	10	6	6	10
玻璃间距 /mm	—	150	150	—	140	180
（2）玻璃厚度 /mm	—	5	5	—	5	5
R 隔声量 /dB	33	45	47	34	45	49

从图中实验数据可以看出，最好选用不同厚度的玻璃组合，这样能够减小隔声窗中高频吻合效应的影响，减小隔声窗低频共振对隔声效果的影响。有条件的话，可继续按此原理安装三层或更多层窗进一步提高隔声效果。

此外，为避免玻璃之间的驻波共振，使玻璃之间的空气层厚度不一，玻璃可以采用不平行安装的方法，以提高隔声性能。

如图 5-9 所示，在控制室与录音室之间，隔声观察窗所采用的是 15 mm、19 mm、15 mm 三层不同厚度组合的超白玻璃（每层玻璃的透光率约为 91%），每

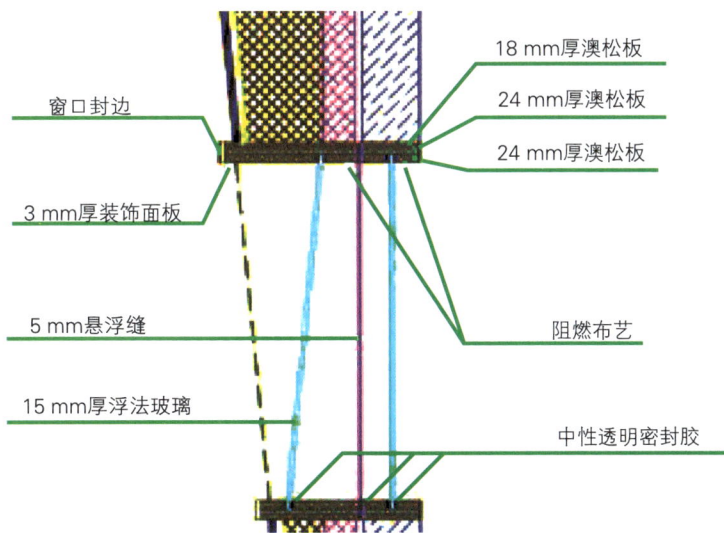

图 5-9　环绕声录音棚隔声窗立面图（半面墙体）

层玻璃分别安装于不同的墙体及隔声墙上，使每层玻璃之间形成互为悬浮的关系，这样做可以大幅度提升整个观察窗的低频隔声性能。此外，在安装时，靠外侧的两层玻璃都采取了倾斜式安装，避免了玻璃之间简并现象引起的共振，同时可更好地提升控制室和录音室的扩散效果。综合以上工艺，可使观察窗整体的隔声量达到 60 ~ 65 dB，以满足录音室和控制室间的隔声要求。

四、控制室的混响时间控制与声扩散处理

控制室的建声设计包括控制室内混响时间控制与声扩散处理。声扩散处理可以更好地形成均匀的室内声场，避免声缺陷（如声聚焦、声颤动等）。控制室面积属中等偏小，一般此类大小的控制室，混响时间设定为 0.2 s 左右。

除了合适的混响时间，此控制室的室内声场还需要满足 5.1 监听和 2.0 监听的声学环境，这就需要在确定控制室的体积形状时考虑到对称的声场分布和合理的扬声器布局。

如图 5-10 所示为 ITU 推荐的用于 5.1 声道节目制作和监听的 LCR、LS、RS、LFE 扬声器基本布局。在控制室的室型设计上，采用了符合声扩散需求的轴对称多边形，既满足了 ITU 推荐的 5.1 声道的声学环境要求，又同时兼容传统 2.0 立体声的声学环境。

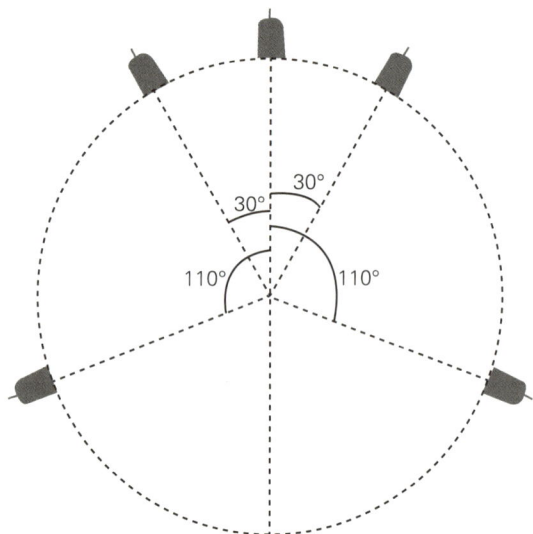

图 5-10 ITU-R BS.775-2 环绕声扬声器的摆放标准

（一）控制室声场分布与吸声材料的布设

在控制室的声场分布上，前区为寂静区，后区为活跃区。如图 5-11 所示。

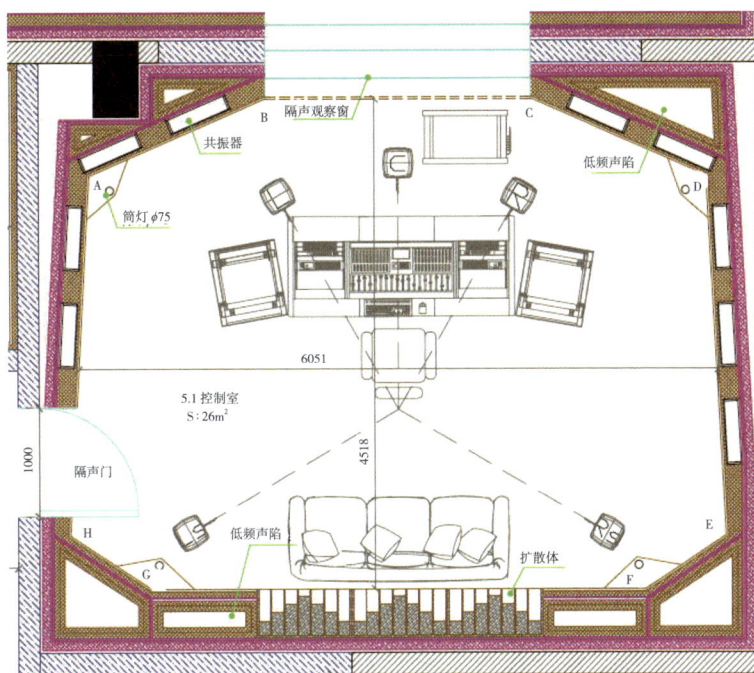

图 5-11　环绕声录音棚控制室平面布局图

在控制室正面墙体以强吸声材料为主，在音箱周围的墙体内，使正面墙区域声学特性为寂静区。它能够减少直达声、早期反射声叠加所产生的梳妆滤波效应。

侧墙主要为由薄板吸声结构和赫姆霍兹共振器相结合的方式，用以更加准确地还原监听音箱的本真频响曲线。用木龙骨支撑，其空腔用 32 K 离心玻璃丝棉填充，表面覆盖 20 mm 阻燃布艺层的结构构成薄板共振吸声结构，当声波入射到该结构时，薄板在声波交变压力的激发下变形，使声能变成机械能而消耗。它能有效消除低频驻波，腔内的离心玻璃丝绵也可以作为多孔吸声结构来吸收中高频段声波。

图 5-12 所示为低频共振器。孔径为 6 mm，孔距为 50 mm × 50 mm，当声波进入孔径时，由于孔径的摩擦阻尼使得声波衰减，当入射声波的频率接近结构固有频率时，孔径的空气柱产生振动，在振动过程中，结构克服摩擦阻力而消耗声能。

另外，在控制室的后梁也内藏低频声陷，可有效地抑制环绕声监听系统中次低频音箱容易引起房间低频驻波的问题，避免低频频响失真，使控制室内的各个频率的频响曲线接近平直，从而提供良好的监听、混音环境。

18 mm厚澳松板

600 mm

60 mm

5 mm厚澳松板

5 mm厚奥松板（打孔 φ 6孔距50 mm×50 mm）

1800 mm

600 mm

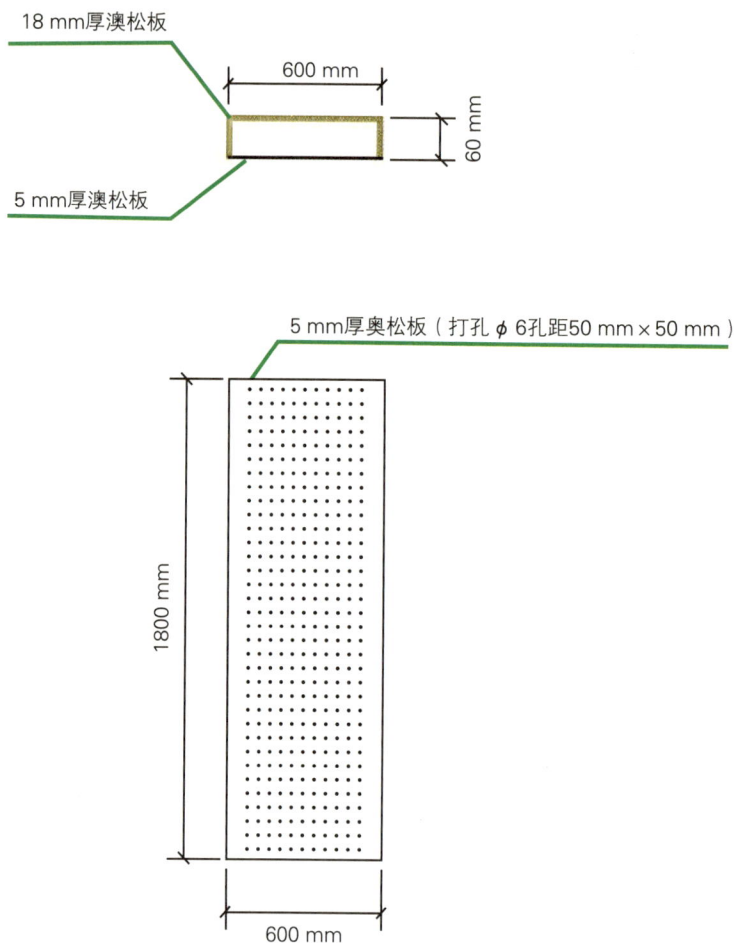

图 5-12　环绕声录音棚低频共振器结构图

（二）扩散体的运用

扩散是声场环境很重要的组成部分，声场均匀扩散是塑造声场环境时一个重要的建声项目，有利于音质的纯净和提升。这是因为，当前方音箱发声，声波经过后墙反射，若反射面为光滑墙面，则某一频段只有固定的反射路径指向录音师，当反射面为扩散体时，由于声波以半圆方向扩散，则有无数条不同频段的反射路径汇聚指向录音师。

在众多的扩散体中，QRD（Quadratic Residue Diffuser）扩散体由于扩散效果好、易于安装而被广泛应用。QRD 扩散体是德国声学家施罗德基于二次剩余序列提出的。QRD 扩散体的表面是由许多宽度相同而深度不同的沟槽排列而成，沟槽的深度按二次剩余序列排列而成，最大值为所考虑的最低扩散频率波长的 1/2，槽宽为所考虑的最高扩散频率波长的 1/2。

本次控制室的后墙大面积采用了木质 QRD 扩散体，它是一个 2.7 m×2 m 的二次余数扩散体（图 5-13）。

图 5-13　环绕声录音棚控制室 QRD 实物图

五、录音室的混响时间控制与声扩散处理

录音室的建声设计包括控制室内混响时间控制与声扩散处理。根据录音室的面积大小，设定混响时间应控制在 0.3 s 左右，力图实现中小型乐队录音，器乐独奏、重奏、合奏录音，声乐独唱、重唱、合唱录音，朗诵及影视拟音等多种功能的录音需求。

（一）录音室声场分布与吸声材料的布设

如图 5-14 所示，改造后的录音室在房间设计中采取了类梯形多边形，避免了平行墙面容易形成的驻波，净高提高到了 3.5 m，在保证整体面积尽量大的同时，在房间比例上达到较好的室内声扩散效果。录音室要求频率响应特性应尽量均匀平直，由于大多数吸声材料都是高频吸声性能优于中低频，因此为了增加低频吸声性能，在录音室内的两个墙角内，暗藏设置了针对低频段的低频声陷。

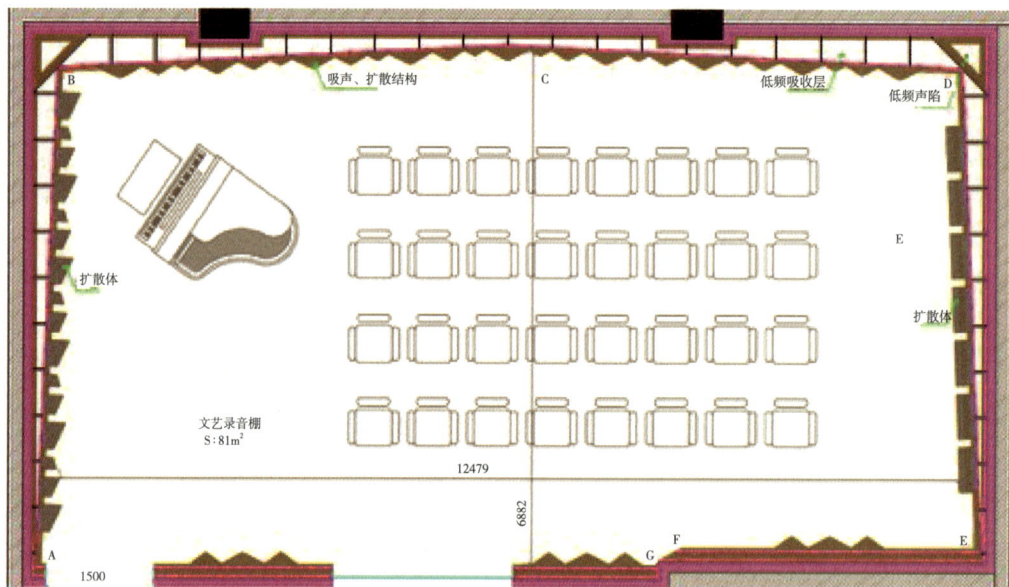

图 5-14　环绕声录音棚录音室平面布局图

（二）扩散体的运用

录音室墙面设置了大量扩散体，扩散体使得声波被分散反射向不同方向，具有不同相位差的不规则反射声能够使人耳产生空间感，中高频扩散声能提高声音的明亮感，房间表面的不规则起伏越多，混响衰减越接近指数形状，能量分布均匀，避免了声缺陷。

在录音室的远端墙面采用了大面积的木质三角形扩散体。它主要通过形成室内界面的起伏来提高室内声场扩散度。

如图 5-15 为布设的其中一种形状的三角形扩散体，由 50 mm×30 mm 木龙骨构架，外包裹装饰密度板材，内填充离心玻璃丝棉。

录音室天花板在声学上一般要求达到既能吸声也能扩散反射声的双重功能。

这样，录音室的顶棚材料就采用了吸声材料和木质三角形扩散体相结合的方式，这种吸声材料与反射材料相间隔布置，利用两种材料交界处相位差异引起声波干涉，从而改变反射声方向的做法，也能够提高声场扩散度，使录音室内的频响曲线更加平直。

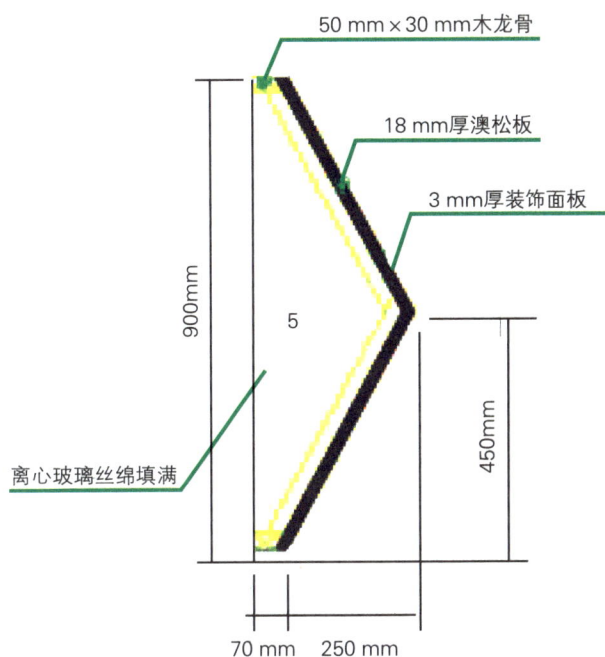

图 5-15　环绕声录音棚录音室三角形扩散体结构图

第二节
环绕声录音棚的音频系统完善

录音棚在完成建筑声学改造后，为更好地与相邻的演播室、后期制作机房相连通而形成一个整体，在音频系统上也做了进一步完善。

一、系统的配置与总体功能

录音棚在进行系统配置时，考虑到其音频系统功能不仅要满足中国国家博物馆自身各类节目制作的需要，同时应尽量兼顾其他节目录制的能力，因此在系统的功能定位、设备选型等方面尽可能按照目前国际、国内主流录音棚系统的方式来进行系统配置。

录音棚系统满足录音棚内多轨同期录音（包括 5.1 环绕声和立体声）和多轨分期录音以及后期缩混（包括 5.1 环绕声和立体声）的要求，满足影视配乐、CD、DVD 的音乐多轨录音、制作、编辑、合成。5.1 环绕声制作系统信号调度分配反应灵活、操作便捷。监听系统也有方便灵活的调控手段，既满足录音重放客观真实，又能在审看审听节目时保证高质量的环绕声效果。

此外，在本次系统完善中，录音棚音频系统还通过 MADI 与演播室系统实现对接，再通过演播室这个路径，利用 MADI 的方式与其他功能房如剧场、报告厅或演播室本地完成交换信号，利用 MADI 传输信号来分轨录制这些功能房的现场音频信号，之后直接利用录音棚的各类设备进行后期制作合成。

二、系统的组成

录音棚音频系统主要由数字调音台、音频处理器、5.1 环绕声监听系统、数字音频工作站、各种音源、适合 5.1 音频制作的效果器及大量话筒组成。如图 5-16 所示为系统框图。

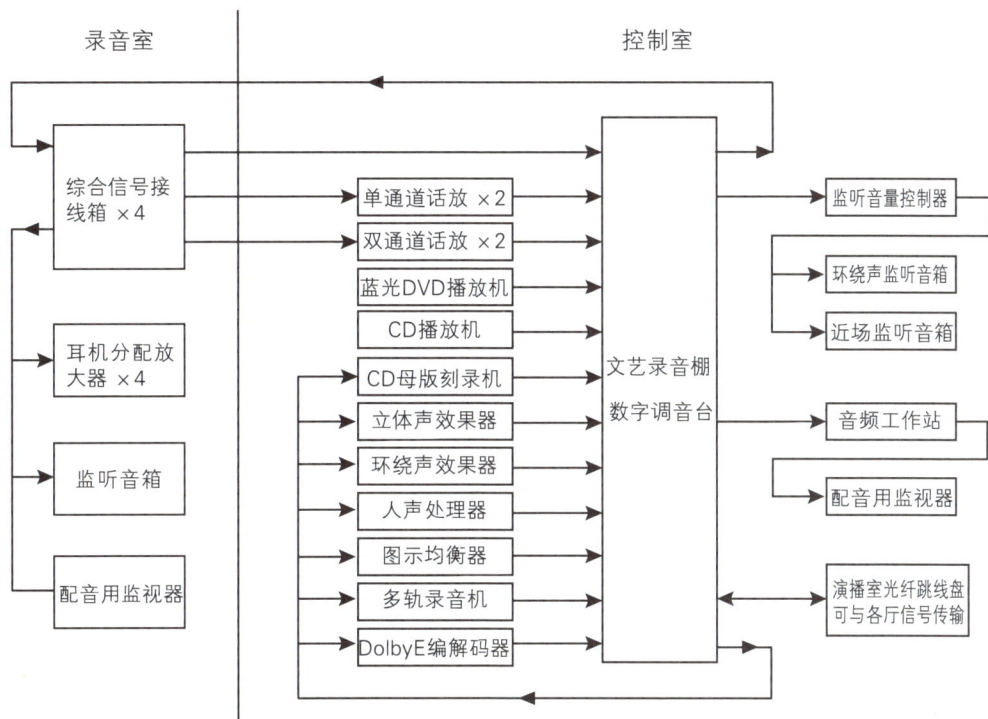

图 5-16　环绕声录音棚音频系统框图

（一）数字调音台

数字调音台是录音棚音频系统中的核心设备，配置的是 Studer Vista 系列中专门用于录音棚内的调音台 Vista 7，该调音台提供丰富的接口，可以实现多种格式信号的输入和输出，可达到 24bit A/D、D/A 转换精度，内部运用浮点数据处理达 40 bit，这为调音台提供了非常大的动态范围。

Studer Vista 7 数字调音台在基本音频处理功能齐全、使用灵活的前提下，还可以利用强大的 DSP 处理功能集成一些辅助音频处理功能，例如，环绕声音频制作过程

中的 VSP（Virtual Surround Panning，虚拟声相调整）技术。它能通过调音台智能模拟操作者所设定的现场环境中的直达声、前期反射声和混响，来反映实际现场应该具备的声音效果。在设置房间大小、环境吸声程度、声源方向等参数之后，调音台 DSP（Digital Signal Processor，数字信号处理器）就会计算出符合这一虚拟场景的声音效果，克服了录音师直接手动设置音频参数主观上不精确和不直观的困难。

Vista 7 调音台的控制界面除具有调音台本身的控制能力外，还可作为 Pro tools 音频工作站的外接控制器使用，通过调音台的控制界面对音频工作站的功能进行遥控，避免了使用鼠标控制的不便。

（二）监听系统

录音棚监听系统采用芬兰 GENELEC 音箱作为 5.1 环绕声监听，5 只 8250A 和 7271A。8250A 为二分频数字监听音箱，7271A 为双 12 寸数字有源超低音箱。此外，还配置了一组近场监听音箱，同样是 GENELEC 音箱，型号是 8020A。这两款音箱被广泛应用于各录音棚内，广受好评。根据不同的监听要求，通过两组扬声器的切换，能够保证所制作的节目具有很好的兼容性。

（三）音频工作站系统

录音棚内的另一套重要的子系统是音频工作站系统，配置的是 Digidesign Pro tools HDX，同时配置了 SSL 的 MADI 接口 XLogic Delta Link MADI HD 连接到调音台的 MADI 接口，可同时实现 64 路信号的多轨记录和播放功能，工作站系统还配置了视频采集播放板卡 Avid Mojo DX，可实现视频信号的编辑功能，可作为音频信号的参考画面使用。此外，音频工作站附带的 Machine Control 功能，能够实现将 ProTools、调音台、外接设备如 VTR 等根据时间码同步实现播放录制等自动化功能。

（四）话筒、音源与周边设备

系统中配置了众多品牌的电容话筒（DPA、Shoeps、Neumann 等），用来满足对不同节目类型和不同音色的需求。

除了以上有线话筒拾取的信号外，系统中还有其他一些音源信号，系统中配置的模拟音源包含：1台蓝光DVD播放机（GIEC BDP-G4300）、1台人声处理器（T.C.Voice Pro），接入调音台的模拟输入输出板卡。系统中配置的数字音源包含：1台CD播放机（TASCAM CD500B），2台CD母版刻录机（1台是TASCAM CD-RW901SL、1台是TASCAM DV-RA1000HD）等，接入调音台的AES/EBU输入输出板卡。

系统配置了T.C.Electronics的System6000多声道效果处理器，它可以高质量地完成对单声道、立体声及5.1环绕声多通道设置的处理。除此之外，还配置了Lexicon的PCM96 SURROUND环绕声效果器以及1台立体声数字效果器T.C.Reverb4000。不同功能、不同品牌的效果器配置提供了丰富的效果种类，为录音和混音制作提供多样的手段。

三、综合接线布局

录音棚建筑平面重新规划后，音频系统也进一步完善了综合接线布局。录音棚内设计了4个综合信号接线箱，如图5-17所示，每个接线箱含12路话筒输入接口、

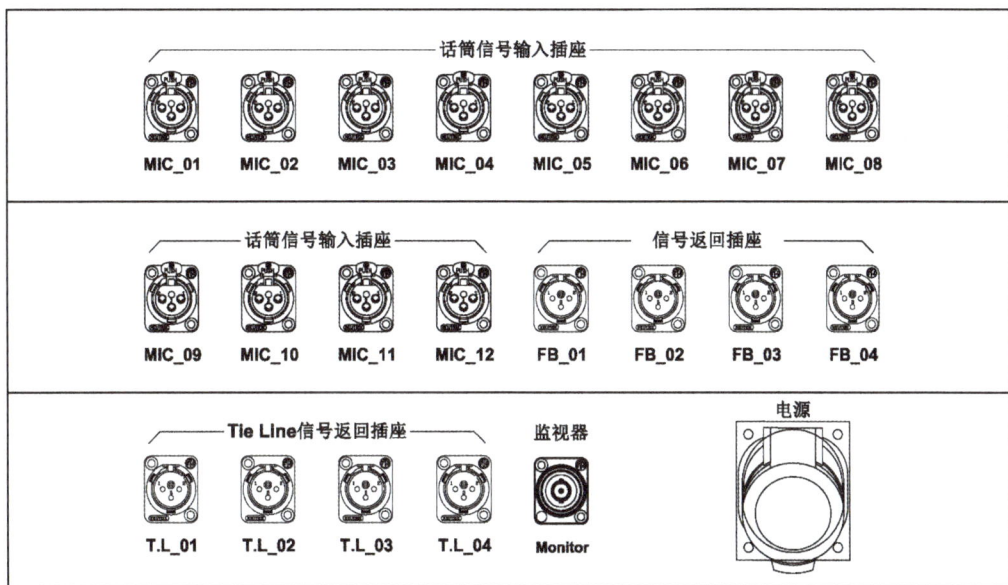

图5-17　环绕声录音棚录音室综合接线箱布局图

4 路返送音箱返回接口、4 路 TieLine 返回接口、1 路监视器接口。4 个接口箱分布于录音棚的 4 个点位，方便与信号的接入和返回。

调音台共配置了 40 路 MIC/LINE IN 模拟输入板卡，可以实现将演播室内接线箱的 40 路话筒信号同时接入调音台，接线箱剩余话筒输入接口全部连接到跳线盘上，通过方便快速的跳线方式，可以快速将信号接入系统。同时为了能够实现个别通路的高保真话筒信号的记录，系统中还配置了 2 个单通道（Focusrite Liquid Channel），2 个双通道（Manley SLAM）外接话放单元，使录音棚内的有线话筒信号经过话放后进入调音台。

接线箱的 FB 返回信号，共 5 路连接于调音台的模拟输出板卡，可以通过调音台直接送出返回信号，剩余通路全部连接于跳线盘上。FB 信号可用于录音室内的返送监听音箱（Genelec 1032A）或耳返，根据需要接入这些预留接口。

接线箱的 TieLine 返回信号，全部连接于跳线盘，需要时通过跳线将控制室内的任何信号送到录音棚。接线箱的 Monitor 接口，用于连接录音棚内的监视器，可实现将配音画面从录音棚内的工作站传输到录音棚，使配音演员根据画面精准的配音。

最后，录音棚音频系统作为中国国家博物馆音视频系统的一个子系统，能够实现与其他厅堂之间进行信号传输。在本次音频系统完善中，录音棚到演播室之间新敷设了 MADI 光纤通路，而演播室又与剧院、报告厅敷设了 MADI 光纤，因此，可以通过简单的光纤跳线实现在录音棚内录制某一场所的实时音频信号，作为存档或后期编辑的素材，丰富了录音棚的使用功能。

第三节
建声改造、音频系统完善后达到的效果

通过建声和电声两方面的完善，环绕声录音棚完成了音频改造，以下为环绕声录音棚建声改造和音频系统完善后达到的效果。

一、录音棚建筑声学指标的测量

录音棚的建筑声学改造完成后，为检验设计与施工质量，委托广电总局广播电视计量检测中心对录音室、控制室的建筑声学指标进行了实际测量。

（一）录音棚背景噪声测量

表 5-2 所示为录音室背景噪声测量结果，表 5-3 所示为控制室背景噪声测量结果。录音室背景噪声符合 NR25 要求，控制室背景噪声符合 NR20 要求。

表 5-2　环绕声录音棚录音室背景噪声测量结果

频率（Hz）	31.5	63	125	250	500	1000	2000	4000	8000
背景噪声声压级（dB）	48.7	44.5	27.6	33.0	22.8	22.6	20.4	18.8	16.8
NR25（dB）	72	55	43	35	29	25	21	19	18
NR20（dB）	69	51	39	30	24	20	16	14	13

小结：录音棚背景噪声符合 NR25 的要求。

表 5-3　环绕声录音棚控制室背景噪声测量结果

频率（Hz）	31.5	63	125	250	500	1000	2000	4000	8000
背景噪声声压级（dB）	45.3	40.1	29.5	23.3	16.6	15.4	12.5	11.6	11.4
NR25（dB）	72	55	43	35	29	25	21	19	18
NR20（dB）	69	51	39	30	24	20	16	14	13

小结：录音控制室背景噪声符合 NR20 的要求。

（二）录音棚混响时间测量

表 5-4 所示为录音室混响时间测量结果，表 5-5 所示为控制室混响时间测量结果。录音室混响 500 ～ 1000 Hz 时间约为 0.27 ～ 0.36 s，控制室混响 500 ～ 1000 Hz 时间约为 0.10 ～ 0.21 s。

表 5-4　环绕声录音棚录音室混响时间测量结果

频率（Hz）	100	125	160	200	250	315	400	500	630	800
混响时间（s）	0.35	0.24	0.28	0.27	0.22	0.40	0.22	0.27	0.30	0.36
频率（Hz）	1000	1250	1600	2000	2500	3150	4000	5000	6300	8000
混响时间（s）	0.33	0.35	0.34	0.33	0.30	0.31	0.30	0.31	0.28	—

表 5-5　环绕声录音棚控制室混响时间测量结果

频率（Hz）	100	125	160	200	250	315	400	500	630	800
混响时间（s）	—	0.20	0.18	0.21	0.19	0.15	0.15	0.16	0.10	0.18
频率（Hz）	1000	1250	1600	2000	2500	3150	4000	5000	6300	8000
混响时间（s）	0.21	0.19	0.16	0.16	0.16	0.16	0.18	0.17	0.16	—

（三）录音棚隔声量测量

表 5-6 所示为以录音控制室为声源室，录音室为接受室，检测两个房间的空气声隔声量数值。计权隔声量为 64 dB。

表 5-6　环绕声录音棚隔声量测量 1

频率（Hz）	50	63	80	100	125	160	200	250	315	400	500
录音控制室与录音棚间的声压级差（dB）	29.4	32.8	39.4	48.6	48.6	51.1	60.9	69.6	67.9	66.4	65.7
频率（Hz）	630	800	1000	1250	1600	2000	2500	3150	4000	5000	—
录音控制室与录音棚间的声压级差（dB）	60.4	61.9	62.9	68.7	68.6	64.9	63.2	59.7	66.4	66.1	—

注：Rw 为 64 dB。

表 5-7 所示为以走廊为声源室，录音控制室为接受室，检测两个房间的空气声隔声量数值。计权隔声量为 53 dB。

表 5-7　环绕声录音棚隔声量测量 2

频率（Hz）	50	63	80	100	125	160	200	250	315	400	500
走廊与录音控制室间的声压级差（dB）	33.8	42.8	41.8	34.3	42.1	42.0	44.8	40.3	46.4	47.9	48.5
频率（Hz）	630	800	1000	1250	1600	2000	2500	3150	4000	5000	—
走廊与录音控制室间的声压级差（dB）	51.5	50.9	54.0	58.6	56.2	61.1	66.8	68.1	71.4	72.0	—

注：Rw 为 53 dB。

表 5-8 所示为以走廊为声源室，录音室为接受室，检测两个房间的空气声隔声量数值。计权隔声量为 78 dB。

表 5-8　环绕声录音棚隔声量测量 3

频率（Hz）	50	63	80	100	125	160	200	250	315	400	500
走廊与录音棚间的声压级差（dB）	40.2	48.5	63.7	58.8	62.7	67.5	71.0	73.7	72.1	72.2	76.9
频率（Hz）	630	800	1000	1250	1600	2000	2500	3150	4000	5000	—
走廊与录音棚间的声压级差（dB）	80.1	79.5	77.2	77.1	81.7	78.4	78.0	75.9	78.3	78.5	—

注：Rw 为 78 dB。

二、录音棚使用功能的完善

录音棚通过建筑声学改造，更科学合理地规划了建筑空间布局，通过声学装修较好地改善了原建筑设计中存在的诸多声学缺陷，完善了使用功能，同时为设备集成和系统完善打下了较好基础。图 5-18 ～图 5-20 为完成后的环绕声录音棚图片。

此外，录音棚的音频系统作为中国国家博物馆改扩建音视频群系统的一个子系统，通过本次音频系统的升级完善，无论是设备档次还是系统结构设计都提升了技术水平，同时结合了中国国家博物馆的实际使用特点，使其可以与其他子系统之间更好地融合，从而能够协同工作，发挥系统的最大优势。

图 5-18　环绕声录音棚录音室图 1　　图 5-19　环绕声录音棚录音室图 2

图 5-20　环绕声录音棚控制室

第四节
环绕声技术在中国国家博物馆纪录片《国脉》中的应用

　　经过近几年的不懈努力，中国国家博物馆完成了 3D 影视系统的建设，并成功运用在文物、非物质文化遗产（以下简称：非遗）的影视制作中。2012 年，在中国国家博物馆诞辰百年之际，由中国国家博物馆、中央电视台创作团队联合英国、中国台湾等地的专业技术团队，利用国内精尖 3D 影视设备联合摄制了 3D 人文纪录片《国脉》（30 min），已于 2013 年 5 月 18 日在中央电视台 3D 频道播出，得到社会各界的广泛好评。

　　《国脉》以凝练、厚重、充满历史感的叙事风格，提纲挈领地梳理了中国国家博物馆自 1912 年创建至今的百年发展历程，首次为观众立体化地展示了"古代中国"和"复兴之路"两大基本陈列，对后母戊鼎、大盂鼎、四羊方尊、红山文化玉龙、人面鱼纹彩陶盆、开国大典油画、"神舟五号"返回舱等数十件中国国家博物馆镇馆之宝进行了细致入微的拍摄制作，多角度、立体化地展示经过改扩建工程之后的中国国家博物馆，以极具冲击力的视听语言体现其"历史与艺术并重"的发展理念。

　　随着音频技术的发展，数字环绕声成为纪录影片声音制作的主流，纪录片的表现力和艺术感染力更好地得以展现，6 个声道的环绕声设计比立体声更为复杂丰富，发挥空间增大，拓展了声音的艺术魅力。3D 纪录片《国脉》通过合理的环绕声运用，配合画面展现中国国家博物馆的建筑之美、历史之美、文物之美。

一、《国脉》环绕声音响设计及运用

（一）对情感的寄托

3D 纪录片《国脉》分为 3 部分内容。开篇提纲挈领地交代了中国国家博物馆的大体情况，概述了博物馆的百年发展历程；而后突出描绘博物馆的建筑之美，引领观众欣赏两个基本陈列，介绍了主要的馆藏精品；最后对中国国家博物馆的未来发展方向进行展望。针对不同内容的段落，主创人员非常重视声音在情感上的表现力，巧妙地安排了音乐和节奏的跌宕起伏，将主观情感暗含在每个乐段和音效的运用中。

在纪录片中，解说词主要起到传递抽象信息、串联画面、抒发议论以及连接其他声音元素等作用。在 3D 纪录片《国脉》中，对于解说词的环绕声设计为声像强调效果，即给出一种水平声音效果，主体成分是以前方 C 声道为中心，辅助成分则由 L-R 于 LS-RS 声道重现，起到强调解说词独白的效果。为了更好地塑造 3D 影片的环绕声声场以及段落转场，《国脉》的解说增加了空间感，这使得台词的声像设置稳定于影院声场的最佳位置。

《国脉》3D 画面内容的极大丰富要求环绕声设计运用需要更突出交响感。各声音元素的声像定位要紧密跟随着 3D 画面内容设计，通过在环绕声播放系统中各扬声器的移动定位，拓展《国脉》的画面空间，丰富戏剧性，形成良好的艺术包容感。例如，镜头在交代中国国家博物馆"古代中国"基本陈列展厅概览时，随着画面镜头的运动，声音主体即讲解员的讲解语音也随画面的移动而做了相应的声像定位，再辅以观众及环境音效，使人们能够身临其境，仿佛置身于展厅之中聆听讲解，让镜头语言也充满趣味。除了塑造声场真实性，3D 声像定位也在一些表现性段落中为影片增色。又如，在展示国宝级文物错金银云纹铜犀尊的一组 3D 制作影像中，为更好地展示这件中国汉代青铜器瑰宝，画面设计了右侧的聚光源照亮主体，声音同时辅以相应位置声像定位的音效，让文物主体从背景中跃然而前，段落后续交代更加自然。类似环绕声设计也存在于其他文物展示段落中，3D 声像定位的设计让纪录片更加引人入胜。

（二）对生活真实的模拟

主创人员为每件展示给观众的艺术精品都进行了细致的策划和几近完美的制作，力求赋予每件文物一个动人的故事。这就要求主创人员将文物所体现出的自然、人文环境重现出来，利用再现与表现相结合的手法营造出宛若其存在于真实生活中的氛围。由于本片采用环绕声制作，因此，许多对声音的构想得以充分展现。如对唐代三彩釉陶女俑的拍摄，"三月三日天气新，长安水边多丽人"，为了给这位婀娜多姿、笑意浅浅的丽人营造出清新唯美的意境，用 3D 效果做出了随风飞舞的花瓣，更为环绕声道配上徐徐微风的音效，最大限度地模拟了人物的心理写真，使观赏者如临其境。

3D 纪录片《国脉》中有大量展现中国国家博物馆中央典礼大厅和展厅内观众人头攒动的画面，加入真实的现场环境音效并合理分配于各声道中，利用自然音响进行渲染，提供了更丰富的信息，配合立体影像描摹出更加真实完整的形象，强化了现场感。此外，包括西大门开启等特有环境声音的加入也使得自然音响更具代表性，这都加强了 3D 立体影像的质感。

（三）对重构时空的贡献

一般纪录片中运用的音响为自然音响，即现实生活中真实存在的音响，而且运用较多的有源音响来突出纪录片的真实性。而 3D 版《国脉》在音响的使用上独具匠心，尤其是表现过往变迁、文物上的图案大量使用有代表性的虚拟的非自然音响以配合 3D 画面的亦真亦幻。多次运用三维动画与实拍相结合的手法，配合音效对时空的还原和再造，扩展了视听语言的深度和广度。例如，介绍文物"西汉青铜贮贝器"时，用三维动画再现出贮贝器上所铸的百姓向滇王纳贡的场景——远处回荡的编钟，人群嘈杂声，击鼓声，惊走的飞鸟……这些音效的使用，配合画面快速切换，使青铜器上的各个形象瞬间生动起来，扣人心弦，令人赞叹不已。又如，透过开国大典油画，向上穿越至浩瀚宇宙，介绍"神舟五号"飞船返回舱时，使用带有科幻色彩的非自然音效和模拟飞船驶过的环绕声音响效果渲染了外太空的神秘。同样，在讲述"人面鱼纹彩陶盆"时，为了使盆内所绘制的人面鱼纹图案产生画面和声音的立体感，主创人员对画面做了 3D 效果。只见两条金色的鱼儿灵巧地浮出盆底，摇头摆尾相互追逐，而此情此景配以潺潺流水声，使文物瞬间宛若新生，获得生动逼真的感染力。这种再现的真实感既是观赏者在主观审美方面的需求，又是主创人员在客观再现上的选择。"我们也可以借由亚里士多德描述诗（故事）的形式来阐述当下电影声音的审美设计原则，即'不在于表现已经存在的声音，而在于表现可能出现的声音。就是那种按照可然律或必然律出现的声音。'因此，电影中出现的声音应该是'应当有的声音'与'人们相信的声音'。"[1] 由此可见，不管是真实的还是虚拟的音响，都可以从不同侧面有效地塑造声音形象。这些声音形象各具特色，从而创造出对所拍摄对象或抽象或具体的幻觉。

二、《国脉》环绕声音乐的设计及运用

纪录片的配乐是十分重要的一环，《国脉》作为一部人文纪录片，整体的环绕声音乐把握和设计也不例外。3D 立体画面是外部的，它描述的是运动本身，而音乐是内部的，它描述的是感情和情绪的运动。音乐情感深度的表现性上要优于画面，只有两种艺术形式的结合，才能准确地表达纪录片的主题。

《国脉》的音乐得益于环绕声技术，在整体表现力上更加突出，尤其是在配合展示中国国家博物馆建筑之美的段落，音乐大气磅礴，与中国国家博物馆建筑的格调和布局相得益彰。作为整部纪录片的开篇段落，与航拍中国国家博物馆外景相配合的音乐则以交响化的配器示人，效果震撼人心。此外，在佛像等文物段落，配乐则相对平和节制，充满神秘气息，易于使人平静下来细细欣赏。环绕声音乐使听众置身于多声道音乐的包容之中，全方位感受历史的厚重和文物的精美。

三、《国脉》环绕声音乐与音响效果关系

《国脉》纪录片中既包含大量配乐，还有与 3D 画面相配合的环绕声音响，如果处理不好音乐和音响的比例，影片声音就会显得混乱而不清晰。《国脉》的环绕声设计在处理音乐和音响效果关系时，把握重点，音乐与音效交替出现，显得更为自然。例如，在经过 4～5 min 较为饱满的音乐铺垫后，音乐转为安静，通过一组

展现展厅观众的镜头转场，此时音响为观众音效的自然音响，经过 2 ～ 3 min 的平和段落后，配乐在表现"复兴之路"基本陈列段落逐渐变得激昂震撼，被推上又一个高潮。由于环绕立体声的多声道参与，这样的声音设计可以帮助受众减轻听觉疲劳，充分发挥声音的节奏调节作用。

参考文献

[1] 姚睿，姚国强. 数字电影声音——3D 时代的全维度环绕立体声（ADSS）的概念、创意及发展对策 [J]. 北京电影学院学报，2011（5），56.

| CHAPTER 6 | 第六章

博物馆公共文化服务体系中舞台与演播室灯光机械设计

王立军

第一节
中国国家博物馆剧院灯光设备与机械
设备部分

中国国家博物馆剧院以红色为主色调的剧场，剧场舞台是普通的镜框形舞台，因其所演出的剧目不同对灯具要求也有所不同。所以我们在配用灯具前必须要清楚在此舞台上以演出何种剧目为主，这样配置灯具就会有较明确的目标和意图。如有的舞台就定位在以演出传统的歌剧、芭蕾舞剧为主，则灯具的配置就必须按歌剧、芭蕾舞剧的要求。如以大型歌舞、杂技等特殊节目为主，则灯光除了基本要求配置外，应根据具体节目要求，配置特殊灯位和灯具。本书介绍的是基本灯具的配置，按照这样的配置，可以满足大型的如歌剧、舞剧、音乐剧、芭蕾、话剧、京剧、综艺演出、文艺晚会等的要求。这种舞台不论在过去或者现在改建和新建剧场中都比较多，因此，工作人员根据多年的国内外设计、经验和教训，结合了本剧院的特点，进行灯具配置（图 6-1～图 6-3）。

观众厅座椅介绍：一层 430，二层 334。

舞台基本介绍：台口宽 19.8 m，高 8 m；主舞台宽 17 m，深 8.5 m，高 7 m；上场侧台宽 7 m，深 8.5 m；下场侧台宽 6.7 m，深 8.5 m。

中国国家博物馆剧院为镜框式舞台，台下设备有一块升降舞台，舞台下侧设置储物空间，用于返声板的储藏。舞台机械设备有舞台灯杆行程距离 7 m；台下升降行程距离 9 m；吊杆间距 50 cm；台口宽度 19.8 m×高度 8 m×舞台深度 13.6 m。

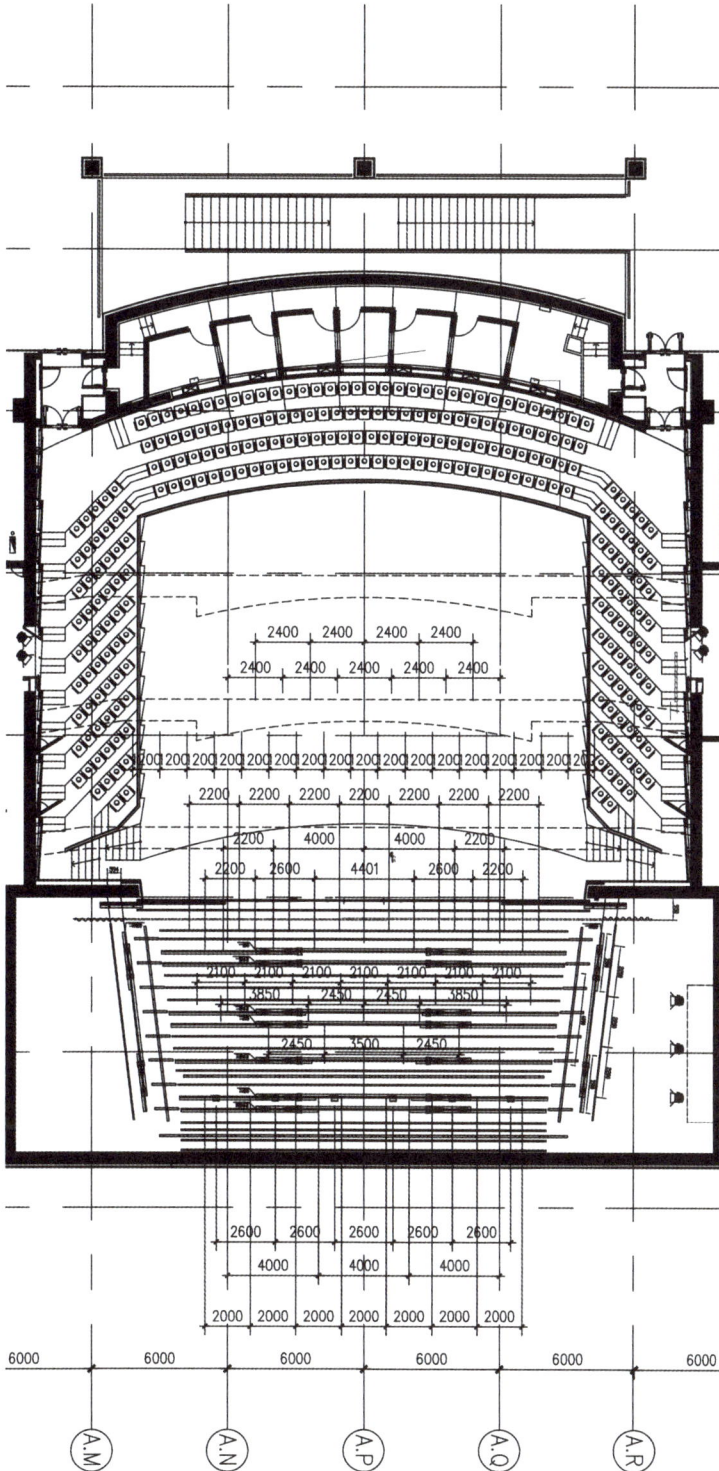

图 6-1　剧院二层平面图（单位：mm）

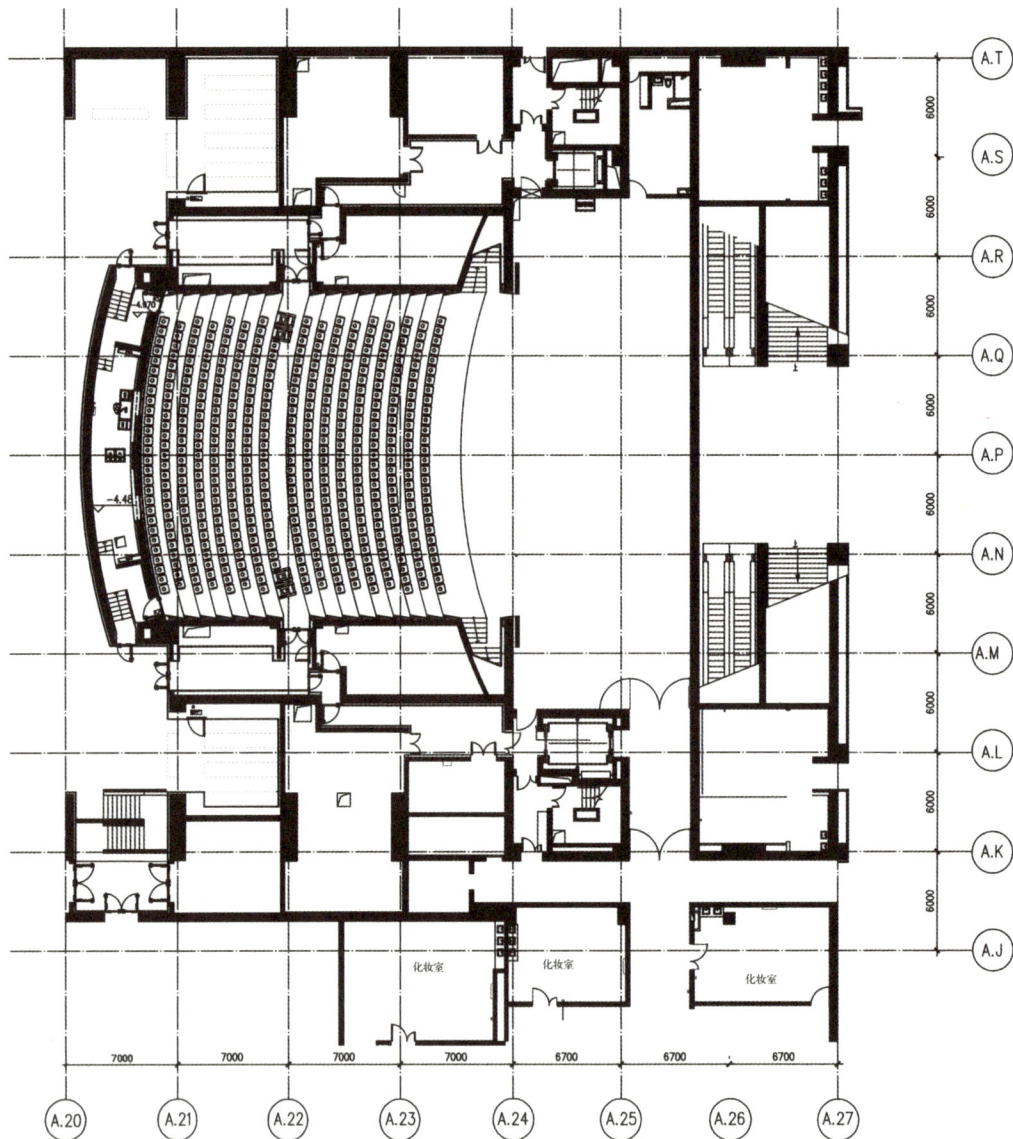

图 6-2　剧院一层平面图（单位：mm）

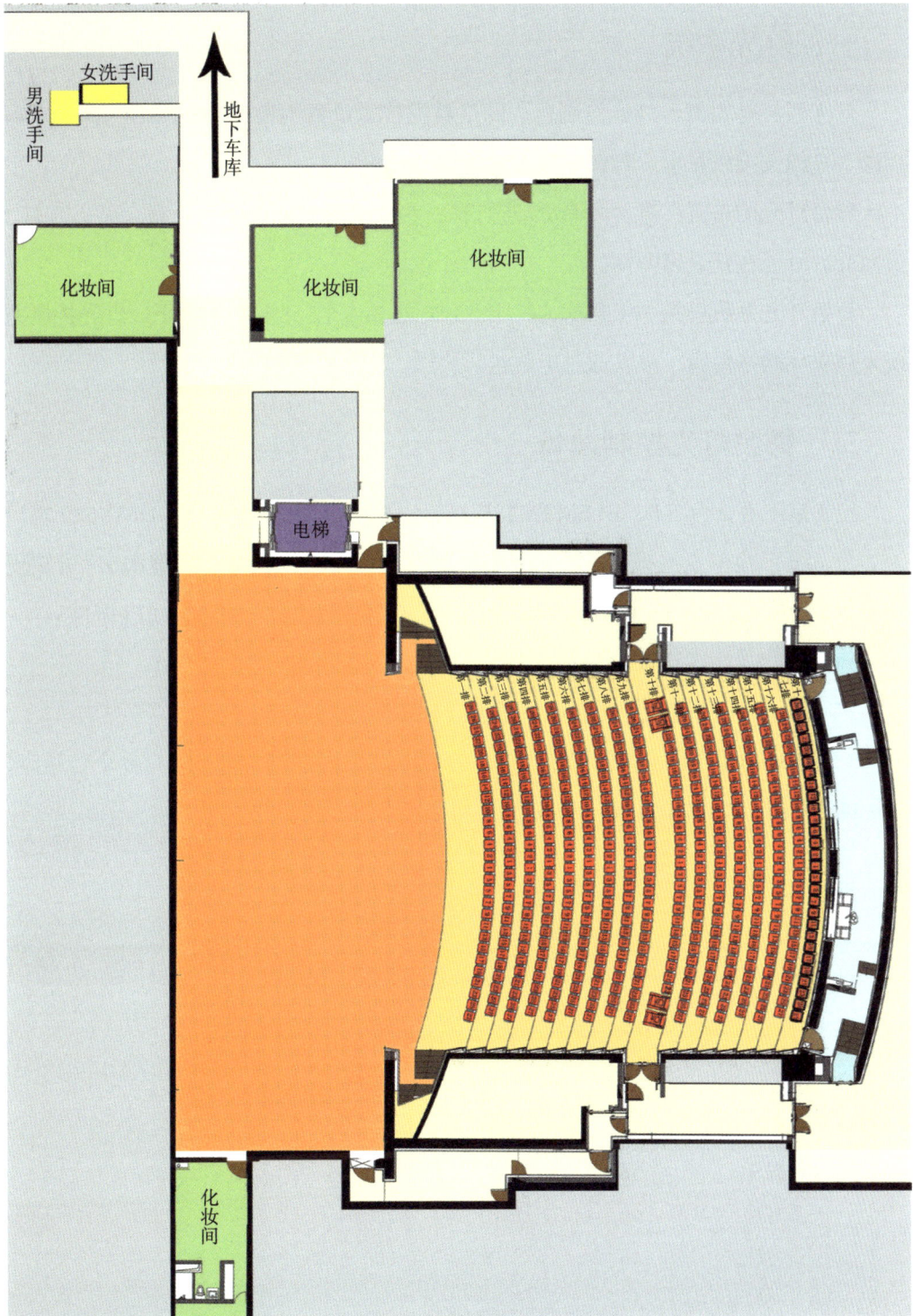

图 6-3　剧院功能区导位图

一、灯光系统

灯光系统是由舞台灯光控制台、网络数据传送设备（备有DMX512信号）、可控硅、电缆及接线箱盒、舞台灯具组成（表6-1）。

舞台灯光的布置：舞台上有23道灯杆，台口两侧有4道侧光，观众席上方有1道面光。耳光在观众席两侧。

舞台灯光系统总共324回路，其中3 kW的324个，5 kW的0个，灯光控制系统采用双环网络传输，可以通过电脑进行修改。

二、舞台灯光控制设备

控制室配有2台ETC ELEMENT控制台，可输出光路1024路，DMX512端口为2个，可外接单点触摸屏17寸DVI显示器2台（1280×1024分辨率）。可实现编写10000个CUE、99个CUE LISTS、1000个GROUPS、1000个EFFECTS。

三、网络设备和硅箱

2个Getway转换设备可提供网络与DMX512接口的转换，舞台有6个信号口，5台FDL硅箱，共324回路，双备份控制模组。

表6-1　剧院灯杆技术资料

序号	灯杆编号	灯杆长度（m）	调光回路数量	调光硅号	直通回路数量	备注
1	1号杆	16	—	—	—	
2	2号杆	16	—	—	—	
3	3号杆	16	6	111～116	2	
4	4号杆	16	20	149～168	6	
5	5号杆	16	—			
6	6号杆	16	—			
7	7号杆	16	8	117～124	2	
8	8号杆	16	—	—	—	
9	9号杆	16	20	69～88	5	

续表

序号	灯杆编号	灯杆长度（m）	调光回路数量	调光硅号	直通回路数量	备注
10	10 号杆	16	—	—	—	
11	11 号杆	16	8	125 ~ 132	2	
12	12 号杆	16	—	—	—	
13	13 号杆	16	—	—	—	
14	14 号杆	16	—	—	—	
15	15 号杆	16	8	133 ~ 140	2	
16	16 号杆	16	20	89 ~ 108	6	
17	17 号杆	16	—	—	—	
18	18 号杆	16	—	—	—	
19	19 号杆	16	—	—	—	
20	23 号杆	8	—	—	—	
21	24 号杆	8	12	171 ~ 182	4	
22	25 号杆	8	—	—	—	
23	26 号杆	8	12	159 ~ 170	4	

四、中国国家博物馆演播厅简介

演播室面积 505 m²，分为虚拟拍摄区和正常录播区，可容纳近 300 名观众的各类节目录制工作，现已完成各项中国国家博物馆讲解课程录制、文物视频录制及讲座等。

演播厅长 27 m、宽 18.7 m、高 9.6 m。舞台机械设备有 53 道吊杆、53 套电机、

图 6-4 《漫步国博 史家课程》演播厅拍摄区 1　图 6-5 《漫步国博 史家课程》演播厅拍摄区 2

2套控制系统、遥控三动作机械灯系统。舞台灯杆行程距离5 m，吊杆间距2 m。
灯光系统和舞台灯光控制设备同中国国家博物馆剧院（P131）。

演播厅网络设备拥有2个Getway转换设备，可提供网络与DMX512接口的转换，舞台有10个DMX信号口（表6-2）。

表6-2　演播室灯杆及回路技术表

序号	灯杆编号	灯杆长度（m）	调光回路数量	调光硅号	直通回路数量	备注
1	1号杆	3.7	3	T001-003	2	
2	2号杆	3.7	3	T004-006	2	
3	3号杆	3.7	4	T007-010	2	
4	4号杆	3.7	4	T011-014	2	
5	5号杆	3.7	4	T015-018	2	
6	6号杆	3.7	3	T019-021	2	
7	7号杆	3.7	3	T022-024	2	
8	8号杆	3.7	4	T025-028	2	
9	9号杆	3.7	6	T029-034	2	
10	10号杆	3.7	6	T035-040	2	
11	11号杆	3.7	4	T041-044	2	
12	12号杆	3.7	4	T045-048	2	
13	13号杆	3.7	4	T049-052	2	
14	14号杆	3.7	3	T053-055	2	
15	15号杆	3.7	3	T056-058	2	
16	16号杆	3.7	6	T059-064	2	
17	17号杆	3.7	6	T065-070	2	
18	18号杆	3.7	4	T071-074	2	
19	19号杆	3.7	3	T075-077	2	
20	20号杆	3.7	3	T078-080	2	
21	21号杆	3.7	4	T081-084	2	
22	22号杆	3.7	4	T085-088	2	
23	23号杆	3.7	4	T089-092	2	
24	24号杆	4.6	6	T093-098	2	
25	25号杆	4.6	6	T099-104	2	
26	26号杆	4.6	4	T105-108	2	
27	27号杆	4.6	4	T109-112	2	
28	28号杆	4.6	4	T113-116	2	
29	29号杆	4.6	4	T117-120	2	

续表

序号	灯杆编号	灯杆长度（m）	调光回路数量	调光硅号	直通回路数量	备注
30	30 号杆	4.6	4	T121-124	2	
31	31 号杆	4.6	4	T125-128	2	
32	32 号杆	4.6	4	T129-132	2	
33	33 号杆	4.6	6	T131-136	2	
34	34 号杆	4.6	4	T137-140	2	
35	35 号杆	4.6	4	T141-144	2	
36	36 号杆	4.6	4	T145-148	2	
37	37 号杆	4.6	4	T149-152	3	
38	38 号杆	4.6	4	T153-156	3	
39	39 号杆	4.6	4	T157-160	3	
40	40 号杆	4.6	4	T161-164	2	
41	41 号杆	4.6	4	T165-168	2	
42	42 号杆	4.6	4	T169-172	2	
43	43 号杆	4.6	4	T173-176	2	
44	44 号杆	4.6	4	T177-180	2	
45	45 号杆	4.6	4	T181-184	2	
46	46 号杆	4.6	4	T185-188	2	
47	47 号杆	4.6	4	T189-192	2	
48	48 号杆	4.6	4	T193-196	2	
49	49 号杆	4.6	4	T197-200	2	
50	50 号杆	3.7	4	T201-204	2	
51	51 号杆	3.7	4	T205-208	2	
52	52 号杆	3.7	4	T209-212	2	

五、舞台灯光系统配置概述

舞台灯光作为舞台演出中一个重要的艺术组成部分，在舞台上配合表演的进行，以其独特的手段实现模拟自然、创造意境、表达情感、切割舞台时空等艺术效果。而这些艺术效果通常是以光的明暗（亮度）、光的色彩、光的投射方向和光束效果等表现手段及其动态组合来体现的，所有这些光的效果都必须通过灯光控制设备对灯具实施良好的亮度控制、色彩变换、光束运动等才能实现。所以，只有有了好的灯光设备才会有好的灯光效果，离开了好的灯光控制设备空谈灯光艺术则完全是空中楼阁。舞台灯光控制系统的组成可划分为弱电的控制部分和强电的电源部分。

六、舞台灯光控制信号的连接

舞台灯光近年大致可分为三个基本系统，即调光控制系统、电脑灯控制系统，换色器控制系统。就连接的方式而言，经历了模似、数字（DMX）、网络三个时代。在模拟和数学时间，三大控制系统基本上互相独立、自成休系，进入了网络时代后，三个系统合成了一个大系统，加强了控制功能，方便了管理。

（一）灯光控制的模札记连接方式

在晶闸管调光器诞生初期，调光的控制是通过改变触发电路中某个电阻器的电阻来调光的，当年广泛使用的阻容移相触发屯路就是典型例子。这种电阻控制形式不能集中控制，只能由灯光人员单路操作。后经改进成为电压控制，使多路集中控制成为可能。灯光控制台通过多芯电缆对每路调光器发出控制电压，实现调光控制。这就是舞台调光的模拟连接。

在模拟连接方式中，从原理上讲每个调光器对应有两根导线输送控制电压，即一正一负（信号地），但实际使用中因控制电流较小，往往是多路控制电压的信号地并在一起，通常一个接插件配有 1 ~ 2 根信号地线。因此，在模拟调光系统中会有大量的控制信号线，如控制 180 路调光器就会有 200 根左右的控制线。控制线常使用多芯电缆如 RVV 型铜芯聚氯乙烯绝缘聚氯乙烯护套软线，也有用多根 RV 铜芯聚氯乙烯绝缘软线穿入金属软管使用。常用的接插件有多芯的航空插头座或矩形插头座。

（二）灯光控制的数字连接方式

计算机控制台和数字调当硅的出现使舞台灯光系统实现数字连接，改变了传统的单回路连线控制系统，革除了大把的控制回路连线。

从网络分配器中引出网络接口，从网络节点（node）引出 MAX 插座，分布在舞台各处，可接电脑灯、其他网络设备和 DMX512 设备，如果是双向 DMX 节点，还可接入具有 DMX512 输出的临时控制台。网络控制系统能只用一路 DMX512 线路将经过交换、重新编排后的通道信号送至不同种类的设备，使布线大为简化。

此外，还有无线接入形式，无线接入无线电、红外、微波等多种接入方法。

灯光控制网络还可以与舞台音响网络、舞台机械网络等相连，可以与剧场管理系统组成内网，也可连上因特网。

灯光控制网络化灯光的控制，有以下优势：控制数据双机（多机）全跟踪热备份，系统可靠性高；方便地实现远程多点监视和控制；实现远程技术支持；便于灯光设计师远程设计；系统易扩展、升级。

因此，新建的大、中型剧场大都采用灯光控制网络。随着网络使用的普及，使用新的直接接收网络信号的设备如电脑灯等，可减少以太网转换成 DMX 信号的环节，简化系统。

七、舞台灯光的强电系统

强电部分是灯光的能量来源，可分为调光器之前的供电部分和调光器或直通开关之后的灯光线路部分。

（一）灯光供电系统

灯光供电系统是剧场供电系统的一部分，剧场供电系统主要由变压器主心、低压配电室、输电电缆等组成。灯光用电由专用调光柜机主心供应，从低压配电室送来的电先进入调光柜机房进一步分配电能。调光柜机房内配置多个断路器将电分配给调光柜、直通回路等。这样可以根据需要分别供电，有事故时可以局部断电，便于检修。

（二）灯光线路系统

舞台上大量的灯光是需经调光器调光的，调光器就是为舞台灯光服务的。舞台的各灯位应分布有足够数量的调光和直通线路。

1. 调光回路

调光柜的供电来自剧场的低压配电室，灯光控制台向调光柜发出每个调光器的亮度数据或直流控制电压后，调光器就输出与来自控制台控制信号相对应的不同的交流电压。

2.直通回路

舞台上有许多场合需要不经调光而直接供电，如追光、电脑灯等。随着新光源的不断诞生，舞台灯光对直通回路的需求不断增大。直通回路的控制通常是通过手动操作灯光开关柜中的断路器来实现的。各个灯位都需要有一定数量的直通回路。舞台灯位是舞台机械也是剧场建筑的一个部分。

八、面光

（一）面光灯位

1.角度

角度是对人物位于舞台前沿表演时能否获得良好的照明效果的重要因素。舞台地面的夹角为 45°～50°。

2.深度

深度指第一道面光的投射深度。面光主要是保证表演前区的良好照明。

3.高度

高度指面光灯具至舞台地面的高度，也是面光灯选点的最低限位，面光灯具高于建筑台口 1 m。

4.射距

射距在满足投射角度和投射深度前提下，为了争取面光投向舞台的照度，投射距离不应太远。中国国家博物馆剧院的面光从面光灯具发光点到台口 0 点的射离在 15 m 以内。

（二）面光桥内部工艺设计

面光桥内部工艺设计非常重要，一切都要有利于照明的功能。面光桥的宽度除灯具所占用的空间外，通行和工作宽度 1.2 m、高度 1.6 m，长度大于建筑台口宽度。面光桥主要长焦聚光灯或成像灯，灯体较大。

为了保证面光灯具的安装与投射，面光桥前射口安装有防护网。

九、台外侧光

外侧光因处于观众厅二侧，布光时受到舞台口边框制约，不可能从一边将舞台一定深度范围内左右全部照亮，该灯位控制范围要求能照到主要表演区——大于舞台深度的 1/3 和舞台口宽度的 3/5。

外侧光定位

外侧光灯位定位与面光相同，只是面光强调垂直投射角度，而外侧光强调水平投射角度，对水平角度的控制很重要。

第二节
中国国家博物馆剧院演出灯光设计部分

舞台美术视觉形态再造有别于一般性造型艺术。写实抒情、写意抒情和去形写神是舞台美术 3 种基本再造样式，它们存在着各自不同的基本方式和规律，同时又并非纯粹独立存在。舞台演出中，它们是穿插融合的。

再造的基本概念为"重新给予生命"。视觉形态再造指通过人为主观对客观形态的改造，为其注入新的内涵，使其显现出新的功能，新的意义，成为具有新的审美或实用价值的形态和创造性的再造形态。不同艺术门类的再造有其不同的特点和样式，舞台美术的视觉形态再造有别于其他一般性造型艺术，这是由它的从属性与创造性对立统一的辩证关系，以及舞台美术的假定性所具有的独特魅力，还有其对待形态处理方式的特殊性所决定的。戏剧是现场艺术，是艺术家和观众现场共同创作的艺术形式，信息传递的工具是人的眼睛和耳朵，当然也包括人的思识形态的参与。舞台美术属于视觉艺术范畴，信息传递完全依靠人的眼睛，而且是现场观众的眼睛，因此，人眼现场审美离不开人的生理和心理因素，这就决定了舞台美术创作的特点。以下针对舞台美术的 3 种基本再造样式进行探讨。

一、写实抒情的再造

舞台美术中的写实抒情再造是以再现性手法为主，借助具象的视觉语言，含蓄地表达主观对客观世界的审美倾向，抒发内心世界情感、情绪的视觉形态再造形式。

在写实抒情的再造形式中，"景"是具象的、再现的，而"情"是抽象的、表现的。寓情于景、情景交融，则构成一种将再现与表现在视觉感知中自然融合的艺术表现形式。所以，绝不能简单地将具象性强的视觉形式，都划归到那种仅注重摹仿客观，而不注重对人的主观精神内容表现的自然主义中去。尤其是舞台美术创作，其形象性特征，并非指布景本身的形象特征，应该在不同程度上形象地反映出剧中人物的思想、性格、心理或情绪等某方面的特征。舞台美术设计的重点不是表现环境自身，而应着力于表现生活在具体环境中的人物和人物的行动，即"典型环境"的塑造。瑞士著名舞台美术家阿道尔夫·阿皮亚曾说过："舞台美术的基本任务不在于表现森林，而在于表现森林中活动的人。"因此，舞台美术中的写实性再造，也不是简单的摹仿客观自然，而是以再现性为主，具象特征较强的艺术形象，但是其本质却是一种体现精神指向，具有表现意识的艺术形象。这种精神指向和表现意识是源于人物与人物的行动，也包含着设计者本身对人物和人物行动的理解与解释。写实抒情的舞台景物形象所产生的视觉感染力，多是通过具象性、典型性、情节性及说明性等在文学语言中也能体现出的意境特点，与视觉语言的特点共同配合下产生的。因此，对于观众而言，写实抒情的艺术形象，在欣赏上具有直接性、通俗性等特点。

写实抒情的形态组织中，形象是具象的，虚实关系是以焦点透视为依据，以统一的视点，构成对客观再现的虚实关系。在绘画中，焦点透视强调艺术家以固有的观察位置，单一的观察角度，理性地再现视觉形态的一般虚实秩序规律进行空间塑造。而舞台美术形象面对的是多视点的观众群，同时，舞台本身具有实际的空间性，它的虚实关系的处理方式不同于一般性平面绘画。观众的多视点决定了它的复杂性，善于利用戏剧舞台的"假定性"，如边檐幕的间隔、遮挡以及中性化形象的塑造等手法，化"复杂性"为"假定性"。著名舞台美术理论家与设计家薛殿杰先生曾经说过："在舞台上，绝对的写实性是不可能存在的，因为观众的视点是多方位的，到处都会有穿帮的现象出现，如，边檐幕旁边的设备，甚至偶尔是候场的演员等。"因此，舞台上的写实形象再造，不可能等同于客观生活中的形象，即使如此，观众依然相信眼前舞台形象的真实性，这种"心照不宣"的审美状态，就是我们常

说的戏剧"假定性"。由此决定了舞台美术写实抒情形态的再造是一种"幻觉性"真实的再造，在形象的处理上，主要是根据一般性绘画的虚实秩序规律等加以强化或异化，构成戏剧舞台美术写实抒情创作的造型样式。

（一）近大远小

近大远小是利用视觉观看立体空间里的景物，所呈现出的景深状态之近大远小的透视关系来构成空间。作为剧场里的舞台空间，毕竟是一个具有高、宽、深的"有限"建筑空间。设计者需要在"有限"的舞台空间里，利用一般性平面绘画空间处理原则塑造"无限"的戏剧空间。戏剧空间是为活生生的演员提供的，演员的尺寸比例与景物的比例关系不能失调，尤其在写实抒情的景物空间里。我们知道，一般性平面绘画可以将远处的景物与人物，以同比例关系缩小即可，而舞台上却不同，演员是活生生真人的尺寸比例。因此，舞台上通过处理景物的尺寸大小构成空间景深时，要将演员的尺寸大小考虑进去，尤其是舞台上经常运用景物造型相同而位置不同的空间处理方式，有时不作大小处理，通过在"有限"的舞台空间里的布局，同样能够取得"无限"的合理空间感。例如，话剧《黑白祭》的舞台设计将一个半弧体均匀分成4块，大小相同，以前后对称方式分布在有限的舞台实际空间里，同样可以取得具有远近透视感的戏剧空间，这种透视感是真实的，是舞台实际空间给予的。同时，这种处理方式可以使前后区的演员和景物之间的比例关系，不会产生比例失调感。

写实抒情景物近大远小的另一种处理方式，是在舞台上有意强化近大远小的比例关系，加强空间的深远感。比如将处于舞台前区的景物同等或放大于实际景物尺寸，中景区的景物缩小或同等于实际景物尺寸等。当处理写实景物时，要注意充分把握舞台实际空间的距离位置设置，因为舞台实际空间本身具有景深度，再进行强化处理时，要防止比例失真，尤其是要和演员发生关系的景物，因此，通过拉开景物之间前后的距离，借助舞台实际空间的景深度构成"无限"的假定深度。

（二）近暖远冷

色彩具有前进、后退感是舞台设计师最感兴趣的问题。从生理学上讲，人眼晶状体的调节，对于距离的变化是非常精密和灵敏的，眼睛在同一距离观察不同波长的色彩时，波长长的暖色如红、橙等色，在视网膜上形成内侧映像；波长短的冷色如蓝、紫色，则在视网膜上形成外侧映像。因此，暖色好像在近处，冷色好像在远处。形体透视的近大远小和色彩透视的近暖远冷，是一般性平面绘画处理空间层次关系的两条最基本的法则，也是舞台美术在舞台上处理空间层次关系的两条最基本的法则，但也不完全等同于它。戏剧空间有时需要快速转换，前后区转换、左右区转换、上下区转换等。舞台上有时强化后区某个空间时，将前区设为冷色调，后区为暖色调，同样可以得到深远的空间感。此外，可以利用色彩对比的视觉特性增强戏剧空间，比如近色相对比强、远色相对比弱；近纯度对比强，远纯度对比弱等方式。

（三）近体积感强、远体积感弱

近肌理对比显著、远肌理对比含蓄。运用肌理质感处理景物景深度的视觉特性，也是写实景物目前在舞台空间区域分布处理所经常使用的基本规律和方式，同时构成了舞台美术相对固定的景物处理的区域模式：前立体景区、中半立体景区、后软景区。前区域的景物，一般采用纯立体，甚至将真实生活中的实物用在舞台上，无论是体积感还是肌理对比，都是最强最显著的，便于演员的直接接触。中景区域的景物，一般采用半立体半浮雕的硬景片为主。硬景的造型，无论尺寸还是肌理处理原则，尽量使其接近自然原态。但是，此区域的景物肌理处理，在舞台上主要以半浮雕或"幻觉性"绘画手段为主，个别的也使用实物。不管怎样要注意景物尺寸比例与人的关系，因为中景区也经常有演员上下场。后软景区，采用平面画幕或幻灯投映，此区域的景物造型，表现的是画面的远景形象，形象一般都是以天空为主或带有天空的形象造型，因此也将该区域称为天幕区。画幕的体积感一般要弱化，肌理的对比度要含蓄，便于形成深远的视觉感。这也是人眼视觉观看真实空间中的形象的特性：近体积感强、远体积感弱；近肌理对比显著、远肌理对比含蓄。随着电脑喷绘的发展，目前，舞台上大量采用写真电脑喷绘画幕代替天幕绘制，总是感到视觉不适，主要原因是作为远处的形象造型没有根据视觉特性，将它们的体积感弱化、肌理含蓄、明暗对比弱化，而一味追求清晰真实。

总之，舞台美术写实抒情再造对于构成特定景深空间的虚实关系，是以其再现性强的特点，可以直接再现出各种物体形象，在舞台特定空间环境中所显现的空间感、体积感、光暗感、肌理感、色彩感等客观形态虚实关系的丰富层次。层次的丰富性要充分调动视觉的生理特点。对于造型体现而言，舞台美术写实抒情的虚实关系，是一种对技术性要求较高的虚实关系，需要艺术家具有整体观察事物关系的能力和较高的再现性技能与技巧，尤其是对于舞台美术假定性的理解和把握能力。

二、写意抒情的再造

舞台美术中的写意抒情，是艺术家对客观的再现内容和形式，采取唯我所用的灵活态度，以意象化的视觉语汇，自律性的视觉语法，强烈地抒发内心世界情感、情绪的视觉形象再造形式。

意象化的视觉语汇，是一种既能保持对客观素材中某些具象特征的识别性，又包含有强烈主观表现性的寓意形态。因为，意象形态具有强烈的主观表现性。所以，意象形态与客观自然形态相比，在知觉上呈现出一种与客观自然形态"似与不似之间"的视觉特征。"似与不似之间"既是客观与主观、再现与表现、具象与抽象有机结合的一种尺度，也是因为艺术形象含有寓意内容后，所构成的一种意境。一方面舞台美术家从不同的视野，不同的角度，以不同的观察方法去理解与客观中的"似"；另一方面舞台美术家从不同的传统、不同的观点、不同的感情，以不同的形态和色彩结构去再造与客观中的"不似"。从而，能够以"似与不似之间"的意象化视觉语汇为基础，去构成无限丰富的知觉特征和千差万别的视觉意境。

因为舞台美术家们对于源于客观中的形态与色彩，采取的是一种因"意"的表达而唯我所用的灵活选择、自由调节的态度。所以，当不同的设计师，依据主观再造意境的需要，对客观素材大刀阔斧地取舍，或理想化地添加、改造之后，必然会使再造出的艺术形象与客观素材的母题形态相比，在公众眼中呈现出不同角度、不同意义上的明显夸张、变形、变色、变肌理等各种知觉印象。设计师正是通过这种与客观保持一定距离感的意象化视觉语汇，个性化地表达对客观世界地感知、理解、判断，强烈地抒发对生活真挚的情感。也正是因为在客观中融入了艺术家大量富有个性的主观情感、意念和创造的内容，所以，才使得写意抒情的意象形态与客观形态产生了"似与不似之间"的距离感，这种具有距离感的舞台景物形象我们常称之为"非幻觉性"布景，适合装饰性和程式化强的中国戏曲演出艺术。

从视觉语言风格的角度而言，因为，意象形态是具象与抽象直观结合的形态，所以，意象形态比具象形态，在形态结构中具有更加暴露的抽象结构，更加明显的主观内容；比抽象形态在形态结构中，具有可识别的客观母题，可对位的再现对象。

所谓意象形态的具象特征，常显现为客观素材中最基本的、具有共性化倾向的特征，是一种从一般具象概括、提炼出的具有典型性、抽象性、象征性或装饰性等知觉特点的高级具象。舞台上一般采取的手法是局部写实、整体结构写意、视觉形态的再造方式，而且常见于当代舞台戏曲演出作品当中。

将意象化的视觉语汇，与强调自律性的抽象语法相结合，是写意抒情的视觉语言在构图组织中的基本特点。意象化视觉语汇的自律性语法结构体现为，既保留视觉形象在整体关系中对母题特点的基本认知特征，又强调使形象结构从点、线、面、色的抽象结构角度审视时，能保持视觉旋律的完美性。因为在意象化视觉语汇的自律性结构中，视觉形象的局部具象特征的存留及变形、变色与否，受到整体形象和构图关系中各部分的形状、肌理、色彩、动势等各种调式结构关系的制约。如京剧《骆驼祥子》，设计者通过概括和提炼，在舞台上选用了具象的古城门口和石狮子，然后又将这些形象整体进行抽象性倾斜放置，形象的典型性点明了祥子生活在城里而不是乡下，倾斜的城门和狮子，让观众联想起一个人吃人、不分是非、颠倒黑白的旧社会。所以，自律性的抽象语法结构，也是产生写意抒情再造方式与客观"似与不似之间"知觉印象的一种因素。

写意抒情的再造对于景物形态组织中的虚实关系处理，是一种以表现意境为依据，对客观结构自由调节的随意性虚实关系。在舞台美术中，随意性虚实关系，是以动观为基础，能在同一构图中，再现出设计家从不同观察位置和角度中，所观察到并且感兴趣的客观。

在随意性虚实观念支配下所构成的艺术形象，虽然不具有在焦点透视虚实观念

支配下所构成艺术形象的对客观再现时的表层一致性。但是，这种随意性的虚实观念，同样也是一种具有客观性依据，符合科学规律的虚实观念。随意性虚实关系依据人们在运动中对事物观察和感知的特点，符合人们对事物观察和感知时，心理和生理可以随着对事物关注程度的高低，调节对事物知觉强弱的客观认知规律。例如，当人的视觉在众多的形态中，发现自己所感兴趣的某一部分内容时，这一部分形态就对人的眼睛和心理的刺激程度增强，使其知觉度提高，呈现出比其他形态更真实的印象。在这种情况下，整体形态关系中的其他部分，无论空间远近，还是体积大小，均因注意力减弱而降低了知觉度，有时甚至还会出现视而不见的视知觉盲区现象。这种随意性虚实关系的原理，就像照相机、摄影机、望远镜的镜头焦距，具有依主观需要而调节的功能。焦距调整的最佳位置，是客观存在的景物关系中最实的位置。其他位置，无论远近大小，均较之为虚。这种视觉注意的随意性和灵活性，非常适合舞台上处理瞬息万变的戏剧空间。因为在视觉艺术中，因人而异的兴趣和意念，都可以导致再造出的形象关系中实的位置、实的程度、实的内容和实在的形式形成各种感知上的差别。每个设计家对待实点定位与表现上的不同，是造成写意抒情形象组织的内容、形式、风格、流派多样性的根本原因。

大多数以意象造型的艺术流派，尤其舞台美术在对形态结构关系的组织中，都不太注重再现焦点透视中的虚幻三维空间，而是追求以平面化布局舞台空间画面为主的结构。在造型关系中，普遍采用平面化布局的结构，如黑白底幕的使用，有利于艺术家从更宏观的角度去审视和调节作品的形态关系；有利于艺术家在造型过程中采用更直接、更自由的表现语言。

写意抒情的景物再造方式在现代舞台美术作品中得到广泛运用，在这种方式中，充分结合灵活性强的舞台灯光塑造功能，尤其是利用明暗光比、冷暖光色等造型元素，以及投光区域的灵活快速转换等优势处理图底关系，在舞台上将会得到无穷的变化。因此，舞台美术写意抒情的再造中，轻景深重平面化布局的造型手法，在戏剧演出艺术中与人物主体形象之间所构成的图底关系，是一种积极的图底关系状态，这种积极状态同时能够赋予所有从事戏剧艺术创作的各个部门，使得戏剧演出的表现手段更灵活更丰富，如果说写实抒情景物再造与人物之间构成的图底关系，相互之间存在着消极、被动的创作状态，那么在写意抒情的景物再造中，与人物间的图底关系属于积极、主动具有充分灵活性的创作状态。

三、去形写神的再造

去形写神是设计者淡化再现性，强化表现性，以抽象的视觉语言充分自由地表达主观对客观本质的感受，直接抒发内心世界情感、情绪的视觉形象再造方式。

强调抽象视觉语言，淡化具体客观形态的外部特征，使得将抽象形象与具象形象相比较时，给人以除去客观之形的知觉印象。去形写神的再造方式，是使艺术形象的形态结构和色彩结构，从所有具体形态的表象特征和意义中解脱出来，从而使艺术家能依据感情流向和主观表现的需要，以纯粹的视觉语言充分自由地表达主观对客观世界的判断。但是，这并不意味着在去形写神的艺术形象中，就没有对客观再现的成分。抽象地反映客观，是人类在认知和再造客观世界的实践活动中，为便于对客观事物的认识、理解而形成的一种方法。抽象艺术形象对于客观的再现具有间接性的特点，是以特有的感性形式和理性形式来反映客观世界的。所谓"去形"只是遗去了具体客观形态外部细节和个性的特征，并没有遗去客观形态内在的、具有本质意义的共性特征，也就是内在的"神"。舞台景物"神"的表现，离不开舞台上演员表演艺术的配合，观众根据人物的不同情感对景物形成不同的认知结果，在抽象的视觉艺术形象中，通过联想寻找到有某种客观生活依据的，与人物共同构成特定的戏剧空间。因此，如果说写实抒情的景物再造还会保留局部具象造型，而在专形写神的景物再造中基本上摒弃具象造型，根据剧本内含和人物情感，借助一些也许与戏剧环境不相关的景物形态，旨在通过塑造某种物质形态内在的"神"，与人物之间形成某种内在联系。比如话剧《屠夫》，舞台设计运用了三块钢板以三面墙的形式立在舞台上，中间的钢板墙通过转台的运动可以构成不同的戏剧空间。设计者完全摒弃了戏剧空间中所需的具体形象描述，而只是选用了"钢板"所赋予的"冰冷"的质感，调动观众的生活联想，以映射出第一次世界大战时期德国当时所处的人与人之间的不信任和冷漠的特殊戏剧环境，这种环境感有助于剧中人物情性性格的展开和呈现。

抽象艺术形象的造型过程，又有些类似于化学产品的合成过程。在化学产品的合成中，化学家首先从不同的原材料中分解、提炼出各种基本的化学元素。然后再

依据不同的功能，以不同的含量和不同的方法去综合这些元素，从而构成能满足不同需要的新物质产品。抽象艺术形象的造型，也体现为从分解、提炼元素，再到有目的地综合元素的过程。舞台设计者先从客观生活素材中分解、提炼出形态要素（点、线、面、体、肌理、色彩）和关系要素（对比、平衡、节奏、旋律、韵律、调子），依据文学剧本所表现内容的需要，对形态要素以不同成分比例、不同结构秩序的有机组织，使之构成能充分表达设计者心灵感受，以及对客观的主观判断的视觉旋律和调式关系。设计者正是借助由抽象视觉语言所构成的特定视觉旋律和调式，去表现有个性的形象意境；传递设计者对剧本对人物的认识、理解、判断；去寻求在与观众的交流中产生心灵的共鸣，一起完成戏剧情境的塑造任务。

去形写神的舞台艺术作品的创作，是由设计者与观众共同完成的。设计者的再造结果，只是以视觉旋律和调式，为观众提供了一个适合投射特定情感、情绪的空白介质。而具体的艺术形象细节，真正的生活内容，则是由不同观众基于不同生活经历、文化背景、艺术修养、审美习惯，以及不同的主观心灵感受来充实和完善。因此，从这个意义上而言，抽象艺术形象中被艺术家所遗之形，又由不同观众通过调动各自艺术感受的主动性从不同认知、感悟的角度被部分地寻找回来。

因此，去形写神的景物再造方式，既可折射出创作者各种矛盾、复杂、微妙的心态，也可为戏剧的欣赏者提供一个自由、灵活地感悟艺术形象内容，参与对艺术形象再造的广阔心理空间。这类舞台作品的视觉歧义很强，便于舞台灯光结合演员的表演及音乐音响，创造出具有丰富想象力的戏剧空间。

写实抒情、写意抒情和去形写神作为舞台美术视觉形态再造的基本样式，三者之间并非纯粹的独立存在，在实际戏剧舞台演出中，往往写实中包含着写意和写神，写意和写神离不开借用写实的手法，相互穿插，有机融合，形中见神，神中见形，形神兼备。

四、演出案例赏析

国博剧院与演播厅自始建之初即充分考虑到各类演出活动的技术需求，除大型舞台美术制作的歌剧类演出外，几乎可满足绝大多数的演出需求。2011 年试运行以来国家博物馆剧院共计演出活动 300 多场，其中有话剧、舞剧、晚会、大型论坛会议活动等。

（一）话剧赏析

话剧《情人的衣服》的导演是当今世界最著名的喜剧大师彼得·布鲁克，该剧于 2012 年 12 月 6—9 日在中国国家博物馆剧院演出。

本剧讲述的是妻子被丈夫发现依偎在情人怀里，情人逃之夭夭，却遗留下衣服。丈夫没抱怨半句，只要求妻子将那衣服视如家中上宾，并开始与他们一起生活，并以此开始无情的复仇。最后，妻子忍无可忍自杀身亡，丈夫悔恨不已。

彼得·布鲁克导演的《情人的衣服》是一个关于妻子、丈夫和衣服的三角爱情故事。起段充满幽默讽刺，结局却是残忍冷酷，摄人心脾……《情人的衣服》是喜剧、戏剧、幻想与生活片段的结合，在音乐、幽默和绝望中，索菲亚重现眼前。

从本剧的创作来看，强调光的写意传情，写实戏剧观强调再现生活的真实与历史的真实。而非写实戏剧观强调要能传达作品的内涵和哲理，追求诗的意境和韵味，运用抽象的表现手法，通过暗示、隐喻表现戏剧内涵，向观众传达内在的情感，并由观众的联想加以补充。本剧围绕夫妻间感情与信任的情感线，灯光设计简洁有力，在写实空间布局中，充分运用灯光的独特处理，将人物内心的情感清晰有力地传达给观众。阿披亚有一句常被后人引用的名言："我们不要去创造森林的幻觉，而应该创造处于森林气氛中的人的幻觉"。而本剧的灯光设计即是成功地做到了在演出空间内所要求的并不是纯客观的追求逼真的照相式的森林形象，而是人处在这个环境中的一种内在情感的戏剧氛围。正是由这种写意戏剧观指导着演出整体创作，舞台灯光也不再是纯客观的照相式描绘客观环境，从而深入到人物心灵深处，像剧中角色看待周围世界那样地去寻找赋予戏剧内涵的情感色彩和空间气氛。从这一观念出发，舞台灯光已不再是直接地表现自然幻觉，而是进入"心境"的描写。不论是阿披亚的"节奏空间"，还是克雷的"诗剧之景"，或是彼得·布鲁克的"空的空间"，他们的表现手法虽然不同，但他们对空间的创造却有一个共同的要求，那就是非常重视并希望依靠灯光对空间进行塑造。阿披亚认为，灯光对立体景

和演员是必不可少的。克雷注重用光作画，为"他的调屏线条和色彩的和谐统一来产生唯有伟大的人才能产生的那种深刻感情"。

由于舞台灯光具有可控性与可塑性，它能在演出进程中随时调整（调和）动态画面的完整效果。而舞台布景（不论是立体的或者是平面的）在舞台空间运动会受到一定的局限，特别是对那些不断变化的假定性空间的创造，实体的景远不如变幻莫测的光。"光至于空间，犹如音乐之于时间，最善表现其生命力。"舞台演出创作中，音乐支配着各部门的绝大部分创造，舞台灯光也必然如此，"音乐中的节奏和细微变化都可以通过灯光表达。它可以把音乐内容转化为视觉所能感受的东西。"灯光作为戏剧情境、戏剧冲突、人物内心外化表达以及音乐的视像化，应该重在戏剧情感的表达。同样，观众对剧中人物的内在情感因素的感受，不仅限于音乐视听形象的感受，而且也包涵着如阿披亚所认为的"需要通过视觉得到一种印象，从某一点上，这种印象相当于乐谱的无可比拟的情感力量。"进而得出"灯光是唯一能够连续产生这种印象的手段，而它的使用又为乐谱本身所推动和证明为合理。"

（二）民族歌舞演出活动案例赏析

藏族歌舞、委内瑞拉歌舞、泰国歌舞演出等。

当代舞台灯光参与演出，无论在光的强弱，色彩以及变化的节奏上都能与音乐产生呼应作用，在演出中一旦与光美妙的结合，其听觉形象和视觉形象在剧场中便能够产生和谐的共鸣。光作为音乐的伴侣随着音乐或音效的起伏变化，配合上演员翩翩起舞，可以使表演节奏与情绪气氛得到加强。一些民族舞剧演出中常利用这一特性控制剧场情绪。有些为使演出情绪兴奋、跳跃，演出空间色彩用的很浓烈，光的明暗对比也特别强调高调子，光的运动与节奏也越来越强。这样与光同步的节奏和气氛，有助于帮助激发演员的情绪，使演员很快进入规定情景，相较而言，当代的通俗音乐歌舞演出与灯光的设计更加自由激荡。不同于戏剧演出灯光的严谨，更易受整体戏剧氛围的影响支配，随戏而异——有时是表现特定的时空，有时是表现抽象的情绪，有时是揭示人物心理，有时又是非常严谨地引导观众有选择地观看演出对象，有时采取含蓄的、渗透的方式表现出来，让观众在不知不觉中接受光的传情，有时也会因戏剧情感的激发而发出主观的呐喊，但仍是意在表达戏剧内容和思想内涵，有时在不需要参与演出的艺术照明，但还是需要灯光精心地布置不为人察觉的布光。这或许恰是舞台灯光变化莫测的魅力所在。

（三）戏曲演出赏析

在戏曲演出中，最早的光电，一是用来照明，二是用来突出名角，即到名角登场时台前灯具全部开亮，以引人注目。梅兰芳则是把灯光的作用向前推进了一步，即由突出名角，变为对剧中人进行"特写"或制造某种气氛。戏曲艺术创作历史悠久，戏曲文化有其独特的艺术特色，从服装、化妆、造型，以及身段、步伐等各个方面均有其独特的表现，因此，在灯光技术发展迅速的当代，灯光作为"照亮"的功能一直是传统戏曲表演的首要作用。同时，越来越多的效果灯也在设计师的巧妙运用下渗透到戏曲演出中，使戏曲舞台表现力更加丰富、真实、写意，让戏曲演出更具观赏性。因此舞台灯光，尤其是戏曲舞台灯光，面对戏曲艺术如此灿烂丰富的视觉信息，原汁原味地呈现给观众是灯光的基本责任，同时，灯光"造型"是保证。丰富的中国戏曲艺术的视觉信息，随着光电科技发展进步，灯光技术更加成熟，艺术家们更加有意识地对舞台上的视觉信息进行处理与传达。有意识的处理就存在造型。即使是简单地利用一组面光进行演出照明，其不同于自然光照明的视觉效果，特别是被身处在特殊的剧场空间里的观众所看到时，新奇当中自然感觉到一种形式感的存在，这种形式感也是造型，尤其是灯光的造型在明暗处理、时空转换、色彩渲染上具有灵活方便、简单易行等优势。因此，灯光的造型在完成传递戏曲演出艺术的视觉信息方面提供了保证。

由此可以看出，"照明"不是单纯的照明，"造型"也不是单纯的造型，舞台灯光的"照明"中含有"造型"，灯光"造型"中含有"照明"，两者你中有我，我中有你，灯光照明是基本，造型是保证，两者构成戏曲演出艺术视觉信息传达的基本保证，两者是一个有机整体，也就是说基本的照明光也应该富有造型感，反之强化造型感的光效也应该照顾演员的表演。同时，在特定的时候两者互为转换，"照明"变成了"造型"，"造型"变成了"照明"。

总之，舞台灯光在戏曲演出艺术里以及其他舞台演出艺术里，只是一个组成部分，一个完成视觉信息传达的媒介体，但它不能离开表演艺术独立地存在和表现，是从属于演员表演艺术的表演艺术，只有充分分析人物，把握人物，与人物共喜怒哀乐，才能够有机地利用和把握舞台灯光的"照明"和"造型"功能，阐述自己的思想和意图，才能够使舞台表演艺术更形象、更生动和更富有魅力。

参考文献

［1］金长烈. 舞台灯光［M］. 北京：机械工业出版社，2008.

［2］徐翔. 舞台设计创作论［M］. 中国铁道出版社，1999.

［3］鲁开疆. 视觉传达流程设计［M］. 合肥：安徽美术出版社，1995.

［4］E. H. 贡布里希. 艺术与错觉［M］. 林夕，李本正，范景中译. 南宁：广西美术出版社，2012.

［5］莫里斯·德，索斯马兹，SAUSMAREZ, 等. 视觉形态设计基础［M］. 莫天伟译. 上海：上海人民美术出版社，2003.

［6］胡耀辉. 胡耀辉戏剧灯光艺术［J］. 演艺科技，2017（10）.

［7］理查德. 皮尔布罗. 舞台灯光［M］. 韩晓风，陈武译. 中国戏剧出版社，1985.

| CHAPTER 7 | 第七章

3D 纪录片《国脉》——中国国家博物馆 3D 影视技术新应用

康 岩

第一节
3D 技术相关理论

一、3D影视技术的概念

提到 3D 影视技术的概念就要先从 3D 的概念说起。3D 英文全称为"Three Dimensions",其中"Dimension"的意思是维度,即三维,即长、宽、高,换句话说也就是"立体"。3D 技术特指基于电脑、互联网的数字化的三维立体技术,而 3D 影视技术指利用立体摄影系统拍摄立体画面的技术。

二、立体的成像原理

人的两眼瞳孔之间有 65mm 左右的距离,称之为瞳距,当我们在观看除了正前方的物体外,两只眼睛对事物的观察角度就会产生差异,这个差别在大脑中能自动形成上下、左右、前后、远近的区别,从而产生立体视觉,一只眼睛虽然能看到物体,但对物体远近的距离却不易分辨。

三、关于3D影像拍摄原理

3D 影像拍摄的原理同人眼睛成像的原理相同。在进行拍摄时,使用 3D 立体摄像机,这类摄像机镜头通常为双镜头,两个镜头分别模仿人的左眼和右眼。在进行拍摄的时候，两个镜头分别摄取画面，得到两个有差别的画面，左边的镜头模仿人的左眼观察事物的角度，右边镜头模仿的是人的右眼观察事物时的角度，在播放3D 影片时，观众在观看时需佩戴特殊眼镜，该眼镜的作用是使佩戴者左眼只能看到摄像机所拍摄的模仿左眼视角的画面，右眼只能看到摄像机所拍摄的模仿右眼视角的画面，大脑同时接收到这两个存在差异的画面时会产生景深的立体感，因此观众会看到立体的影像。

四、关于3D影视技术中的核心概念

3D 影视技术与 2D 影视技术最大的区别在于 3D 影视技术会让观众产生身临其境的立体感，而实现立体感的关键在于通过摄像机分别拍摄出模拟人眼双眼不同视觉的画面，并通过汇聚让大脑同时观看到这两个不同的画面进而形成立体感，所谓模拟人眼，主要指模拟人眼的"瞳距""汇聚"功能，除此之外，"视觉安全范围"也需要特别注意，现逐一说明。

1. 瞳距

对于人眼来说，瞳距指两个瞳孔间的距离。相对于 3D 技术来说，瞳距指 3D 摄影机两个镜头光心之间的距离。两个镜头光心之间的距离也模仿了人眼的瞳距，人眼的瞳距一般为 65mm 左右，瞳距的改变会影响人眼所看到景象的空间容量大小和深度，瞳距越大，画面的纵深感和空间感越强，反之，画面的立体效果就越小。瞳距的变化会直接影响画面立体效果的程度。在 3D 影视技术中，摄影机的瞳距不是固定的，它会根据拍摄内容的变化而缩小或扩大，若是维持在 65mm 左右的瞳距，则在表现某些场景时会产生视觉上的不舒适。

2. "汇聚"功能

人眼在观看实际影像时会产生两个焦点：一是眼睛的聚焦点，二是眼睛光轴的汇聚点，汇聚点决定了影像的深度。眼睛的聚焦点决定影像是否清晰，而眼睛光轴的汇聚点决定了影像的深度。在汇聚点上，垂直于双眼视轴线形成的平面即为汇聚面，汇聚面决定影像的感知深度。3D 影视技术中的汇聚指 3D 摄影机两个镜头光轴的汇合与相聚，"汇聚的直观作用是使画面分出立体层次，它决定画面的哪部分在视觉屏幕上，哪部分在屏幕的前端（出屏）和后端（入屏）"，影像的深度能让人从视觉上真实感知立体空间的存在。但是由于 3D 影视技术不能完整模拟出人眼看到的效果，因此当大脑在不能获得足够的深度感知信息的情况下，会出现信息处理错误，因而会引起观看者出现不同程度的失真感或不适应感，从而影响到观看舒适性。因此汇聚面的参数设置对于 3D 影片的观看舒适度有着直接的影响。

3. 视觉安全范围

视觉的感知存在局限性，太近或太远的物体人眼一般无法准确的辨析，因此，作为模拟人眼视觉效果的 3D 影视技术就要注意在模拟人眼立体视觉时，对于观众舒适度的控制和把握，如果不能准确地设置视觉安全范围，则会使观众产生眩晕感。关于设置视觉安全范围，应该在 3D 计算软件经过计算所得出的结果和数据基础上通过导演和摄影师在制作过程中的监看效果来调整相关参数的设置，最终达到向观众展示最舒适的视觉效果的结果。例如，在 3D 纪录片《国脉》拍摄进程中，立体效果确实也是以摄影师对 3D 监视器画面的直接感受为主，技术人员的数据往往会以辅助参考的方式参与到拍摄过程当中。

五、关于3D影视技术的优势

传统的 2D 影视技术仅是将场景还原成一个平面的画面，在一个平面内展现内容，最终呈现在显示设备上的是两个维度的影像，不含有空间深度的信息。而 3D 影视技术是带有空间深度信息的图像，逼真地还原了现实生活中的场景信息，因此，3D 影视技术有着其他影视技术无可比拟的优势。

1. 增强真实性

3D 影视技术的成像原理是模拟人眼成像的原理，极大程度还原立体感的探索，立体感增强最直接的感受就是真实性，而真实性的增强可以有效地提高观众的参与感，而不是被动欣赏，最直接的说法就是让观众仿佛身临其境。

2. 打破了空间的局限性

3D 影视技术可以将立体感呈现给观众，使观众可以足不出户地领略被摄主体的立体感，以 3D《国脉》为例，来现场参观四羊方尊的观众只能隔着玻璃柜观赏，而 3D《国脉》中可以通过摄影机的特写镜头立体地看到很多文物的细节，某种程度上可以说比在现场观看还要"过瘾"。

3. 实现虚拟与现实的结合

通过 3D 影视技术与 3D 动画建模技术的结合，在 3D 影视作品中，可以将很多"不可能"变成"可能"，3D 纪录片《国脉》中，可以立体地感知人面鱼纹彩陶盆的魅力，陶盆上的两条鱼突然变成动画跳出屏幕的设计给观众耳目一新的感觉，这些虚实结合的影像，给观众留下了深刻的感官刺激和感受。

第二节
3D 影视技术在中国国家博物馆中的应用

中国国家博物馆是中华文化的"祠堂"和"祖庙"，其中收藏着 140 多万件先辈留下的宝贵文化遗产。中国国家博物馆是"中国梦"的发源地，2012 年 11 月 29 日，习近平总书记率领新一届中央政治局常委来馆内参观"复兴之路"基本陈列并发表重要讲话，首次提出了实现中华民族伟大复兴的"中国梦"命题。"中国梦"凝聚了全球中华儿女的心。中国国家博物馆还是国家的文化客厅，每年有不少外国元首、首脑和政要来参观做客。自 1912 年至今，中国国家博物馆已经走过百余年的光辉历程。百余年来中国国家博物馆积淀了深厚的历史文化底蕴，已发展成为世界级大博物馆。这里记载着中华民族 5000 多年文明足迹，展示着我们伟大祖国的历史文化艺术和社会发展的光辉成就，是中华儿女传承历史、开拓未来的精神家园。同时，这里也是中华文明与世界文明对话的重要窗口，是展示整个人类文明的宏伟殿堂。鉴于中国国家博物馆的重要职能和地位，应用新的技术手段发扬好、传承好中华优秀的传统文化显得更为重要，3D 影视技术凭借得天独厚的优势可以更好地为博物馆公共教育职能锦上添花。目前，中国国家博物馆主要应用了 3D 动画和 S3D 影视技术。

一、3D动画的应用

3D 动画，又称三维动画，三维动画技术是伴随着计算机发展而产生的新兴技术。其本质为在计算机中首先建立一个虚拟的世界，设计师在这个虚拟的三维世界中按照要表现的对象的形状尺寸建立模型及场景，再根据要求设定模型的运动轨迹、虚拟摄影机的运动和其他动画参数，最后按要求为模型赋上特定的材质，并打上灯光。当这一切完成后就可以让计算机自动运算，生成最后的画面。

3D 动画技术最大的特点是模拟展示真实物体并将精确性、真实性和无限的可操作性结合在一起，目前被广泛应用于影视、娱乐、医学、教育、军事等诸多领域。在中国国家博物馆公共教育方面，这项技术的应用给人耳目一新的感觉，受到了众多参观者的欢迎。

在中国国家博物馆"古代中国"展厅的电子触摸屏上滚动播出了一部 3D 科普动画《钻木取火》，该片主要讲述的是远古人发现雷击中树木后产生了火并逐步学会钻木取火，并利用火生存、进化的故事。该片通过 3D 动画的方式向观众呈现，利用 3D 动画技术模拟自然中风雨、雷电、水火等，并在软件平台上进行角色动画和场景的设计。真实地模拟出远古人所处的严酷的自然环境，以及闪电击中木头而产生火源这一现象通过 3D 技术观众可以很直观安全地感受、观看并了解这一自然过程。此外，通过 3D 动画高级渲染、流体特效、布料仿真、毛发仿真、烟火和建筑物崩塌等特效的应用，将人物和场景栩栩如生地展示出来，极大地增强了观看体验感。3D 动画技术还有一个特点就是可以与触屏相结合，观众可以通过滑动屏幕的方式从不同角度观看这一故事，某些局部还可以放大以便于观看细节，观众甚至还可以为远古人选取"钻木取火"的工具和原料，这样的设计可以使观众动手参与，改变了以往被动欣赏的状态，充分调动了观众兴趣。观众在欣赏动画时，对人类从最初接触火源到通过使用工具进行"钻木取火"这一历史有了直观、深刻的了解，这样的 3D 动画片不仅寓教于乐，同时还大大增强了观众的参与度，获得了极高的评价。

中国国家博物馆社会教育宣传部制作的展览专题片中，也大量运用了 3D 动画技术，例如，在"江汉汤汤——湖北出土商周文物展"的展览专题片中有大量的

3D 动画来介绍展览中多数文物制作过程中所用到的"失蜡法"。"失蜡法"是一种青铜等金属器物的精密铸造方法，做法是用蜂蜡做成铸件的模型，再用别的耐火材料填充泥芯、敷成外范。加热烘烤后，蜡模全部熔化流失，使整个铸件模型变成空壳。再往内浇灌熔液，便铸成器物。以"失蜡法"铸造的器物玲珑剔透，有镂空的效果。单纯的通过文字介绍这一制作工艺难免让一些观众觉得过于抽象甚至难以理解，但是，通过 3D 动画设计人员对珍贵历史文物的建模、材质、灯光、摄影、色彩、构图、解剖结构等知识的应用和设计，能制作出影视级的模型与渲染作品，可以模拟展示出文物通过"失蜡法"成型的过程，再配以文字和解说词，使观众对整个过程一目了然。

二、3D Stereoscopic技术

3D Stereoscopic 技术和 3D 动画技术有很大的区别，3D Stereoscopic 技术简称 S3D 技术，是在特殊的显示器或投影上显示双眼看到的画面，通过佩戴立体眼镜，让左右眼分别看到左右眼应该看到的画面，通过视觉残留现象，让我们大脑产生立体的动态影像。大自然给了我们一双能看到立体物体的眼睛，没有两只眼就不可能看到立体，在我们观看周围世界时，不仅能看到物体的宽度和高度，而且能知道它们的深度，能判断物体之间或观看者与物体之间的距离。结合这些视觉观看经验，通过 S3D 技术让左右眼在屏幕上看到相应的左右眼画面时，大脑就会根据经验将左右双眼看到的画面差异进行合成，呈现出立体效果。为更好地发扬和传承中国优秀的传统历史文化，又恰逢中国国家博物馆建馆 100 周年，中国国家博物馆与中央电视台合作完成的 3D 纪录片《国脉》就是通过 S3D 技术实现的，观众在观看 3D 纪录片《国脉》时需佩戴立体眼镜，四羊方尊、人面鱼纹彩陶盆等"明星"文物冲出屏幕，立体地展示在观众面前，许多观众在观看时不由得想要伸手去触摸，富有真实感。

第三节
中国国家博物馆 3D 影视技术
应用案例分析

一、3D《国脉》纪录片概述

2012 年恰逢中国国家博物馆建馆 100 周年。借此契机，中国国家博物馆、中央电视台联合摄制大型人文纪录片《国脉》，每集 50min，共 6 集，一经播出便受到来自社会各方面的一致好评。随后，主创人员又大胆实践，决心利用新技术进一步展现这一题材，经过长时间的筹备，3D 版人文纪录片《国脉——中国国家博物馆》于 2013 年 5 月 16 日发布并首映，该片不仅填补了中央电视台创作 3D 版历史人文纪录片的空白，也对中国国家博物馆 3D 技术公共教育的发展起到积极的推动作用。"3D 版的纪录片《国脉——中国国家博物馆》以大气、厚重、充满历史感的叙事风格，对后母戊鼎、四羊方尊、红山文化玉龙、人面鱼纹彩陶盆等数十件中国国家博物馆的镇馆之宝进行近距离展示，首次立体化呈现"古代中国""复兴之路"两大基本陈列，同时还通过航空拍摄、微距拍摄、升降运动拍摄、逐格拍摄等多种技术手法，多角度、多层面地展示经过改扩建后的崭新中国国家博物馆，并采用 4K 分辨率 3D 记录及无压缩后期制作技术，扩展了影像动态和画面细节，使得全片的画面更加细腻逼真，有很强的视觉冲击力，达到了影院和电视多重版本的要求。"① 在

---

①   央视网 3D 人文纪录片《国脉》启动仪式网络直播配文。

2013 年 5 月 18 日中国 3D 电视试验频道播出并取得了极大的好评。该片荣获第二届中国立体（3D）影视作品电视专题类最佳作品奖，并代表中国区入围美国电影电视学会 2014 年度评比竞赛。

二、3D《国脉》主要设备技术参数

3D《国脉》主要采用的是移动 EFP 技术、4K 3D 摄影机、宽泰后期系统等。①摄影机：索尼 HDC-P1，索尼 3D 一体机 PMW-TD300，松下 AG-3DPIMC，RED-EPIC 等。② 3D 支架：3Ality Pulsar 3D 支架。③图像处理器：索尼 MPE-200。④录像机：索尼 SR5800，SRW-1。⑤移动轨道：KONOVA K5 型电动延时轨道。⑥后期编辑系统：Mistika，宽泰 Pablo IQ。⑦三维合成：3D Max，Maya，Flame，Luster 等。⑧拍摄格式：1080/25p 逐行扫描，4：2：2 颜色采样。⑨记录格式：MPEG-4 码率 440Mbps。⑩逐格拍摄：AVC-Intra 码率 100Mbps。⑪4K 3D 素材：RAW/25p。

三、3D《国脉》的视觉特色

3D《国脉》的制作堪称精良，从导演到摄影师，不仅对于影视技术有着娴熟的掌握，同时为了更好地表现文物，主创人员对于文物知识的学习也没有松懈，对于所拍摄文物有着极其深刻的了解，因此，该片有着以下视觉特色。

1. 避免两极镜头带来的不适感

所谓两极镜头指大全景和大特写，3D《国脉》中有大量的全景镜头、特写镜头，其目的在于展示文物或建筑全貌以及细节。中国国家博物馆有着丰富且珍贵的藏品，向观众展示珍贵文物是该片的重要作用，中国国家博物馆在完成新馆合并后，其建筑本身也可视为一件艺术珍品，因此，通过全景镜头来呈现文物的魅力，建筑的气势以及通过特写镜头来表现细节再合适不过。区别于 2D 影视技术，3D 影视技术重点在于呈现物体的立体感，因此在拍摄过程中景别的选择要注意汇聚、瞳距、安全范围的设定，而检验其设定是否合理的标准在于观看起来是否舒适。因此，在 3D《国脉》中的全景和特写并非为大全景和大特写。

作为 3D 影片，由于受 3D 技术特殊性的影响，长焦镜头与广角镜头的选择直接关系到 3D 画面纵深空间的效果和视觉的安全范围。在 2D 影视技术中，长焦镜头可以压缩和虚化背景，通过"前实后虚"的虚实对比来实现加强空间感进而增强立体感。但是，在 3D 影视技术中，长焦镜头会过度压缩和虚化背景，影响立体效果的展现，因此在 3D《国脉》中特写镜头使用的是 135 mm 以内的镜头。同样在 2D 影视技术中，广角镜头可以获得广阔的视觉范围，是展示全貌，表现气势的有力工具，但在 3D 影视技术中，广角镜头会导致物体的线条发生形变，纵深空间过度拉伸，降低了画面的立体效果。因此，在 3D《国脉》中广角镜头使用的是 18 ~ 35 mm 的镜头。但此时会产生另一个问题，就是镜头焦距的限制可能使呈现内容受到限制，如要拍摄特写镜头，文物的铭文字非常小，若离文物太近可能对文物不安全，还可能受镜头最近对焦距离的影响而对不上焦，因此，必须注意机位的选择以及对拍摄距离的控制。相比于改变汇聚、瞳距或镜头焦距，改变机位对于控制画面立体效果更为直接。在控制拍摄距离的同时，还应该注意摄影机与前景、主体之间的关系，前景的选择是为了增强空间感及运动感。但是，若前景离摄影机太近的，前景就会超出前端的视觉安全范围，对人眼产生压力，而且极其容易喧宾夺主，弱化画面层次，立体效果变差。若前景离摄影机过远会导致前景与主体之间的相对运动减弱，画面效果会受影响。综上，在选取设置景别和机位时应该选用多少的镜头焦段和拍摄距离要考虑观众的视觉感受和心理感受。虽然两极镜头更能表现出文物和建筑的气势与精细，但是作为 3D 影片来说更多的还是要着眼于观众的观看舒适度。

2. "出屏"镜头的取与舍

所谓"出屏"镜头就是观众在观看影片时，人眼跟屏幕是有一段距离的，"出屏"就是要在拍摄镜头后方跟人眼之间显示影像，在日常观察事物，就等于是在人眼后方显示物体，基本是不可能的；但拍摄镜头可以利用人眼不能达成的方法处理，即利用不同的焦距，拉长景深，达到将屏幕线往前推的效果。"出屏"镜头仍然属于画面纵深空间设计的一部分，是 3D 影片视觉表现力最为突出的镜头，因此，对"出屏"镜头的使用要有所控制。3D《国脉》是一个时长约为 26 min 的纪录片，强烈的出屏感镜头仍然控制在个位数的数量，并且集中在部分桥段，而非贯彻全片，出屏感极强的镜头也是伴随着叙事高潮而出现的。比如 3D《国脉》中拍摄名

为"四羊方尊"的藏品，该藏品是中国青铜礼器藏品中的翘楚，其年代久远，并且整身器形四周为羊头型，羊头的外形也非常适合出屏动作的设计，所以在拍摄这件文物时，导演采用了一个出屏感极强的镜头来表现羊头部的质感与生命力。这样的"出屏"镜头堪称全片的点睛之笔。目前，很多3D影视作品往往为了突出强调立体感而滥用"出屏"镜头，物以稀为贵，滥用过后反而就没有新意和特色了，倘若3D《国脉》全篇都是"出屏"镜头，观片过后体验感将大打折扣。

综上，3D《国脉》在为观众立体的呈现出精美绝伦的精品文物同时还时刻兼顾观众的视觉感官体验，不仅是一次近距离的文化之旅，也是一场视觉盛宴。

四、3D《国脉》拍摄中的协调工作

3D《国脉》影片主要由中央电视台拍摄完成，但拍摄地与被拍摄物体都在中国国家博物馆，因此，需要馆内社会教育宣传部作为桥梁来协助中央电视台完成拍摄。社会教育宣传部需要根据馆领导与央视主创人员在工作协调会中所商讨的拍摄方案与其他部门进行沟通与协调。例如，经过与中国国家博物馆协调，主创团队某天要在"古代中国"展厅拍摄"四羊方尊"这件文物，在来的前一天主创团队需要提供第二天进馆车辆的车牌号，由社会教育宣传部相关人员经部门主任批准向中国国家博物馆安全保卫处递交申请，经保卫处领导签字后再交由中控室，完成登记，才能保证车辆入馆。在车辆经过安检入馆后，主创人员需在社会教育宣传部工作人员的指引下到达"古代中国"展厅，并通知保卫处人员在现场打开展厅大门。进入展厅后，根据主创团队的拍摄照明、用电需要，经社会教育宣传部工作人员向工程设备处递交用电申请，经同意后由楼控开启基础照明并在电工完成接电后方可用电。准备工作就绪，经社会教育宣传部工作人员向文物保管、展览部门递交申请，经批准后展览部、保管部工作人员来到现场确保文物安全，之后方能拍摄。在这一过程中，社会教育宣传部的工作人员全程不能离开，该部门工作人员所承担的就是协调工作。这一工作性质是连接馆内各部门与制作团队的桥梁，确保制作团队在中国国家博物馆的规定流程下高效地完成拍摄工作。

五、从3D《国脉》看3D影视技术在中国国家博物馆的应用价值

1. 文化资源与科技相融合的实践与探索

早在 2010 年，中国国家博物馆就开启了与中央电视台的战略合作计划，期望通过双方的共同努力，不断为观众提供高质量的文化服务产品。中国国家博物馆把"人才立馆、藏品立馆、学术立馆、服务立馆"作为办馆方针，致力于把优秀历史文化、革命文化和当代中国先进文化保护好、传承好、展示好的光荣使命，不断拓宽展示空间和服务领域。2012 年适逢中国国家博物馆建馆 100 周年，中国国家博物馆与中央电视台联袂打造了反映中国国家博物馆 100 年历史变迁的 6 集大型人文 2D 纪录片《国脉——中国国家博物馆 100 年》，在此之后，中国国家博物馆与中央电视台又合作了一部文化经典 3D《国脉》，它浓缩了原 6 集纪录片的精华，着重讲述了中国国家博物馆建筑的庄重、典雅、恢宏之美。以及展览陈列的厚重、精深、博大之美，展现了中国国家博物馆馆藏珍品背后的历史和文化价值，以及新中国的辉煌发展历程，让观众深刻感知中华民族源远流长的历史文化。从《国脉》到3D《国脉》这一举措开启了国家文化机构与媒体的深层次合作，既得益于中国国家博物馆作为中华文明守护者的文化自觉，也得益于馆领导充分利用电视传播优势传播中华文化的战略远见，中国国家博物馆把馆藏的珍贵历史文物与央视走在时代和科技前沿的 3D 技术进行融合，打造出制作精良的经典案例。对于博物馆来说，通过 3D 技术向观众呈现文物的方式可以更好地实现公共教育的目的，丰富观众了解文物的渠道，并能在电视、电脑端率先真实、立体地感受文物的魅力，并进一步激发观众对于文物浓厚的兴趣，从某种程度上改变了观众只能来到博物馆隔着展柜看文物的状况，并成功地为文化资源与科技的融合进行了探索。

2. 3D《国脉》在北京市中小学"四个一"活动中的应用

《北京市中小学培育和践行社会主义核心价值观实施意见》中明确要求，每个学生在中小学学习期间至少参加一次天安门广场升旗仪式，分别走进一次中国国家博物馆、首都博物馆、中国人民抗日战争纪念馆，简称"四个一"工程。市教委委托北京市基础教育研究中心，依托中国国家博物馆、首都博物馆和中国人民抗日战

争纪念馆研发学生实践学习任务单，引导学生带着问题和思考进入场馆。采取馆前准备、馆中教育、回校交流的三阶段教学模式，有效固化了教育成果。中国国家博物馆为北京市中小学"四个一"活动做出了积极的准备工作，不仅为中小学生编排了严谨、精美的学习任务单，还利用自身资源安排了生动的专职讲解员讲解活动，组织中小学生在馆内报告厅佩戴 3D 立体眼镜观看、欣赏、学习了 3D《国脉》，通过虚实结合的方式，让学生们对于文物有了深刻的了解。该片的播放地点在中国国家博物馆的多功能报告厅，该报告厅能同时容纳 270 余人，平均每日能播放 3 场，学生们在观看过后会在专职讲解员的带领下到展厅实际参观学习，这种实际参观学习与观看影音资料相结合的方式使学生们深刻了解了我国悠久的历史文化知识，学习了爱国主义精神，树立了文化自信，为成为未来优秀合格的接班人打下坚实的基础。

中国国家博物馆是以历史与艺术并重，集收藏、展览、研究、考古、公共教育、文化交流于一体的综合性国家博物馆。它致力于把优秀历史文化、革命文化和当代中国先进文化保护好、传承好、展示好、发展好，延续民族血脉、弘扬民族精神，同时展示世界优秀文明成果。秉承这一光荣的使命，中国国家博物馆将紧跟时代步伐，勇于开拓和创新，此次博物馆与 3D 影视技术的成功融合在不久的将来会掀起一场科技与文物融合的热潮，会用更多先进的技术与文物融合让文物活起来，并通过多种途径和呈现方式将中华 5000 年来的灿烂文明传承发展下去，让中国国家博物馆在历史的长河中生生不息。

参考文献

［1］刘欢. 3D 电视制作技术探究［D］. 山东师范大学，2012.

［2］赵永华，姚金丽.《国脉》之 3D 摄影造型［J］. 中国电视（纪录），2013(11)：8-26.

［3］戴正. 基于汇聚面对 3D 影像观影舒适性影响的研究［J］. 上海理工大学学报，2015,37(02).

［4］李萍. 3D 动画的制作流程与技术分析［J］. 无线互联科技，2014(08):177.

［5］王长丰. 中国商周青铜器鉴定与鉴赏［J］. 文物鉴定与鉴赏，2015(08)：26-31.

| CHAPTER 8 | 第八章

试析博物馆媒体资产管理系统的解决方案

王 扬

中国国家博物馆自成立已经走过百余年的光辉历程，馆内收藏了 130 多万件珍贵历史文物，记载着中华民族 5000 多年文明足迹。博物馆文物的信息化是文物信息传播的最好载体，而数字化是文物信息化的基础工作。在实际工作中，文物的数字化就是充分应用各种技术手段来对文物的各种信息资料和数据资料进行收集、整理和加工。在文物管理实现数字化过程中，由于文物特殊性较为突出，与普通资料相比，博物馆的文物具有历史性、艺术性特征并具有一定的真实性，因此，主要采用的方式就是多媒体应用方式。

　　中国国家博物馆的多媒体音像资料从 1983 年开始进行保存，截至目前，有 30 多年的历史，积累了数千小时的宝贵音视频资料。早期的音像资料保存的主要介质是盒式磁带，后期由于技术的多样化发展，出现光盘等多种形式的存储介质。在 30 多年的资料管理中，这些介质体积较大，长年累积下来的资源，需要腾出很大的空间进行存放，并且这些磁带防潮、防尘的性能较差，需要投入很大人力物力去保养。

　　从另一角度出发，当媒体资产存放在仓库里，只能算是一座还未开发的金矿。想要实现媒体资产的价值就需要源源不断地开发再利用。而传统方式保存的音像资料在使用的时候，由于磁带量巨大，检索查询困难，利用率低，许多非常有价值的资源很难整合，许多珍贵的镜头无法再现。

　　为了解决音像资料在长期保存和有效再利用两方面的瓶颈，数字化媒资系统的建立势在必行。

第一节
媒体资产管理系统概述

媒体资产管理系统（VISMAM）简称媒资管理系统，是为数字电视、移动电视、多媒体内容发布等业务需求而开发的内容管理平台，主要是对各种类型的视频资料、音频资料、文字、图片等媒体资料的数字化存储、编目管理、检索查询、非编素材转码、信息发布以及设备和固定资产等进行全面管理的系统。

建立 VIS MAM 的目的是建立起一个完善的系统，保存和管理好这些宝贵的资料，并使之得到最大利用，创造良好的经济效益和社会效益。

一、媒体资产管理系统的作用

我国的广播电视正经历一场数字化、网络化的技术革命，这场变革必将给广播电视行业带来历史性的发展机遇和挑战。如何顺应信息化发展的大趋势，整合自身与外部资源依靠科技创新，将广播电视从传统媒体转变到现代媒体，是摆在广播电视工作者面前的一个严峻的现实问题。

近年来，随着电视台节目内容不断丰富，节目形式也多种多样，涉及政治、经济、文教、科技、娱乐、法律等各个领域，节目资料中包括大量的文字、图片、图像、声音等形式的信息，这些信息具有量大、准确、及时和丰富等特点。这些资料既是巨额财力投入的结果，也是电视台全体员工辛勤劳动的成果和智慧的结晶，还

是在未来激烈的市场经济竞争中得以持续发展的基础。

基于"内容技术"的海量媒体资源是推动媒体行业发展的原动力，任何形式的内容都是媒体的核心资产。数字化时代创建了以内容为核心的全新技术，即只需创建内容资产一次，然后就可以以不同的形式，在不同的市场环境下，利用不同渠道，重复对其进行再利用和销售，带来新的增长点和赢利机会。

鉴于此种情况，近几年媒体资源管理系统在广播电视系统的推广和使用非常迅速，国内也涌现出了众多媒体资源管理系统研制厂商。媒体资源管理系统在广播电视领域有着越来越重要的意义和作用。

二、媒体资产管理系统的功能设计原则

媒资管理系统是负责识别、捕获、数字化、存储、检索、利用和再利用多媒体素材的过程的系统。创作过程产生的音视频素材被称为原始素材，与原始素材描述相关的信息被称为元数据，而"内容"则被定义为原始素材与元数据的结合。资产是内容与权限的结合。因此，媒体内容一定要有使用价值，具有使用价值的媒体内容，单位及社会才愿意付费购买及使用，使其能真正成为资产。因此，媒体资产管理系统的核心，即数字化、存储、编目、检索等的技术设计及实施，都应以实现媒体内容的最大使用价值为目的。资产使用价值的最大化也就意味着利益的最大化。

为了使媒体资产产生最大使用价值，媒体资产系统的设计应符合以下原则。

（1）媒体资产管理系统首先应实现资料管理功能，包括各种音视频素材，图片，文档等资料的归档、检索、管理等。

（2）媒体资产管理系统应满足资料的再利用，为节目生产服务，便于用户搜索利用珍贵素材和历史镜头，丰富节目制作内容，提高节目生产效率，改进工作流程。

（3）媒体资产管理系统应能与新闻、后期制作系统、播出系统、数字电视节目平台、IPTV以及本单位综合信息网络系统互联互通，并为它们提供服务。

（4）媒体资产管理系统应包括资料的交换与运营管理，有自主知识产权的节目资料可以利用网络进行节目交流或作为商品在线销售，最大化实现媒体资产的价值。

（5）媒体资产管理系统应具有用户认证、版权控制及系统安全管理等功能，实现更好的安全防护，提供授权等。

三、媒体资产管理系统的功能组成编辑

整个媒体资产管理系统的功能分为 8 个功能模块，每个模块的功能如下。

（1）筛选（挑选）整理模块：是媒资系统的归档，待播内容来源的接口模块，主要的功能是为媒资系统提供内容的筛选、审核、整理、迁移。内容来源主要有制播系统（新闻、制作、数字电视、广告等网络）和传统片库等。

（2）转码／处理模块：该模块主要功能根据"筛选整理模块"提供的任务信息，检索浏览模块提供的回迁任务信息，对指定的资料集进行转码／处理，可根据任务请求情况进行任务分配，将原音视频文件转成目标格式。该模块根据任务中描述的入点出点信息，可实现资料片段的剪辑合并，并对转码／处理完成的视频文件进行质量审核。

（3）著录／编目模块：对媒资库中的资料进行编目和分类。本模块可排定编目计划并分配编目任务，对媒资系统中的文件进行一次编目，二次编目等，还可对编目的描述信息进行审核修改。

（4）检索浏览模块：可实现媒资库中资料的发布并提供用户的检索浏览。其中包括浏览器方式的检索和流媒体浏览，用于资料员资料管理的检索浏览。该模块可提供多种方式的检索浏览机制。

（5）上下载服务模块：本模块的功能主要是提供传统介质（或视频信号）的编码，生成数字化视频文件，并有效管理客户的下载请求，提交所需的视频资料。可进行上载的任务编排，编码，根据下载申请者的要求，完成视频切割组合、转码，或下载到其他介质。

（6）媒资存储模块：作为资料归档、检索和调用的存储中心，为各种业务数据提供安全可靠的集中保存空间。提供在线与近线的归档／迁移功能和相应的任务管理、分配、审核功能，提供音视频检索存储访问。

（7）后台管理模块：实现整个媒体资源管理系统的管理功能，它的主要功能包括版权管理、资料管理、信息统计、核算管理、权限管理、业务流程管理、业务流程定制、业务流程监控和网络管理。

（8）节目编排模块：对播出节目串联单进行编排。

第二节
馆内媒资管理的主要业务需求分析

一、多媒体资料数字化采集的需求

30 多年来，中国国家博物馆保存的视频磁带种类繁杂不一，早期视频资料的储存方式以盒式视频磁带为主，随着 20 世纪后期磁头和磁带制造技术不断提高，各家公司的产品不断迭代更新，新的产品能以更小的体积储存更多内容，因此，馆内在不同时期采购的磁带也会进行迭代，博物馆内磁带仓库中储存了 Betacam、VHS、DV、DVCPRO、DVCAM、HDCAM、Digital-Betacam 等多种格式的磁带以及对应的多种格式的录像机。实现数字化媒体资料管理系统的第一步，就是将存在磁带里的模拟或数字的多媒体信息转换成数字化的文件数据存入磁盘中。数字化采集的过程，是通过非线性编辑系统的采集工作站，将需要数据化的视频信号转换为标准的格式存入磁盘。文件数据化之后具有以下特点：设备种类和介质形式无关、支持异步或非等时性传输、无误码的传输、无损复制。

这些特点无疑是媒资系统对文件在传输、共享、交换、长期保存等方面的前提条件。

二、数字化编目和检索需求

当数字化多媒体资料进入媒体资料管理存储中后，媒体资料管理系统作为一个通用的资源库平台，要长期稳定安全地保存这些资料，同时，还有一个最大价值的功能——实现资源再利用。而编目和检索，是媒体资料管理系统资源再利用的两大核心问题：检索是再利用的关键，编目是检索的基础。编目指在信息描述的基础上编制目录，对信息资源的形式和内容信息进行分析、选择及记录，并按照一定的规则有序地组织起来，主要目的是通过建立基于对数据准确描述的编目标准和分类标准，让用户在使用过程中能够方便地查找数据。编目是系统进行元数据加工管理的核心，只有经过科学、严格的编目，被储存的资料才能被用户方便地浏览、查询、检索和调用。

三、资源再利用需求

工作人员需要从媒资系统中查找素材时，可以通过 CS 和 BS 两种方式登录到系统检索查询。用户通过系统提供的多种查询方法快速地查找到资源，用户检索过程中，文字、图片、低码流视频在 Web 端可以立刻浏览，高码流节目的输出需要从带库或磁盘阵列缓冲池下载，需要支持片断下载输出，用户可直接在低码流上标记出需要下载片断的入点、出点，提交下载申请，将只下载入点、出点部分的素材。审批通过后，系统会通过存储管理软件完成节目的自动迁移。节目片断通过下载工作站以数字、模拟视音频方式输出，完成节目下载。

第三节
馆内媒资管理的业务流程分析

数字化采集流程、媒资入库流程和媒资出库流程分别对应图 8-1、图 8-2 和图 8-3。

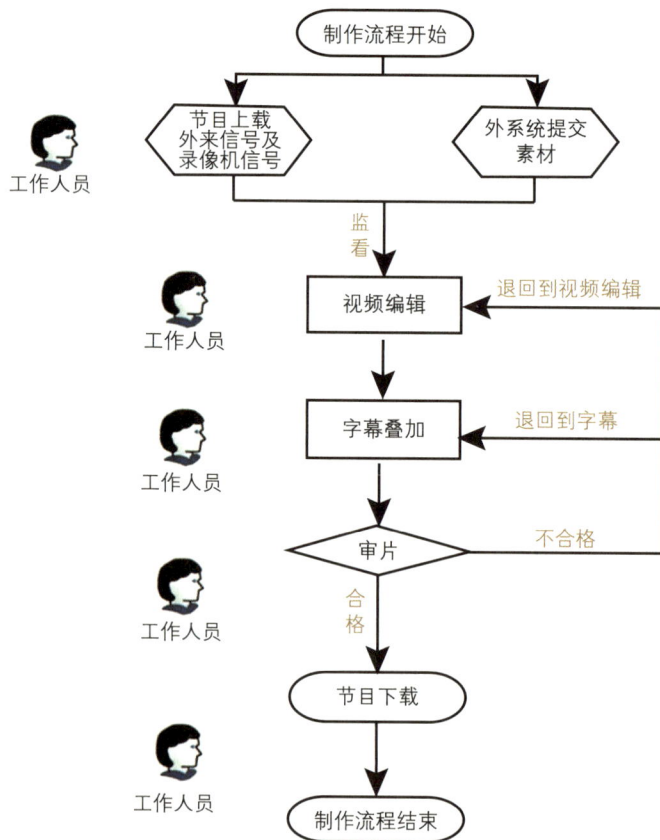

图 8-1　数字化采集流程

媒资入库流程

媒资入库流程开始

工作人员

节目导入   节目上载   外系统提交素材节目

工作人员

任务分配

工作人员

编目   退回到重新编目

工作人员

审核   不合格

合格

发布

归档

工作人员

媒资入库流程结束

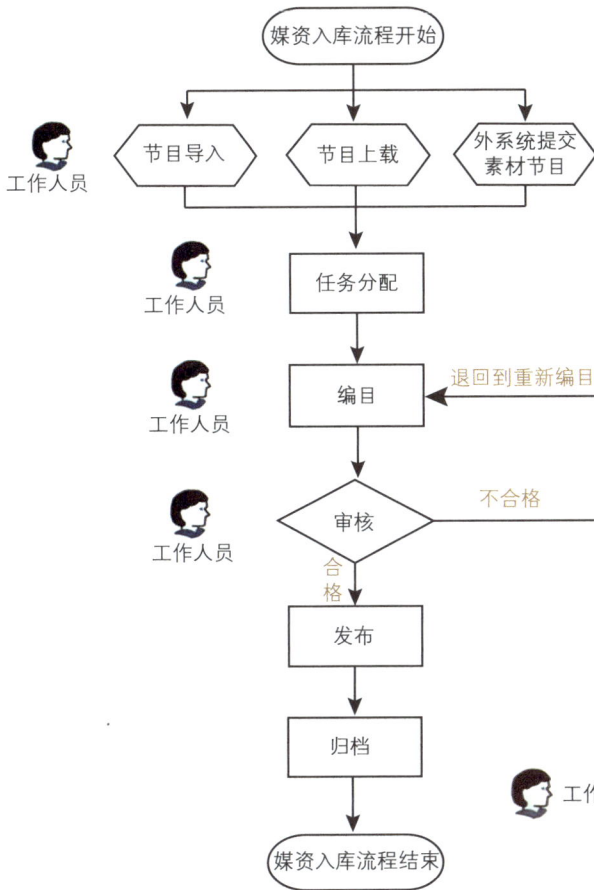

图 8-2 媒资入库流程

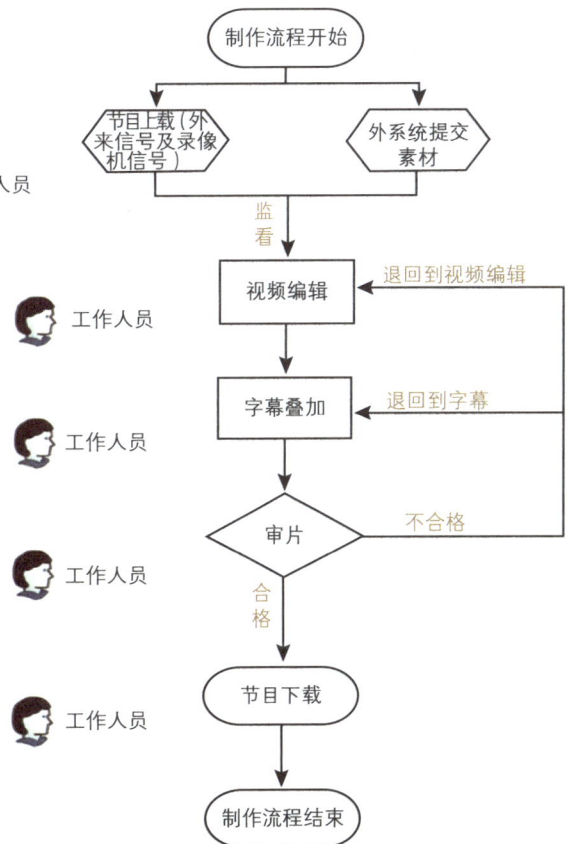

制作流程

制作流程开始

节目上载（外来信号及录像机信号）   外系统提交素材

监看

工作人员

视频编辑   退回到视频编辑

工作人员

字幕叠加   退回到字幕

工作人员

审片   不合格

合格

工作人员

节目下载

工作人员

制作流程结束

图 8-3 媒资出库流程

第四节
馆内媒资系统设计方案

一、数字化视频格式标准

系统设计中，标准的选择永远在首位，系统的构建是以标准为基础的，因此设计数字化媒资系统的第一步，需要根据馆内磁带的种类、数量以及统一数字化文件的储存格式，提前制订数字化采集的标准以及采集计划（表8-1）。

表 8-1　中国国家博物馆媒体资料管理系统视频格式标准

项目	制作子系统	媒资子系统
高清部分		
高清视频格式	openDML_avi	openDML_avi
制式	HD1080i-25	HD1080i-25
视频类型	MPEG2_I	MPEG2_I
码率	100M	100M
颜色格式	YUVP420	YUVP420
音频文件格式	MSVFW_WAV	MSVFW_WAV
音频编码类型	PCM	PCM
音频采样率	48kHz	48Khz

项目	制作子系统	媒资子系统
声道	Mono	Mono
低码文件格式	ISO MP4/H264/2M/H264high/ 去交织	ISO MP4/H264/2M/H264high/ 去交织
标清部分		
文件格式	openDML_avi	openDML_avi
制式	PAL	PAL
视音频解码类型	DV50	DV50
颜色格式	YUVP11	YUVP11
图相比	720×576	720×576
低码文件格式	windows Media	windows Media
编码类型	windows Media	windows Media
码率	800kb/s	800kb/s

二、媒资编目标准

狭义上说，广播电视音像资料编目规范（以下简称编目标准）的制定是为了服务于媒体资产管理系统的建设，通过标准的制定和实施，使得音像资料编目数据库具有统一的设计依据，同时也为系统建成后编目数据的加工生产提供指导性依据。广义上说，编目标准的制定不仅对媒资系统的建设和应用有重要意义，同时，由于广播电视制作播出环境的数据化网络化发展，标准中提出的编目项目将对广播电视节目采编、制作、存储、交换、播出、接收等各个环节信息的规范化收集整理起到借鉴作用，同时方便海量珍贵的音像、文字和图片信息资料的再利用。

根据视频资料本身的特点，视频资料部分的元数据项总体上分为 4 个层次，从上到下分别是节目层、片段层、场景层、镜头层。每个层次分别包含相应的元素类，在元素类下面是各层对象的具体编目元数据项。例如，场景层包括 5 种元素类：题名、主题、描述、格式和关联。而描述元素类包含内容描述、事件发生日期、现场同期声 3 个具体的编目元数据项。

三、系统设计

1. 系统流程设计

制作审片流程见图8-4。制作系统主要用于专题片和新闻的制作，能够整合有价值的素材资料、制作完成的成片提交到媒体资源管理系统保存，媒体资源入库流程见图8-5。 资料入库，能够将历史资料、成片资料、有价值的素材归档保存，并提供资料检索下载的平台（图8-6）。媒体资源素材调用可以直接传输到制作子系统、资讯播控系统或下载到指定路径。

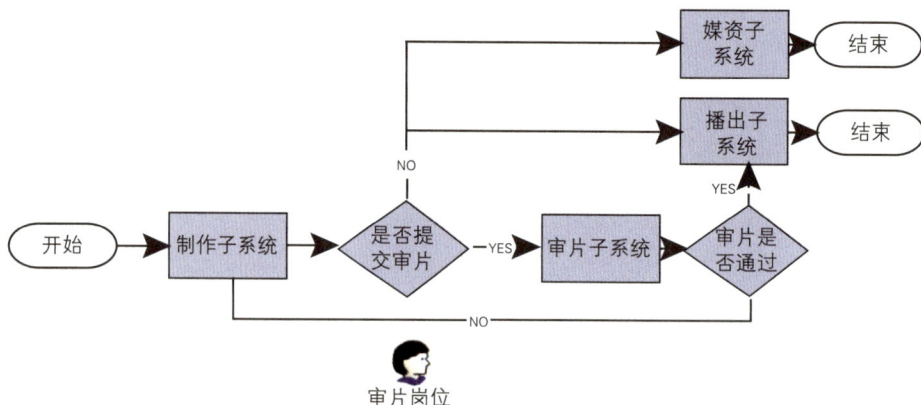

图 8-4 制作审片流程

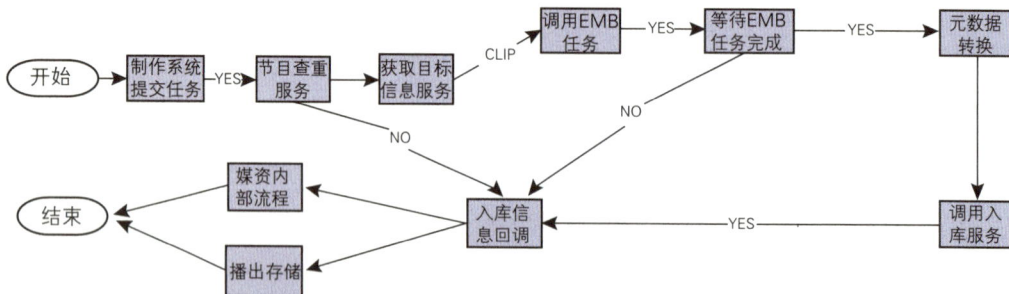

图 8-5 媒资入库流程

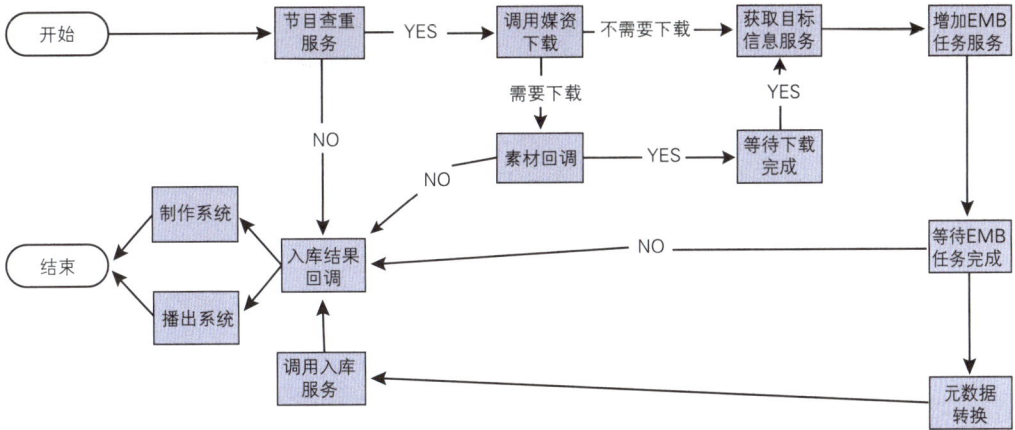

图 8-6　媒资调用流程

2. 媒体资源管理系统结构及功能

根据业务流程需要，系统主要由制作子系统与媒体资源管理子系统两个部分组成（图 8-7）。制作系统中主要包含了非线性编辑工作站，能够实现磁带中音视频

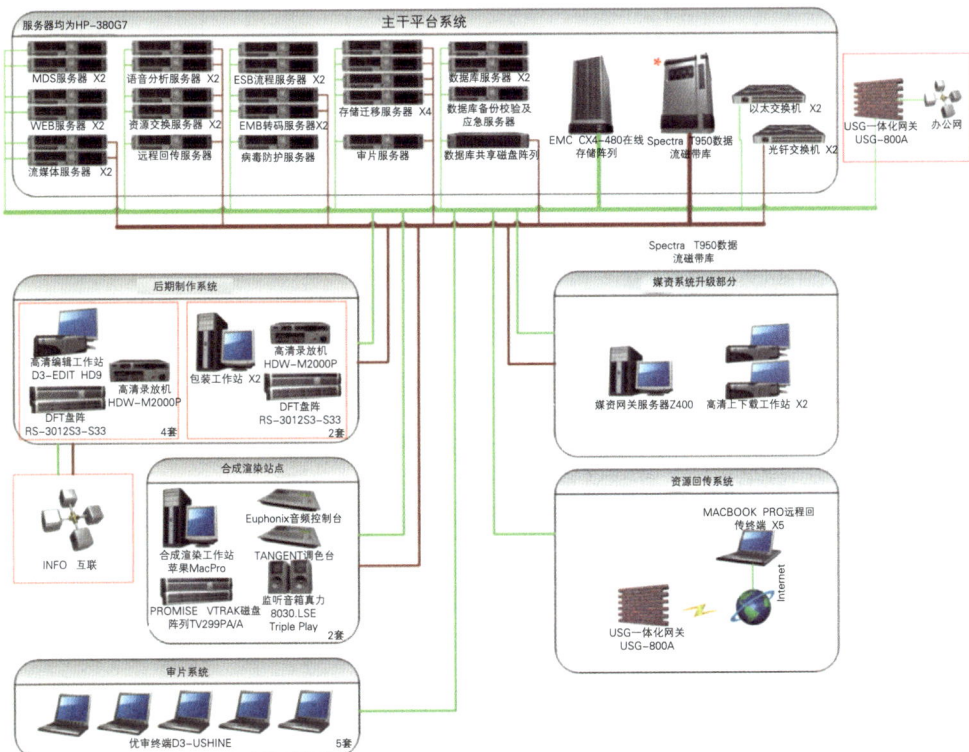

图 8-7　媒资系统结构

内容的数字化采集，音视频、图片文件导入，节目剪辑，特级制作，字幕制作等功能。媒体资源子系统主要由 4 个模块组成：前台应用模块、业务支持模块、存储模块和网络模块（图 8-8）。前台应用模块主要包含上下载、编目和系统管理三部分来实现系统的业务需求。上下载模块包含传统磁带的采集上载模块、下载至传统磁带的模块、上载 QC 审核和下载审核模块。

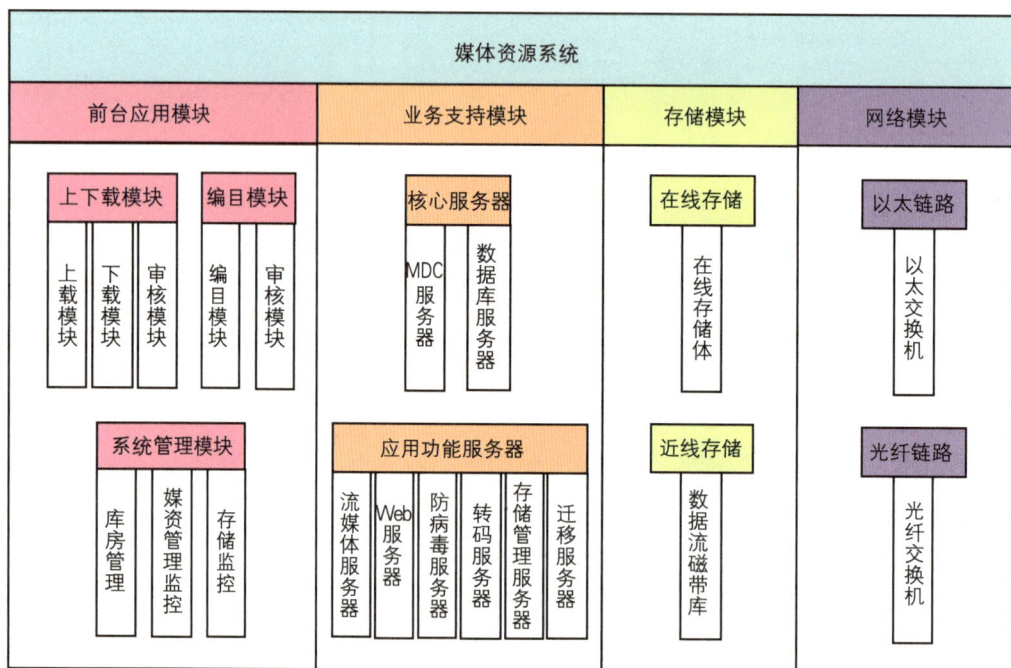

图 8-8　媒体资源子系统构成

（1）音像资料的采集上载工作站是媒体资源系统的前端。采集上载兼顾了数字化编码质量，编码格式的通用性、兼容性以及存储占用空间大小等问题。采集上载的主要功能有可遥控多种型号的录像机并支持多种格式的音视频素材上载，支持模拟复合、模拟分量、SDI、SDTI 视频信号的采集；可生成多种码流格式（MPEG-2 IBP、DV 等）；支持双码流采集（高码、低码）；支持多种高标清格式；支持嵌入式音频输入输出。采集上载界面见图 8-9。

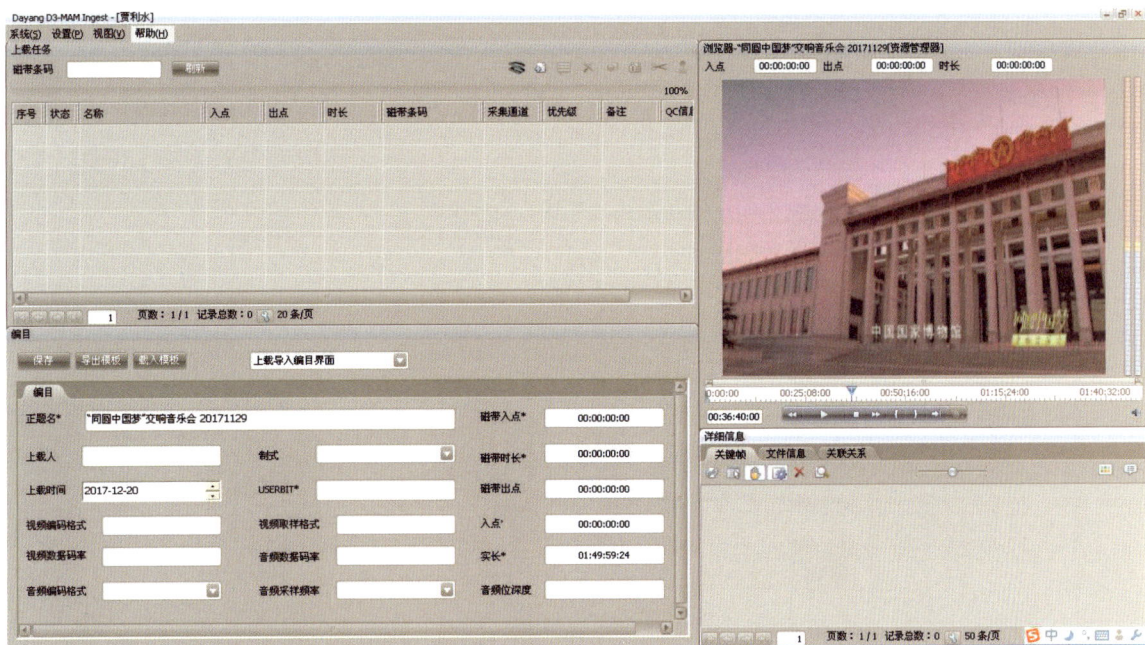

图 8-9 采集上载界面

（2）下载及审核模块的主要任务是将媒体资源系统中的资料通过模拟或数字的方式录制到传统录像带或 DVD 光盘中或直接下载文件。当用户查询到所需节目并提交下载申请表后，系统会自动通知审查人员对下载节目内容进行审查。审查通过的需要下载输出节目将通过存储管理系统自动下载到缓冲池。此时，在下载工作站中按照下载申请单生成下载任务。当下载完成后，系统会自动将用户下载的相关信息记录下来，以便系统对下载节目管理和统计。下载及审核界面见图 8-10。

（3）编目模块由分层编目的编目模块和编目审核模块组成，编目模块是元数据的生产单元。编目的信息中，有一部分程序会自动从视频文件中直接提取市场、视频信息、音频信息等内容完成自动编目，需要人工编目的部分包括对数字化资源进行标引和著录，按照编目标准，通过完整的文字描述，将视音频素材真正转化成能够再利用的媒体资产。界面见图 8-11。

（4）系统管理模块由系统管理中心、工作流程管理和业务管理模块组成。

（5）业务支撑模块包含核心服务器模块和应用功能服务器模块，业务支撑是前台业务软件实现业务的基础。

（6）核心服务器模块包含 MDC 存储管理服务器，数据库服务器。MDC 服务

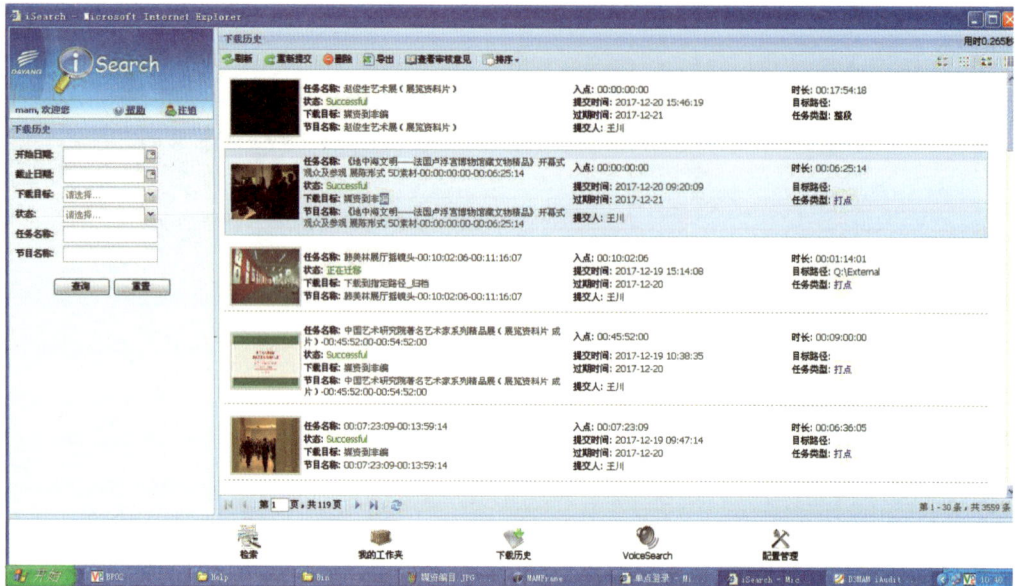

图 8-10　下载及审核界面

图 8-11　媒资编目界面

器是元数据管理服务器。它是 SAN 网络中设备访问磁盘阵列文件最为重要的核心服务器。各种工作站向盘阵存取素材发送控制信息时，首先需要 MDC 设置盘阵的分区信息，通过 MDC 访问盘阵。为了提高系统的可靠性，馆内采用了主备冗余设计。数据库是存放元数据的中心，处于核心位置。数据库服务器是元数据存储和管理中心，是系统的关键部件，同时，数据库服务器还是内容管理的权限管理中心，用以管理整个非结构化对象信息的访问权限控制。数据库服务器底层基于关系型数据库，可以直接使用管理结构化数据的并行数据库来存储管理所有的元数据信息、安全权限控制信息、用户信息，并支持参量检索、多次检索等查找方式。馆内配置了主备数据库服务器，同时配置了数据库共享阵列作为数据库的集群，统一存储节目的数据信息。馆内媒资系统中，制作子系统数据库使用 SQL Server2008，媒体资源子系统使用 Oracle 10g。

（7）应用功能服务器包含用于流媒体发布的流媒体服务器、用于媒体资源检索发布的 Web 服务器、用于全网络病毒管理的防病毒服务器、用于系统转码和跨系统数据迁移的转码服务器、用于带库存储管理和带库控制的分级存储管理服务器、用于近线在线数据迁移调度的存储迁移服务器（图 8-12）。馆内业务支撑模块的服务器硬件配置使用的都是惠普 380G7 服务器，配置了 2 个 4 核至强 E5506 中央处理器，内存为 DDR3、NC382i 双端口多功能千兆位服务器适配器（4×1Gb RJ45 电口）。内置 8 块 146GB 2.5 英寸 SAS 硬盘，2 个 460W 热插拔冗余电源。

（8）存储模块包含在线存储、近线存储以及离线存储。三种存储体相互配合，在媒体资产管理系统的管理软件定义的迁移策略控制下，既可保证资料的访问速度，又可扩充系统的存储容量。

1）在线存储模块主要由 iSCSI 或 FC 在线存储盘阵构成。在线存储指存储设备永久连接在计算机系统中，并随时保持可实时快速访问的状态。在线存储设备通常具有很高的访问速度和良好的反应能力，适合访问要求频繁并且对反应和数据传输都要求较高。[4]中国国家博物馆媒体资源存储模块中在线选用 EMC CX4-480 磁盘阵列，该磁盘阵列拥有冗余设计的双控制器，3 套 4GB 接口磁盘扩展模块（套最多安装 15 块磁盘），配置 42 块 450GB 光纤接口硬盘，容量达到 18TB 左右。这种模块化结构能够实现今后的扩展和灵活配置（图 8-13）。

图 8-12 服务器照片

图 8-13 媒资在线存储模块

2）近线存储模块主要由数据流磁带库构成，数据流磁带库包括现有已经灌满数据的和新的数据流磁带库，由并行运行的双带库支撑近线存储。近线存储介于在线存储和离线存储之间，既可以做到较大的存储容量，又可以获得较快的存取速度。近线存储设备一般采用自动化的数据流磁带或光盘塔，主要用于存储与在线设备发生频繁读写交换的数据。近线存储设备本着为未来利于扩展考虑，选用了Spectra T950 LTO-4 大型可扩展数据流磁带库。配置了 2 台 LTO-4 磁带机，500个磁带仓位，容量可达 800 TB，按照 100 MB/s 的 MPEG2 IBP 高清节目素材计算，实际可储存约 2 万小时。该磁带库最大可扩展到 920 个磁带仓位，容量约 1.4 PB（图8-14）。

图 8-14　媒体资源近线存储模块

3）离线存储指存储设备或存储介质平时没有装在计算机系统中，在存取数据时，需要将存储设备或存储介质临时性地装载或连接到计算机系统中，当数据访问完成后可以脱开连接。离线存储通常价格比较低廉，如磁带、软磁盘或光盘等，可以将总的存储量做得很大，但是由于离线到在线的存储介质的装载过程很长，所以离线存储一般用来存储不常用的冷数据。中国国家博物馆离线存储配置的是与近线磁带库匹配使用的数据流磁带（图 8-15）。

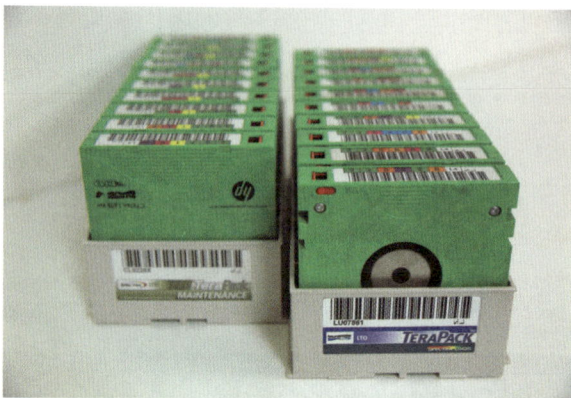

图 8-15　媒体资源离线存储模块

（9）网络模块主要由以太交换链路和光纤交换链路组成。以太交换链路主要由千兆以太链路组成，在 IPSAN 架构下支撑全网的媒体数据和元数据的传递，在 FC 架构下支撑全网的元数据读取和传递（图 8-16）。光纤链路主要由光纤数据传递链路组成，主要用于存储管理服务器与带库的控制、存储迁移服务器与带库驱动器间的数据传输，光纤链路可由光纤交换机模式或服务器与带库直连的光纤线两种模式组成（图 8-17）。

图 8-16　网络线路模块

图 8-17　光纤线路模块

第五节
博物馆数字资源应用实践

中国国家博物馆媒体资源管理系统自 2011 年建成后，为馆内多媒体资源的管理发挥了重要的作用。所拥有的媒体资源如表 8-2，图 8-18 ～图 8-24 所示。

表 8-2　媒体资源概况

	2012 年	2013 年	2014 年	2015 年	2016 年	2017 年
素材入库量（h）	2430	776.5	483.75	336.4	538.5	384
素材编目量（h）	—	522	338	301	186.4	161
成片量（h）	—	—	—	70.7	69.7	55.6
磁带库使用总量（T）	130	190	262	348	411	448.7
播出量（h）	300×10	365×10	365×10	365×10	365×10	365×10
为外单位提供资料（次）	—	—	508	450	522	543

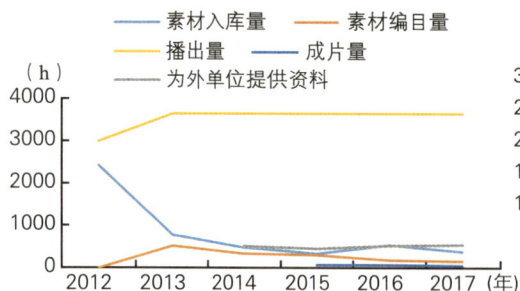

图 8-18　媒体资源数字资源应用实践数据

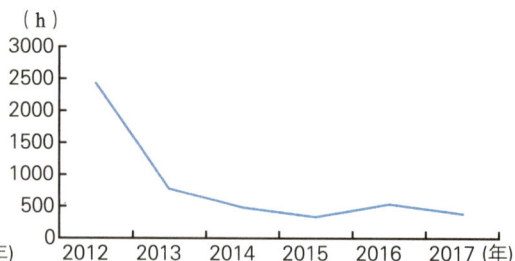

图例：素材入库量　素材编目量　播出量　成片量　为外单位提供资料

图 8-19　素材入库量

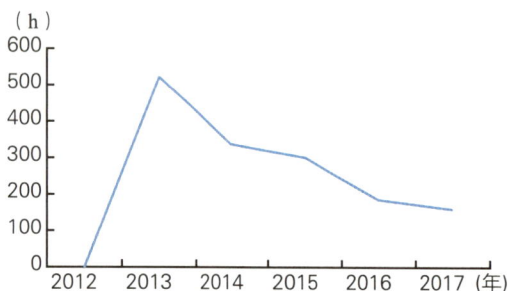

图 8-20　素材编目量

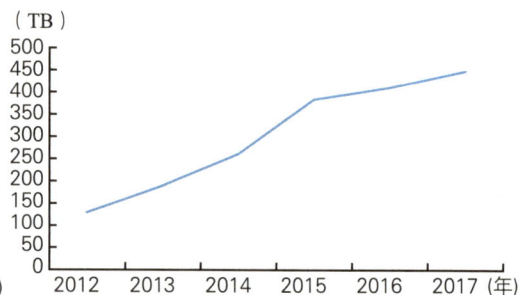

图 8-21　磁带库使用量

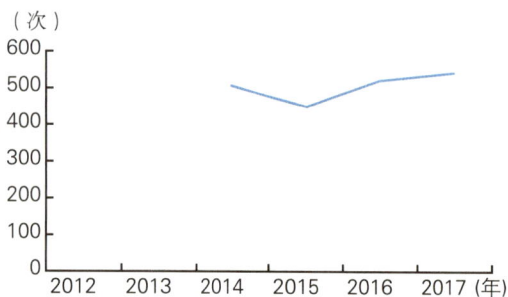

图 8-22　为外单位提供资料次数

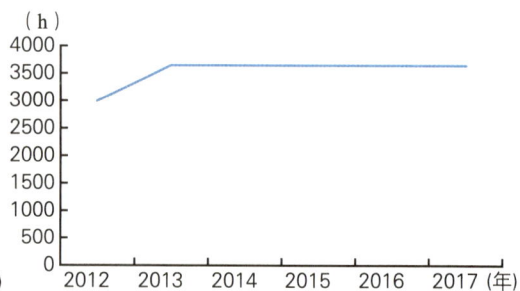

图 8-23　资源年播出量

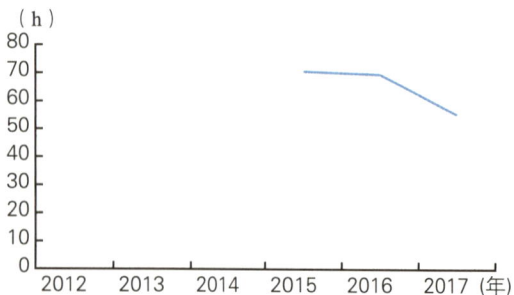

图 8-24　成片量

1.媒体资源存储素材类型

素材类型的分类和示例见表 8-3。

表 8-3　媒体资源存储素材类型

素材： 视频素材 图片素材 ● 建筑外景类 ● 文物素材类 ● 展览陈列类 ● 历史资料类 ● 新闻类（重要活动：领导外宾参观、展览开幕式、新闻发布会、节目演出类等） ● 教育体验课 ● 名人专家讲座和采访 ● 观众参观镜头等	成片： 《国脉》 可能需求的素材：建筑外景镜头、展览陈列镜头、文物素材镜头、历史资料、相关采访镜头、观众参观镜头等 ● 展览专题纪录片如，《大美木艺——明清家具精品展》《大英》《大象中原》等 可能需求的素材：展览陈列镜头、文物素材镜头、历史资料、开幕式和新闻发布会镜头 ● 观众参观镜头 ● 宣传片《阳光少年——暑期教育体验活动》 ● 《名人名家名画》 ● 需求素材：名家讲座、作画示范 ● 《漫步国博史家课程》系列（需求素材：教育体验活动镜头、文物素材镜头） ● 动画宣传片《文明参观》《公共服务法》

2.媒体资源系统在馆内活动中应用实例

（1）历史资料数字化入库保存与再现。媒体资源库建成后的第一项重要工作就是将全部的历史资料数字化并编目入库保存，这些历史资料中包含了很多珍贵黑白画面素材，是重要历史事件的见证。中国国家博物馆承担着历史文化传承和社会教育的重任，这些历史资料与文物一样，都是不可或缺的宝贵资料，从不同的角度让观众了解历史。例如，2016 年特展"天下为公大道行——纪念孙中山诞辰 150 周年大型馆藏文物展"中调用了媒体资源中孙中山宣言发表及相关资料，丰富了展览内容（图 8-25）。

图 8-25　孙中山宣言发表及相关资料

（2）展览专题片制作及相关多媒体素材的保存。中国国家博物馆除了常设专题及基本陈列展览外，平均每年还要开展近 20 个特别展览项目。每个展览都是独一无二的，展览中的文物，特别是与国外博物馆合作办展中的珍贵展品，短期内很难再次见到，为了将文物资料留底，馆内会对每个展览进行详细拍摄并制作展览专题片。每个展览相关的照片、视频素材以及专题片成片均保存在媒资系统中，每年均有 200h 以上的完整专题片及 1000h 以上的素材入库。表 8-4 是 2011 年开馆至今，馆内承办的展览列表，其中每个展览都有一部专题片和大量相关图片及视频素材存档记录。

表 8-4　馆内展览一览表

序号	开展日期	展览名称
1	基本陈列（长期）	复兴之路
2	专题陈列（常设）	中国古代佛造像艺术
3	专题陈列（常设）	中国古代青铜艺术
4	基本陈列（常设）	古代中国
5	长期陈列	领袖·人民——馆藏现代经典美术作品展
6	专题陈列（常设）	中国古代玉器艺术
7	专题陈列（常设）	中国古代钱币
8	专题陈列（常设）	中国国家博物馆建筑设计展览
9	专题陈列（常设）	中国国家博物馆馆藏非洲雕刻艺术精品展
10	专题陈列（常设）	中国古代瓷器艺术展
11	专题陈列（常设）	友好往来 历史见证——党和国家领导人外交活动受赠礼品展
12	专题陈列（常设）	宋代石刻艺术
13	专题陈列（常设）	大美木艺——中国明清家具珍品
14	2014 年 12 月 9 日开幕	塑魂鉴史——吴为山创作侵华日军南京大屠杀遇难同胞纪念馆扩建工程主题雕塑展
15	专题陈列（常设）	中国国家博物馆典藏——中国古代书法
16	专题陈列（常设）	中国现代文化名人蜡像艺术展
17	2014 年 1 月 28 日—2 月 6 日	开拓者的远见与智慧——中法建交 50 周年回顾展
18	2014 年 1 月 28 日—2 月 28 日	迎甲午马年—楹联书法展
19	2014 年 2 月 28 日—3 月 6 日	中国春节走向世界——"欢乐春节"5 周年回顾展

续表

序号	开展日期	展览名称
20	2014 年 3 月 29 日—4 月 18 日	工·课——黄致阳作品展
21	2014 年 2 月 28 日—4 月 27 日	毕加索：沃拉尔系列版画
22	2014 年 4 月 16 日—6 月 4 日	娘本唐卡艺术展
23	2014 年 5 月 30 日—6 月 10 日	钧瓷艺术展·中国钧瓷四海行
24	2014 年 4 月 12 日—6 月 15 日	名馆·名家·名作——纪念中法建交 50 周年特展
25	2014 年 5 月 27 日—6 月 15 日	中国梦·少年梦——纪念"六一"国际儿童节 人大附小师生美术作品展
26	2014 年 7 月 6 日—7 月 16 日	孙蒋涛画展——庆祝澳门回归 15 周年
27	2014 年 7 月 12 日—7 月 17 日	澳门美术家作品展——庆祝澳门回归 15 周年
28	2014 年 7 月 1 日—8 月 1 日	太璞如琢——崔如琢指墨艺术展
29	2014 年 8 月 1 日—8 月 10 日	钟开天美术展
30	2014 年 8 月 5 日—8 月 16 日	中法建交 50 周年——中法书画名家作品联展
31	2014 年 8 月 19 日—8 月 31 日	激扬文字——陈求之艺术展
32	2014 年 7 月 3 日—9 月 3 日	江汉汤汤——湖北出土商周文物展
33	2014 年 8 月 24 日—9 月 5 日	"中国人·中国梦"摄影艺术展
34	2014 年 8 月 15 日—9 月 14 日	中国梦 军垦魂——新疆生产建设兵团成立 60 周年历史文物展
35	2014 年 9 月 3 日—9 月 14 日	西藏唐卡艺术——多吉顿珠、丁嘎唐卡作品展
36	2014 年 8 月 20 日—9 月 20 日	梦笔成璋——任梦璋八十艺术回顾展
37	2014 年 9 月 11 日—9 月 20 日	盛世繁英——周彦生花鸟画艺术展
38	2014 年 8 月 30 日—9 月 21 日	守成与腾飞——中法建交 50 周年范曾卡尔多联展
39	2014 年 9 月 2 日—9 月 28 日	正义的胜利——纪念第二次世界大战 75 周年
40	2014 年 9 月 27 日—10 月 9 日	翰墨中国——全国书法作品展
41	2014 年 9 月 23 日—10 月 12 日	王乃壮书画展
42	2014 年 9 月 25 日—10 月 11 日	欧阳中石书中华美德古训展
43	2014 年 10 月 14 日—10 月 25 日	云水文心——储云书画陶刻艺术展
44	2014 年 10 月 14 日—10 月 26 日	李焱绘画作品展
45	2014 年 9 月 28 日—11 月 8 日	东方葵：许江艺术展
46	2014 年 9 月 28 日—11 月 8 日	作为启蒙的设计——中国国际设计博物馆包豪斯藏品展
47	2014 年 10 月 29 日—11 月 18 日	独与天地精神往来——刘勃舒八十艺术展

续表

序号	开展日期	展览名称
48	2014 年 9 月 30 日—11 月 23 日	开渠百年——纪念刘开渠诞辰 110 周年展
49	2014 年 11 月 19 日—11 月 26 日	"金山岭长城杯"全国书法展
50	2014 年 11 月 16 日—11 月 28 日	匠人营国——吴良镛·清华大学人居科学研究展
51	2014 年 11 月 2 日—11 月 30 日	不尽丹心——蒋兆和诞辰 110 周年纪念特展
52	2014 年 12 月 6 日—12 月 18 日	中国当代工艺美术双年展（2014·北京）
53	2014 年 9 月 24 日—12 月 21 日	列夫·托尔斯泰与他的时代
54	2014 年 11 月 6 日—2015 年 1 月 4 日	丝绸之路
55	2014 年 4 月 30 日—2015 年 3 月 1 日	罗马与巴洛克艺术
56	2014 年 11 月 14 日—2015 年 3 月 8 日	玛雅：美的语言
57	2014 年 11 月 26 日—2015 年 3 月 8 日	连紫华瓷艺作品展
58	2015 年 2 月 13 日—3 月 15 日	迎乙未羊年：楹联书法展
59	2014 年 11 月 28 日—2015 年 3 月 22 日	永远的思想者——罗丹雕塑回顾展
60	2014 年 12 月 27 日开幕(已结束)	吉光片羽——书法家写王蒙文句展
61	2015 年 2 月 7 日—5 月 10 日	来自肖邦故乡的珍宝：15—20 世纪的波兰艺术
62	2015 年 4 月 17 日—5 月 10 日	九峰三泖——萧海春画展
63	2015 年 4 月 28 日开幕	时代领跑者美术作品展
64	2015 年 5 月 9 日—5 月 20 日	纳西族东巴文化展
65	2015 年 5 月 27 日—6 月 1 日	铁的新四军——红色记忆·经典美术作品展
66	2015 年 5 月 27 日—6 月 12 日	大道周口——王学岭诗文书作展
67	2015 年 6 月 6 日—6 月 17 日	艺外言中——朱振南现代水墨展
68	2015 年 3 月 20 日—6 月 23 日	文怀沙法书展
69	2015 年 4 月 30 日—6 月 23 日	渡海白云贯古今——黄君璧书画展
70	2015 年 6 月 11 日—6 月 23 日	远行·行远：丛志远艺术展
71	2015 年 4 月 29 日—6 月 28 日	学艺融通——饶宗颐百岁艺术展
72	2015 年 7 月 10 日—7 月 19 日	魅力台州——上海美术家作品展
73	2015 年 4 月 24 日—7 月 26 日	伏尔加河回响——特列恰科夫画廊藏巡回画派精品
74	2015 年 7 月 15 日—7 月 26 日	华夏春秋——张英豪水墨人物展

续表

序号	开展日期	展览名称
75	2015 年 7 月 18 日—7 月 29 日	宾客万象——太和书画晋京展
76	2015 年 6 月 30 日—8 月 18 日	生命之绘——迪士尼经典动画艺术展
77	2015 年 8 月 26 日—9 月 15 日	丹青传情——赵丹、赵青父女绘画联展
78	2015 年 9 月 19 日—9 月 29 日	雪海流香——赵梅生九十艺术回顾展
79	2015 年 7 月 7 日—10 月 7 日	抗战与文艺：纪念抗日战争胜利 70 周年馆藏文物系列展
80	2015 年 8 月 21 日—10 月 11 日	保护鲨鱼——艺术巡回展
81	2015 年 9 月 26 日—10 月 11 日	抱华追梦——何水法花鸟画展
82	2015 年 9 月 26 日—10 月 11 日	正道沧桑——刘宝纯诗书画全国巡展
83	2015 年 10 月 13 日—10 月 25 日	安娜·高美雕塑艺术展
84	2015 年 10 月 18 日—10 月 25 日	心造天成——中国惠安南派雕刻艺术展
85	2015 年 10 月 16 日—10 月 29 日	学习贯彻习近平总书记在文艺工作座谈会重要讲话精神深入生活表现时代 中国艺术研究院写生创作展
86	2015 年 11 月 8 日—11 月 20 日	一脉情深·赵溅球尼泊尔写生中国画展
87	2015 年 11 月 10 日—11 月 20 日	第五届全国公安系统"卫士之光"美术书法摄影展
88	2015 年 11 月 4 日—12 月 3 日	袁运甫画展
89	2015 年 11 月 10 日—12 月 10 日	江山万里行——董继宁山水画展
90	2015 年 11 月 21 日—2016 年 1 月 2 日	博特罗在中国——费尔南多·博特罗作品展
91	2015 年 12 月 22 日—2016 年 1 月 2 日	"不一样的东莞"摄影展
92	2015 年 12 月 26 日—2016 年 1 月 6 日	大道书怀——2015 中国艺术研究院中国书法院院展
93	2016 年 1 月 16 日—2 月 23 日	高冀生钢笔建筑速写画展
94	2016 年 1 月 15 日—2 月 24 日	谢云书画艺术展
95	2016 年 1 月 10 日—2 月 24 日	徐培晨百猴展
96	2016 年 3 月 1 日—3 月 25 日	星云大师捐赠北齐佛首造像回归
97	2015 年 12 月 30 日—2016 年 4 月 5 日	大象中原——河南历史文化展
98	2016 年 2 月 4 日—4 月 6 日	迎丙申猴年：楹联书法展
99	2016 年 3 月 17 日—4 月 8 日	范曾著《锦文掇英——学研习近平用典心得》书法作品捐赠展
100	2016 年 3 月 1 日—4 月 15 日	佛光菜根谭——星云书法展

续表

序号	开展日期	展览名称
101	2016 年 4 月 12 日—4 月 22 日	美丽中国·和谐家园——美术作品展
102	2016 年 1 月 29 日—5 月 8 日	罗马尼亚珍宝
103	2016 年 3 月 26 日—5 月 10 日	追梦之旅——张海书法展
104	2015 年 12 月 15 日—2016 年 6 月 2 日	中国艺术研究院著名艺术家系列精品展
105	2016 年 5 月 17 日—6 月 15 日	时代心象——沈启鹏绘画 60 年回望
106	2016 年 6 月 8 日—6 月 25 日	"乡土中国"摄影艺术大展
107	2016 年 6 月 19 日—7 月 1 日	庆祝中国共产党成立 95 周年全国美术作品展
108	2016 年 7 月 10 日—7 月 22 日	2016 中国当代工艺美术双年展
109	2016 年 7 月 8 日—7 月 27 日	《四部医典》曼唐长卷——娘本唐卡艺术传承成果展
110	2016 年 8 月 12 日—8 月 23 日	海上丝绸之路——冯少协艺术展
111	2016 年 8 月 13 日—8 月 23 日	王者之香——陈荫夫写兰画展
112	2016 年 8 月 12 日—8 月 28 日	萧朗书画艺术展
113	2016 年 9 月 6 日—9 月 16 日	中原风——河南省书法美术摄影作品晋京展
114	2015 年 7 月 11 日—2016 年 9 月 20 日	中国国家博物馆典藏——甲骨文、金文集粹
115	2016 年 7 月 1 日—10 月 7 日	丝绸之路与俄罗斯民族文物
116	2016 年 9 月 27 日—10 月 9 日	美丽河北 走进太行——河北美术作品展
117	2016 年 9 月 28 日—10 月 9 日	养吾浩然之气——徐利明书画篆刻第三回晋京展
118	2016 年 9 月 25 日—10 月 16 日	李延声艺术展
119	2016 年 3 月 24 日—10 月 20 日	威尼斯与威尼斯画派
120	2016 年 10 月 15 日—10 月 27 日	含弘光大——章祖安书法展
121	2016 年 9 月 22 日—10 月 30 日	信念·精神·传承——纪念红军长征胜利 80 周年大型馆藏文物展
122	2016 年 10 月 19 日—10 月 30 日	山高水长——陈佩秋、照诚书画联展
123	2016 年 10 月 16 日—11 月 9 日	大年百年——纪念祝大年百岁诞辰艺术展
124	2016 年 10 月 22 日—11 月 10 日	纪念红军长征胜利 80 周年美术作品创作展
125	2016 年 10 月 23 日—11 月 11 日	远山呼唤——李宝林八十艺术展
126	2016 年 11 月 2 日—11 月 13 日	东去西来·陆永安绘画展
127	2016 年 11 月 8 日—12 月 4 日	天下为公大道行——纪念孙中山诞辰 150 周年大型馆藏文物展
128	2016 年 11 月 22 日—12 月 11 日	中华史诗美术大展

续表

序号	开展日期	展览名称
129	2016 年 11 月 5 日—12 月 18 日	东方画艺——15—19 世纪中韩日绘画
130	2016 年 9 月 27 日—2017 年 1 月 8 日	珍珠：来自江河海洋的珍宝
131	2016 年 12 月 22 日—2017 年 2 月 12 日	美林的世界——韩美林八十大展
132	2017 年 1 月 19 日—2 月 12 日	12 个 12 个月——黄永玉生肖画展
133	2017 年 1 月 17 日—2 月 26 日	迎鸡年春联展
134	专题展览（长期）	中国国家博物馆馆藏雕塑展
135	2017 年 1 月 17 日开幕	凤鸣朝阳——迎丁酉鸡年馆藏文物展
136	2017 年 1 月 13 日—3 月 31 日	卢浮宫的创想——卢浮宫与馆藏珍品见证法国历史八百年
137	2017 年 2 月 25 日—3 月 19 日	大漆之光——乔十光八十艺术展
138	2017 年 3 月 2 日—5 月 31 日	大英博物馆 100 件文物中的世界史
139	2017 年 3 月 8 日—3 月 16 日	撸起袖子加油干——"中国梦·劳动美"影像作品展
140	2017 年 3 月 10 日—3 月 29 日	童永全雕刻艺术展
141	2017 年 4 月 19 日—4 月 29 日	缘生妙有 随缘自在——吴卿金雕木刻精品展
142	2017 年 4 月 25 日—5 月 25 日	筑梦太空——"掌中苍穹"手模雕塑入藏暨航天文物展
143	2017 年 4 月 25 日—7 月 25 日	创意改变生活——意大利设计艺术展
144	2017 年 5 月 6 日—5 月 17 日	南风北韵——郭志光艺术作品展
145	2017 年 5 月 12 日—5 月 20 日	艺术长存·湖山生色——周怀民捐赠无锡博物院书画展
146	2017 年 5 月 13 日—6 月 30 日	归来·丝路瓷典
147	2017 年 5 月 14 日—5 月 26 日	"一带一路"人类文明——卢禹舜作品展
148	2017 年 6 月 7 日—6 月 18 日	新色金砖 光耀未来——金砖国家媒体联合摄影展
149	2017 年 6 月 9 日—7 月 9 日	申少君艺术展——丁酉·书事·墨事
150	2017 年 6 月 17 日—9 月 3 日	伦勃朗和他的时代：美国莱顿收藏馆藏品展
151	2017 年 6 月 27 日—7 月 16 日	"香港回归祖国 20 周年——同心创前路 掌握新机遇"成就展
152	2017 年 6 月 30 日开幕	庆七·一书画展
153	2017 年 7 月 6 日—8 月 5 日	高怀云岭——范曾八秩之庆艺文展
154	2017 年 7 月 20 日—7 月 30 日	中国国家博物馆当代瓷器捐赠收藏展

续表

序号	开展日期	展览名称
155	2017 年 7 月 25 日—8 月 4 日	民族遗珍 书香中国——中国少数民族古籍珍品暨保护成果展
156	2017 年 7 月 26 日—9 月 26 日	馆藏开国元勋文物展——纪念中国人民解放军建军 90 周年
157	2017 年 8 月 9 日—8 月 20 日	相由心生——唐卡艺术精品展
158	2017 年 8 月 20 日—9 月 1 日	丝路使者"中国白"再出发——德化白瓷艺术展
159	2017 年 9 月 7 日—9 月 29 日	赵俊生艺术展
160	2017 年 9 月 16 日—9 月 26 日	百年巨匠——43 位文学艺术大师作品展
161	2017 年 9 月 17 日—10 月 15 日	陈家泠艺术大展
162	2017 年 9 月 17 日—11 月 30 日	秦汉文明展
163	2017 年 9 月 22 日—10 月 22 日	薄施淡染——陈扬龙醴陵釉下五彩瓷技艺传承展
164	2017 年 9 月 26 日—10 月 8 日	寄情与木 明志匠心——黄小明木雕艺术展
165	2017 年 10 月 10 日—10 月 29 日	最美中国人——庆祝中国共产党第十九次全国代表大会胜利召开大型美术作品展

（3）国博讲堂。2011 年，中国国家博物馆在延续馆内学术讲座的基础上，创办了以"坚持历史与艺术并重，弘扬中华文明"为宗旨的"国博讲堂"学术讲座平台。"国博讲堂"以中国国家博物馆为基地，以中国古代、近现代文化、文物、艺术和博物馆收藏、展示、研究为基础，坚持历史与艺术并重，突出考古、历史、艺术、科技特色，传播科普、人文道德、社会主义核心价值观和博物馆业务及研究，紧密结合中国国家博物馆重要展览，不断发掘相关专业重大课题，邀请展览策展人、相关专业专家学者、知名人士、国内外政要等，就相关专业学术研究成果、发展方向、社会影响力等方面学术问题进行演讲交流。

"国博讲堂"自开办以来，共举办了各类题材讲座 77 场，基本频次保持在每月 1 ～ 2 场，每年 15 场左右。而馆内媒体资源系统承担了国博讲堂系列课程的视频制作及存档工作（表 8-5）。

表 8-5　国博讲堂课程

序号	讲座名称	主讲人	日期
1	国博讲堂《钟涵、侯一民、全山石、詹建俊谈革命历史题材美术创作》	钟涵、侯一民、全山石、詹建俊	2011 年 6 月 21 日
2	国博讲堂《辛亥革命的再研究》	杨天石	2011 年 12 月 13 日
3	国博讲堂《从汉代看罗马》	孙机	2011 年 12 月 14 日
4	国博讲堂《神龙出世 6000 年》	孙机	2012 年 2 月 22 日
5	国博讲堂《传统文化中的几个问题》	王蒙	2012 年 4 月 26 日
6	国博讲堂《中国画在 20 世纪中期的境遇和发展》	陈履生	2012 年 5 月 16 日
7	国博讲堂《走进芭蕾》	赵汝蘅	2012 年 8 月 30 日
8	国博讲堂《艺术与生活的边界》	潘公凯	2012 年 9 月 22 日
9	国博讲堂《毛利碧玉》	Shan Te Ruki	2012 年 11 月 02 日
10	国博讲堂《中国青铜技术的起源与发展》	梅建军	2012 年 12 月 01 日
11	国博讲堂《从元大都到明清北京城》	孟凡人	2013 年 1 月 19 日
12	国博讲堂《胡人的眼睛：唐诗与唐俑互证的艺术史》	葛承雍	2013 年 2 月 23 日
13	国博讲堂《战国——一个有关生存与强大的时代》	李山	2013 年 3 月 30 日
14	国博讲堂《幸福与安乐——幸福生活与中华文化的复兴》	星云大师	2013 年 4 月 20 日
15	国博讲堂《敦煌莫高窟及其文化价值》	樊锦诗	2013 年 4 月 21 日
16	国博讲堂《保卫汉字》	李岚清	2013 年 5 月 23 日
17	国博讲堂《秦始皇帝陵园设计理念》	段清波	2013 年 6 月 01 日
18	国博讲堂《见微知著——中国古代青铜器的垫片及相关》	苏荣誉	2013 年 6 月 29 日
19	国博讲堂《中国古代文明化历程的启示》	李伯谦	2013 年 8 月 10 日
20	国博讲堂《佛教文化与佛教音乐》	田青	2013 年 9 月 14 日
21	国博讲堂《中日历史问题与中日共同历史研究》	步平	2013 年 10 月 26 日
22	国博讲堂《卢浮宫博物馆地中海文明馆藏文物》	让·吕克·马丁内兹	2013 年 10 月 29 日
23	国博讲堂《汉王朝与汉文化走向世界的考古学解读》	白云翔	2014 年 1 月 11 日

续表

序号	讲座名称	主讲人	日期
24	国博讲堂《毛泽东成功之道对我们的启示》	任志刚	2014 年 2 月 17 日
25	国博讲堂《从"巴比松"到"印象派"》	陈燮君	2014 年 3 月 4 日
26	国博讲堂《礼与礼器》	张辛	2014 年 4 月 12 日
27	国博讲堂《毕加索艺术赏析》	张敢	2014 年 4 月 13 日
28	国博讲堂《毕加索艺术赏析》	陈履生	2014 年 4 月 13 日
29	国博讲堂《印象派艺术的法国特性》	曲培醇	2014 年 5 月 24 日
30	国博讲堂《中国古代货币——历史、文化与其他》	周卫荣	2014 年 6 月 29 日
31	国博讲堂《新方法、新思路、新观点——科技考古在中华文明探源工程中的作用》	袁靖	2014 年 8 月 23 日
32	国博讲堂《巴洛克时期的音乐及其代表人物及作品》	朱塞佩·库恰（Giuseppe Cuccia）	2014 年 9 月 9 日
33	国博讲堂《图像时代，绘画何为？——许江谈绘画》	许江	2014 年 10 月 26 日
34	国博讲堂《包豪斯：作为启蒙的设计》	杭间	2014 年 11 月 1 日
35	国博讲堂《佛光无尽——弗利尔 1910 年龙门之行与中国佛教艺术》	王伊悠	2014 年 11 月 15 日
36	国博讲堂《罗丹的巴尔扎克像，一件杰作的前世今生》	埃莱娜·马洛	2014 年 11 月 29 日
37	国博讲堂《曾国藩成功智慧》	隋丽娟	2014 年 12 月 13 日
38	国博讲堂《把壮美的紫禁城完整的交给下一个 600 年》	单霁翔	2015 年 1 月 26 日
39	国博讲堂《1000 多年来的波兰艺术》	玛利亚·波布珊茨卡	2015 年 2 月 7 日
40	国博讲堂《五谷的传说和考古证据》	赵志军	2015 年 3 月 28 日
41	国博讲堂《蒙德里安的抽象色彩环境：画室、空间和绘画》	迈克尔·怀特	2015 年 4 月 21 日
42	国博讲堂《巡回画派——俄罗斯文化的黄金时代》	加林娜·丘拉克	2015 年 4 月 25 日
43	国博讲堂《学艺融通——饶宗颐百岁艺术展》研讨会	屈志仁、黄兆汉、周鸿翔、马泰来、郑炜明、尹吉男、陈履生、梁江、朱万章	2015 年 4 月 29 日
44	国博讲堂《神秘王国——三星堆文物的诠释与展示》	孙华	2015 年 5 月 23 日

续表

序号	讲座名称	主讲人	日期
45	国博讲堂《走进荷兰博物馆》	陈履生	2015 年 6 月 13 日
46	国博讲堂《迪士尼动画〈超能陆战队〉创意过程》	唐·霍尔	2015 年 6 月 30 日
47	国博讲堂《元代工艺美术之元朝御容和风云与造作》	尚刚	2015 年 8 月 16 日
48	国博讲堂《"玉图画"：美国明尼阿波利斯艺术博物馆收藏的清宫散佚玉器》	柳扬	2015 年 9 月 12 日
49	国博讲堂《古玉沧桑：记加拿大皇家安大略博物馆吴大澂藏玉》	沈辰	2015 年 11 月 1 日
50	国博讲堂《中西文化交流史研究中的一个关键问题》	孙机	2015 年 12 月 5 日
51	国博讲堂《聚焦文化遗产非法出境与追索回流》	欧内斯特·奥博兰得·德尔诺维扬努	2016 年 1 月 29 日
52	国博讲堂《中原文明的向心力》	田凯	2016 年 1 月 30 日
53	国博讲堂《隐蔽的主题：从一幅明代的雅集图说起》	尹吉男	2016 年 2 月 27 日
54	国博讲堂《绝配：商代晚期小臣艅铜犀尊及其收藏者布伦戴奇——兼谈美国旧金山亚洲艺术博物馆的运营》	许杰	2016 年 3 月 19 日
55	国博讲堂《摄影的社会意义和发展趋势》	朱宪民	2016 年 3 月 26 日
56	国博讲堂《罗马尼亚学术代表团学术演讲〈欧洲中部史前艺术的起源〉》等	卡林·杰米斯	2016 年 4 月 23 日
57	国博讲堂《西汉海昏侯墓考古发掘的收获和价值》	信立祥	2016 年 5 月 7 日
58	国博讲堂《变幻的光影——20 世纪上半叶中国电影的历史学观察》	汪朝光	2016 年 6 月 4 日
59	国博讲堂《16 世纪：威尼斯绘画的黄金时代》	萨维里奥·西米·德布吉斯	2016 年 6 月 14 日
60	国博讲堂《17—18 世纪的威尼斯绘画：从晚期模仿主义到城市风景画派的诞生》	西莱诺·萨尔瓦尼尼	2016 年 9 月 13 日
61	国博讲堂《倾听之眼：保罗·高更与艺术世界》	达里奥·甘博尼	2016 年 9 月 20 日
62	国博讲堂《书法与中国传统文化》	章祖安	2016 年 10 月 15 日

续表

序号	讲座名称	主讲人	日期
63	国博讲堂《东方画艺 —— 15—19 世纪中韩日绘画 < 明清绘画中的文人、风俗与宗教 >》等	朱万章	2016 年 11 月 5 日
64	国博讲堂《博物馆，当我走进你的大门》	龚良	2016 年 12 月 17 日
65	国博讲堂《沙特阿拉伯王国的古代文明》	阿里·易卜拉欣·哈班	2016 年 12 月 21 日
66	国博讲堂《怎样看待古代的中西文化交流》	孙机	2017 年 1 月 10 日
67	国博讲堂《"美林的世界——韩美林八十大展"——古老的现代》	韩美林	2017 年 2 月 11 日
68	国博讲堂《伟大的发明》	贝琳达·克里勒	2017 年 3 月 2 日
69	国博讲堂《卢浮宫与法国文化软实力》	董强	2017 年 3 月 23 日
70	全球史观与"大英展"	刘新成	2017 年 4 月 9 日
71	历史、艺术与技术——文化遗产保护与传承的密码	铁付德	2017 年 5 月 20 日
72	人类的起源与演化：热点问题与研究现状	高星	2017 年 5 月 27 日
73	《瓷行天下》·丝路陶瓷见证 500 年全球化	王鲁湘	2017 年 6 月 10 日
74	展现伦勃朗和同时代人的世界：莱顿收藏和荷兰黄金时期	劳拉·耶格尔	2017 年 6 月 17 日
75	伦勃朗艺术的历史价值和现代意义	邵大箴	2017 年 7 月 15 日
76	除了伦勃朗、莱顿收藏，我们看什么？	王加	2017 年 8 月 18 日
77	21 世纪金石书画修复的理论与实践	陆宗润	2017 年 9 月 12 日

（4）与史家小学合作系列课程。中国国家博物馆与史家小学历时 3 年共同研发的"中国传统文化——博物馆综合实践课程"中包含了面向小学三年级至六年级的教材、视频课程以及实践体验课程。课程内容涵盖"说文解字""美食美器""服饰礼仪""音乐辞戏"，每一主题都以中国国家博物馆的数个馆藏精品为依托，配以生动的语言讲解和插图。以该实践课程为代表的教育增值服务是中国国家博物馆创新公共文化服务的重要组成部分，中国国家博物馆未成年人观众接待量占总体参观规模比例已从 2011 年的 8% 增长到 2017 年的 18%。中国国家博物馆媒体资源系统

承担了该项目中视频课程制作的环节。多来源的课程素材全部入库媒体资源系统保
存，然后用制作子系统调用剪辑，输出得到成片同时媒体资源系统中保存一份。表
8-6 是全部史家课程视频列表。

表 8-6　史家课程

序号	名称	年级 / 学期	系列	拍摄日期	成片时长
1	史家课程 汉字的起源与统一	五上	汉字	2014 年 3 月 7 日	0:51:39
2	史家课程 图案文字	六上	汉字	2014 年 6 月 26 日	0:57:25
3	史家课程 舞墨弄砚	三下	汉字	2014 年 7 月 10 日	1:35:37
4	史家课程 拍打激昂	四上	乐戏	2014 年 9 月 23 日	0:40:49
5	史家课程 服装款式	四下	服饰	2014 年 10 月 23 日	0:59:44
6	史家课程 诗词歌赋	六上	乐戏	2014 年 10 月 29 日	1:03:08
8	史家课程 服装面料	三上	服饰	2014 年 11 月 18 日	0:38:14
9	史家课程 民俗时令之巧	六上	饮食	2014 年 12 月 11 日	0:46:46
10	史家课程 无处不在的声音	三上	乐戏	2014 年 12 月 17 日	0:47:57
11	史家课程 茶具茶饮	四下	饮食	2014 年 12 月 24 日	1:09:49
12	史家课程 弹拨清远	五下	乐戏	2015 年 4 月 9 日	0:58:31
13	史家课程 造纸术	四上	汉字	2015 年 5 月 5 日	0:54:55
14	史家课程 击打清脆	四下	乐戏	2015 年 5 月 7 日	0:46:43
15	史家课程 食物中的植物	三上	饮食	2015 年 5 月 8 日	0:42:48
16	史家课程 食具与烹饪之青铜器	五上	饮食	2015 年 5 月 15 日	0:44:39
17	史家课程 色彩礼制	六上	服饰	2015 年 5 月 28 日	0:33:03
18	史家课程 配饰认识	五下	服饰	2015 年 6 月 16 日	0:45:39
19	史家课程 纸笔春秋	三上	汉字	2015 年 6 月 26 日	1:07:06
20	史家课程 吹奏悠扬	五上	乐戏	2015 年 11 月 6 日	0:59:24
21	史家课程 食物中的动物	三下	饮食	2015 年 11 月 13 日	0:38:29
22	史家课程 五味调和之美	四上	饮食	2015 年 11 月 18 日	0:32:04
23	史家课程 食具与地域	五下	饮食	2015 年 11 月 19 日	0:38:59
24	史家课程 书画同源	六下	汉字	2015 年 12 月 4 日	0:59:05
25	史家课程 印刷术	四下	汉字	2015 年 12 月 11 日	0:36:56
26	史家课程 发式的演变	五上	服饰	2015 年 12 月 16 日	0:41:57
27	史家课程 饮食方式之礼	六下	饮食	2015 年 12 月 17 日	1:00:18

续表

序号	名称	年级/学期	系列	拍摄日期	成片时长
28	史家课程 纺织工具	三下	服饰	2016 年 5 月 19 日	0:46:02
29	史家课程 印染织绣	四上	服饰	2016 年 6 月 8 日	0:38:48
30	史家课程 着装礼仪	六下	服饰	2016 年 5 月 26 日	0:35:36
31	史家课程 食具与烹饪之陶器	五上	饮食	2016 年 6 月 14 日	1:04:17
32	史家课程 食具与烹饪之瓷器	五上	饮食	2016 年 6 月 15 日	0:48:07
33	史家课程 传情达意的乐音	三下	乐戏	2016 年 6 月 3 日	0:43:36
34	史家课程 戏曲戏剧	六下	乐戏	2016 年 9 月 22 日	1:08:31

（5）央视《国脉》系列纪录片存档。时值中国国家博物馆馆百年庆典，需要疏通"国之文脉"，塑造一座崭新的视觉纪念碑。中国中央电视台与中国国家博物馆联合推出了历史人文大型纪录片《国脉——中国国家博物馆 100 年》系列（图8-26）。该纪录片不仅聚焦了中国国家博物馆的百年历程，更是对历史上的三次文物大征集、两大基本陈列从无到有、基础工程的创新开拓、令人瞩目的"两馆合并"和改扩建工程建设以及国际文化交流等内容进行了详细而深入的讲述，并首次披露和呈现了众多难得一见的国之瑰宝，记录了为中国国家博物馆奉献一生的博物馆人和走在科技前沿的博物馆文物保护与水陆空三栖考古项目等内容。

之后，中央电视台和中国国家博物馆双方共同组成专业团队，从学术研究入手，推出以"国脉"为主题的一系列高质量作品，包括《国脉》10min 短片、3D《国脉》30min 纪录片、《国脉》6 集 300min 人文纪录片、《国脉》100min 特别节目和《国

图 8-26 《国脉》

脉》50min 国际版的权限作品。

这一系列大量精品的音像资料包括部分剪辑的素材，都完整保存在馆内媒体资源系统中，每部作品都按照馆内的编目标准细致地编目著录，为今后馆内相关活动提供素材做好了充分准备，随时可以快速精准地找到所需内容。

参考文献

［1］江洪梅. 信息技术在博物馆工作中的应用分析［J］. 科技展望，2014（20）.

［2］张萍. 数字电视媒体资产管理系统的研究［D］. 华中科技大学，2004.

［3］倪燕燕. 媒体资产管理系统的设计与实现［D］. 华东师范大学，2010.

［4］宋宜纯. 媒体资产管理的技术与选择［J］. 中国传媒科技，2001（5）：15–20.

［5］屈亚慧. 博物馆价值利用最大化问题研究［J］. 企业改革与管理，2016（9）：195–196.

| CHAPTER 9 | 第九章

博物馆公共文化服务中媒体播控系统构建的理论与实践

王 川

中国国家博物馆，是国内中华文物收藏量最丰富的博物馆之一，也是世界上单体建筑面积最大的博物馆。其位于天安门广场东侧，除每周一的闭馆，其他开馆日始终都有络绎不绝的游客排队入馆参观。2012 年 3 月新馆正式开馆，据统计，2012—2016 年年均接待观众 750 万人次，截至 2017 年已累计接待观众超过 3850 万人次。面对如此庞大的观众接待量，为了给观众提供更便利的服务，建立一个效果优秀、安全、稳定、可控的信息发布系统，对于中国国家博物馆提升公共文化服务能力，提升自身形象是非常有必要的。

第一节
数字媒体播控系统概述

一、什么是"数字媒体播控系统"

数字媒体播控系统是专业的大屏幕多媒体组合播控系统，它独有的分布式区域管理技术真正实现了同一系统中不同终端区分受众的传播模式。通过该系统，用户可以轻松地构建网上多媒体信息发布和视频播放系统，提供高质量的视频多媒体服务，音视频质量可达到卓越的高清电视品质。

北京九华互联推出的广角数字媒体播控系统以高质量的编码方式将视频音频信号、图片信息和滚动字幕通过网络传输到广角播放器，然后由播放器将组合多媒体信息转换成显示终端（液晶、等离子、电视机）的视频信号播出。这种信息发布模式融合了多媒体视频信息的多样性和生动性，还能实现信息发布的远程集中管理和内容的随时更新，使得新闻、图片、天气预报等各种即时信息的随时插播成为可能，能够在第一时间将最新鲜的资讯传递给受众。

二、数字媒体播控系统特点

（一）专业化的功能

整合信息编辑、传输、播放、终端管理及实时监控为一体，完整、专业的功能

设置，全面满足不同行业、不同需求的用户。

（二）灵活的管理模式

独有的分区分组管理模式，采用分布式管理，支持远程或本地遥控器控制，管理方式多样化，让用户轻松管理大量播放终端。

（三）超高稳定性

嵌入式设计，不受计算机病毒攻击，即插即用，安全可靠。

（四）强大的可扩展性

依托网络平台，采用分布式设计，可自由设置播放器数量。开放的系统接口，便于信息和控制系统的集成。

（五）人性化操作设计

无须专业设备，用户界面简洁友好，操作方便。

第二节
博物馆视讯播出需求分析

一、业务需求

博物馆内信息发布主要分馆外和馆内。馆外发布信息的受众主要是在馆外即将入馆的观众，在观众进入博物馆前，需要向他们传达入馆注意事项、参观须知等信息。馆内信息发布的受众是在馆内即将选择展厅进行参观的观众，他们希望知道的信息是与展厅展览内容的相关资讯。此外，馆内还需要有展示屏幕来播放博物馆内除展览外其他社教业务，例如，《国博讲堂》以及《国脉》纪录片等宣传视频，向观众展示博物馆多元的公共文化服务能力。

媒体播控系统中，包括了对信息的采集、编辑、存储、播放的功能。其中采集和编辑功能与媒体资源系统中制作子系统功能相同，同属于制作模块，通过从后台将媒体资源系统与播控系统建立互联，让媒体资源为播出提供播出素材即可解决播控系统采编需求。另一部分播控系统中，需要实现针对不同区域播出不同内容，而且馆内展厅众多，不同展厅中的落地屏播出的展讯要与展厅展览内容相匹配，因此，对于播控系统的精准、快速的操控要求较高。

二、播控系统技术需求

根据馆内实际业务情况综合分析，播控系统需要满足的技术功能如下。

（一）信息发布的有效管理

信息发布的有效管理可以通过完善的监控管理，灵活掌握内容和发布终端的状态。通过中心管理工作站可随时监看所有播出服务器状态，并根据地图式监看、画面回传等多种监控方式，对所有终端进行实时监控管理，并根据故障报警及自动故障处理，对系统各类异常情况进行快速处理，确保整个系统尽在掌握、安全运行。中心管理工作站还可以对终端设备进行各类远程操作控制，例如，远程开关机、设备重启动、设备硬件维护等。此外，中心系统还提供临时资讯信息插播功能，可即时发布紧急信息，或配合特殊时段节目临时发布预告信息等。

（二）效果展示丰富绚丽

播出服务器可支持多种类型的信息并行发布，如视频信息、直通视频信息、动画信息、滚动字幕信息、时钟信息、其他图文信息等，并且不同类型的信息会根据播出单进行实时更新。内置图文编辑系统可完美实现用户创意，提供个性化、丰富多彩的效果展现形式。播出服务器配备了广播级视音频板卡，支持多种格式信号输出，如 SDI、CVBS、分量等，同时播出服务器还支持 VGA/DVI 输出。

（三）节目信息快速发布

通过网络化信息发布方式，配合以针对性的内容发布策略，可实现各类节目预告、观众导视信息、通知、视音频资料等高效、安全地传送与发布。系统采用网络化的集中管理，管理中心可将差异化的信息投递到与之对应的终端进行发布，将针对性的信息，在合适的时间发布到合适的显示屏幕，从而实现定制化的资讯发布需求。

（四）运营成本大幅降低

播控系统用一台终端播出设备即可实现需由传统播出系统多台设备实现的效果，降低了项目资金投入。所有发布的信息内容均为数字化文件，相对每年大量不可再利用的报纸、杂志、光盘的投入更加节省成本。整个系统均只消耗电能，相对其他宣传手段更加环保和节能。通过网络化的信息发布方式，只需较少运营人员，就能完成整个系统的正常运作，大大节省了人力成本。

（五）资讯信息实时高效

在发布必要的节目预告信息的同时，D3-Info.Net 系统还可以发布一些方便公众的实时公共资讯，例如，股票、航班、天气、交通、比赛信息等。此类信息的发布一方面可为受众提供便民信息，提高企业品牌形象，另一方面对企业文化建设也起到了积极推进作用。

（六）系统运行稳定安全

播控系统提供严格的节目管理流程，包括用户、权限、内容、多级审核等多种管理手段，保证发布信息的准确和安全。多种文件的投递加密、校验技术，保证要发布的各类信息在传输过程中的安全性，进一步提高了信息发布平台安全性。播出服务器为高智能化自动播出系统，可自动化处理多种异常状况，同时支持通过网络的远程监控和管理，稳定播出并可支持自动化 7×24 小时不间断播出。

第三节
馆内播控系统的业务流程

　　系统应由模板创作、节目编排、内容投递和终端播出 4 个核心部分及中心管理
的远程升级、日志回传和终端监控等几个辅助部分组成。通过这些模块的合理组
合，可以实现整个信息发布系统便捷、高效的运行（图 9-1）。

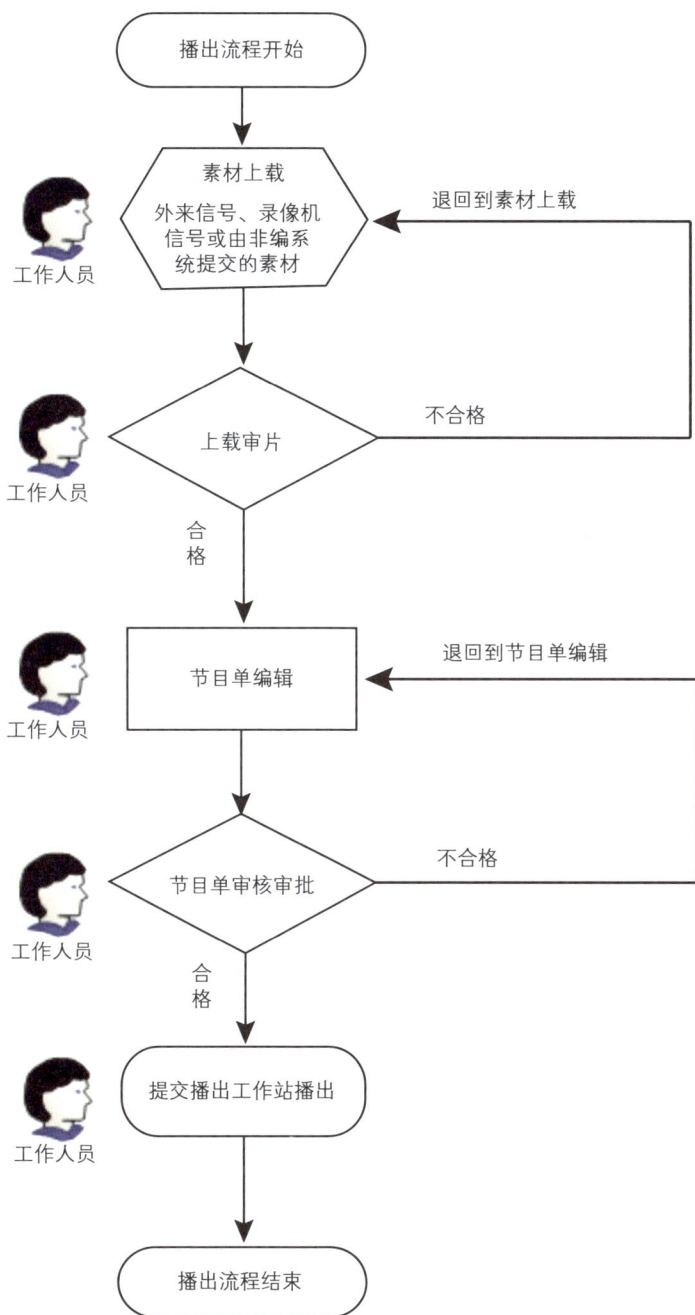

图 9-1　播出业务流程

第四节
馆内播控系统的设计方案

一、播控系统视频格式标准

播控系统视频格式标准见表 9-1。

表 9-1　播控系统视频格式标准

分类	播出子系统	INFO 子系统	审片
高清部分			
高清视频格式	无高清	openDML_avi	H264
制式	无高清	HD1080i-25	PAL
视频类型	无高清	MPEG2_I	低码流
码率	无高清	20M	8M
颜色格式	无高清	YUVP420	YUVP420
音频文件格式	无高清	MSVFW_WAV	MSVFW_WAV
音频编码类型	无高清	PCM	PCM
音频采样率	无高清	48Khz	44Khz
声道	无高清	Mono	Mone

续表

分类	播出子系统	INFO 子系统	审片
视音频合一低码流文件格式		ISO MP4/H264/2M/H264high/ 去交织	
标清部分			
文件格式	openDML_avi	openDML_avi	WMV
制式	PAL	PAL	PAL
视音频解码类型	12M 的码流	DV50	低码流
颜色格式	YUVP11	YUVP11	YUVP11
图相比	720×576	720×576	720×576
低码文件格式	windows Media	windows Media	WMV
编码类型	windows Media	windows Media	WMV
码率	1200kb/s	1200kb/s	800kb/s

二、播控系统设计

（一）播出系统流程设计

中国国家博物馆馆外大屏信息播出和展厅内落地屏幕资讯播主要业务流程是根据运营要求为多个播出服务器制作编排每天的信息发布内容，同时在日常播出过程中，满足灵活的信息发布要求。根据播出内容的特点，中国国家博物馆设计了两套播控系统。日常编播系统流程如图 9-2。

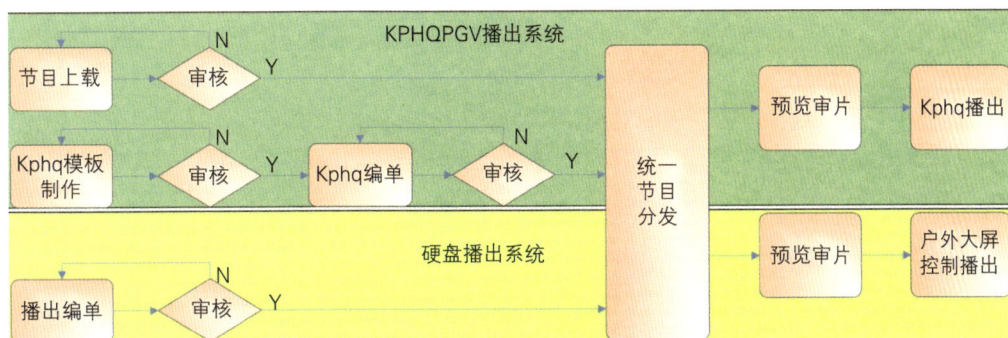

图 9-2　系统流程图

视讯播控系统由两个系统组成，一个是一个频道的硬盘播出系统，播出信号通过光端机送到中国国家博物馆门口的户外大屏播出；另一个是 InfoNET 资讯播出系统。硬盘播出系统和 InfoNET 播出系统相互独立工作，节目上载通过 InfoNET 的上载统一完成，需要提交到硬盘播出的节目通过工作流互联的方式完成。

（1）音视频成片 / 图文采集（info）：按照播出节目要求，将外购的节目以及自办的节目进行数字化采集，采集成满足播出要求的编解码格式与文件格式，生成播出系统可以直接调用的各类视音频成片 / 图片播出内容。

（2）节目审核（info）：对采集的节目进行审核，包括节目的内容和质量，对节目进行自动技审，提高节目的播出安全性，减少人为参与量。

（3）播出模板制作（info）：根据播出节目的需求，进行所有节目版式的编辑，并确定区域的播出类型。

（4）播出模版审核（info）：赋予审核权限的用户对播出模版进行审核，审核通过的模版存入资源管理器中，供排程系统调用。

（5）播出单排程（info 和硬盘播出系统分开进行）：即将所有的播出内容，按照播出策划，完成所有播出终端内容播出单的排程工作，为推送系统生成相应的推送任务表。

（6）播出单审核（info 和硬盘播出系统分开进行）：完成播出单的排程后，需要对所有的排程单审核后才可以进入推送阶段。

（7）实时数据采集发布（info）：通过各种外部插件，从 Internet 或外部数据库采集播出数据，审核后生成推送任务发布至终端。

（8）推送工作（info 的节目推送和硬盘播出节目的同步迁移）：分析推送任务，依照播出排程表单进行数据准备，再按照推送策略将不同的播出信息按分组传送至站台或播出终端。

（9）预览审核（硬盘播出的头尾检测，info 可以通过在其中一个 BOX 上提前播放来实现）：节目推送完成后，info 播出和户外大屏播出都要提前播放一下，通过模拟实际的播出来最后审核播出效果。

（10）终端播出：接收到由推送系统传过来的播出单和播出内容，自动进行播出。

1. 临时通告发布流程

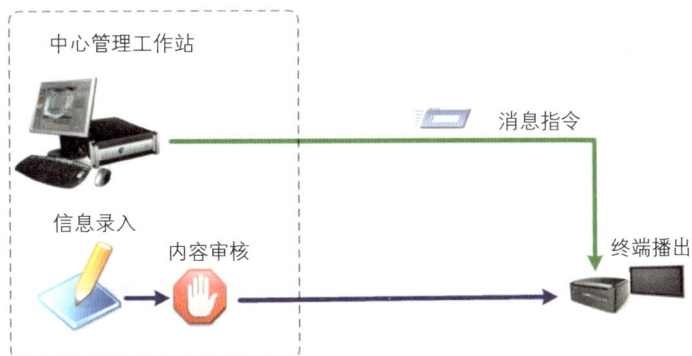

图 9-3　临时通告发布流程

　　播出画面上的滚动字幕信息既可以播出日常剧目通告等信息，也可以播出临时通知信息。临时通告发布主要适合在现有播出单元的滚屏区域上播出文本信息（图 9-3）。

　　（1）信息录入：有签发权限的用户在信息录入模块中进行文本的录入。

　　（2）内容审核：拥有审核权限的用户，首先对播出内容进行文字审核。

　　（3）远程监控管理：拥有突发管理权限的用户通过命令对播出服务器选择突发滚屏的位置，并传送突发命令。

　　（4）播出：显示终端获取紧急插播内容后立即播出，播出方式为根据版式的选择为区域滚动文本。

　　（5）紧急插播内容的结束：播出服务器通过滚动播出给定次数后自动恢复原播出内容。

2. 紧急事件插播流程

　　当紧急事件需要插播时，D3-Info.Net 可对整屏播出画面进行临时替换，如紧急重大事件的通告，突发事件的直播以及灾难事件的报警等实时性强的情况。在终端显示系统正常播放过程中，操作员可依据各自权限级别，通过发布管理系统随时插播各种紧急消息。紧急模板分组投递或全网投递至播出服务器，操作员可以通过时钟接口以及其他动态信息接口得到需要发布的数据，并编辑信息数据库或信息文档提交给播出服务器，播出服务器自动采集编辑后的信息数据全屏紧急插播（图 9-4）。

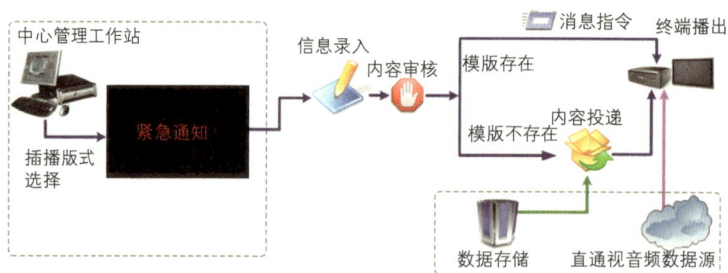

图 9-4 紧急事件插播流程

（二）播出系统拓扑结构及功能

系统的播出显示端规划室外配置 3 块 LCD 大屏，室内配置 500 个 info-BOX 搭配落地屏幕。一期实际室内配置 200 个 BOX 播出点，其中 50 个高清 BOX，150 个标清 BOX。整个系统的节目存储部分采用 FCSAN 的网络架构（图 9-5）。

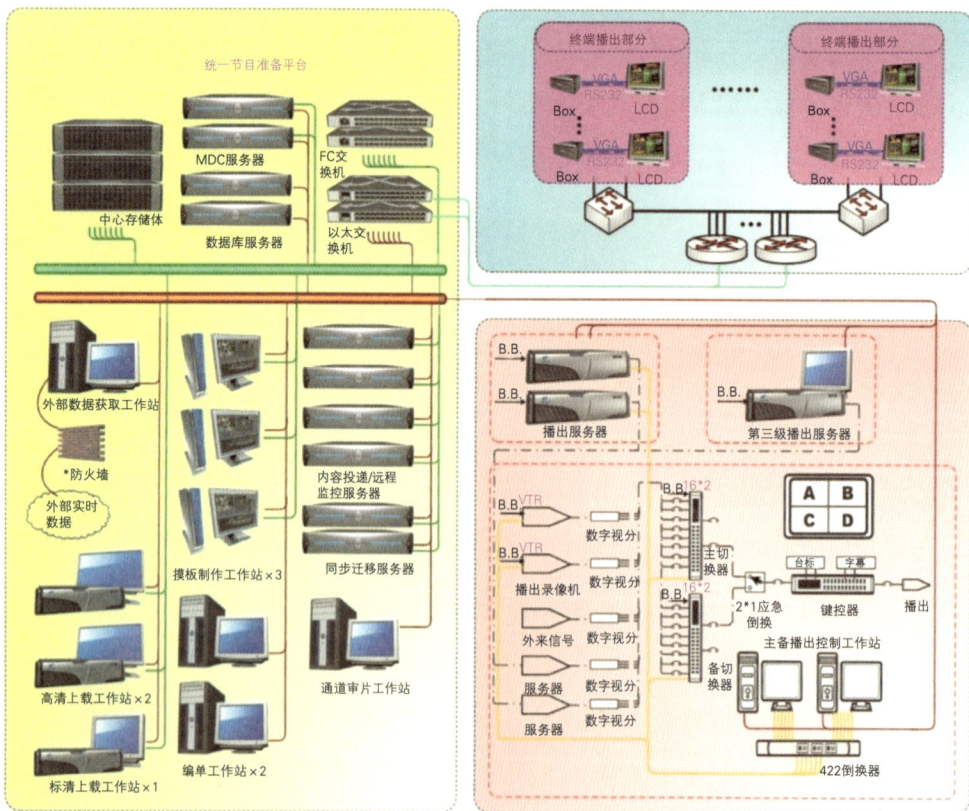

图 9-5 结构拓扑图

1. 节目准备平台

（1）中心存储：中心存储体是整个媒体播控系统的二级缓存系统。二级缓存在播出系统中可以将提交到播出系统中的素材先进行备份，当需要播出的时候将素材直接迁移到播出服务器。媒体播控系统的二级缓存使用 EMC 的 CX4-120，双控制器，2 个 4Gb 接口磁盘扩展模块，29 块 400GB 光纤接口硬盘，提供从二级缓存到播出服务器的较高迁移带宽以及能存储至少 15 天节目素材的所需空间。

（2）MDC 服务器：与媒体资源系统 MDC 服务器功能相同，管理存储。硬件选用曙光 I621r-G 型号服务器，包含 2 个至强 5504 四核处理器，4GB 内存，集成双千兆网卡。

（3）数据库服务器：数据库是播出业务支撑的核心，它支持查询、更新、高速缓存、事务管理、索引、安全及用户存取控制等服务，必须是一套稳定、安全、高效的平台。馆内使用数据库软件是用 SQLServer2005 数据库，硬件服务器选用了曙光 I621r-G 型号服务器，包含 2 个至强 5504 四核处理器，4GB 内存，集成双千兆网卡。内部采用磁盘容错技术，冗余可热插拔的电源、风扇等技术手段来确保主机可靠安全，确保能全天 24 小时不间断运行。数据库系统的设计中，采用主备双机热备份的方式工作。

2. 硬盘播出平台

硬盘播出视频服务器支持高、标清数字信号 1 入 2 出，标清支持 DV25、DV50，MPEG2 等多种格式采集播放；高清支持 MPEG2 等多张格式采集播放。配置 6 块 500GB SATA 硬盘，硬盘采用 RAID5 方式安全处理。

（三）InfoNet 系统

1. 版式编辑模块

使用多区域动态信息编辑系统可以对各区域进行定义编辑，并且生成版式模板；针对播出终端进行播出单编辑，定义不同时段需要播出的版式信息；对不同时段版式中区域进行播出单编辑；制定不同区域中相应时段的具体播出内容。例如，定义视频区域中 IPTV 信号相应频道播出的时间、长度，以及视频文件（广告素材）的播出时间、长度、次数等（图 9-6）。

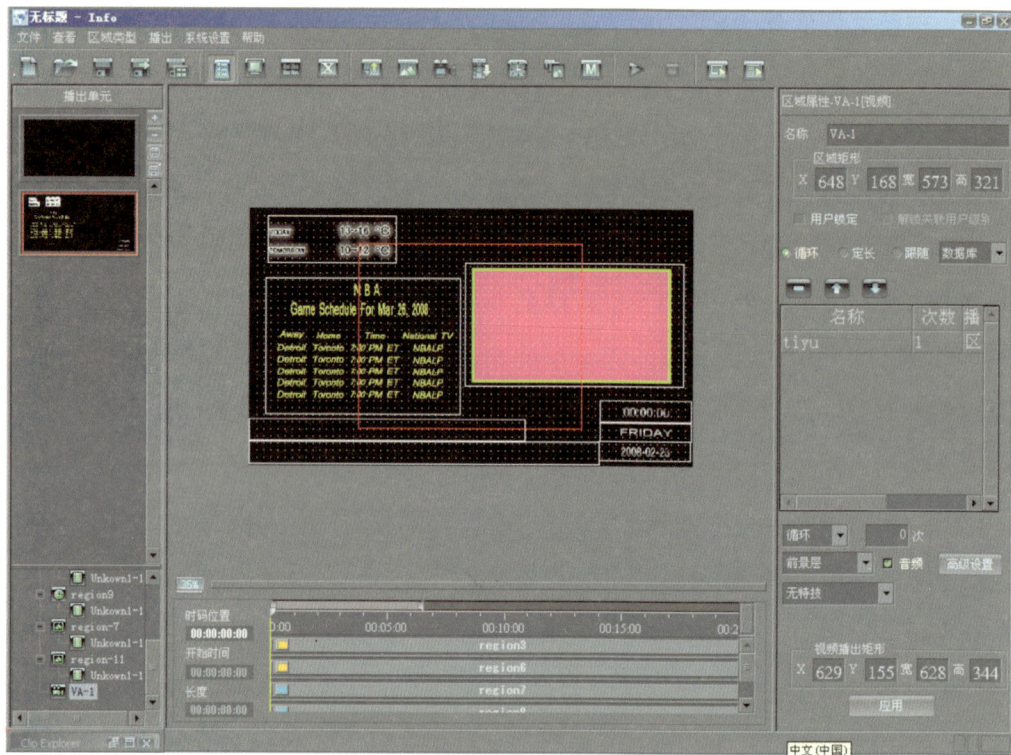

图 9-6　版式编辑模块

该模块的主要特性包括：①使用多类型播出区域分类：图文、滚屏、时钟台标、视频动画，保证制作快速、准确。②独立区域支持多个任务的添加，对每个任务均可设置不同的数据连接。③可独立控制所有任务及播出单元的播出。④系统提供对区域中任务的多种播出方式：循环、固定长度等。⑤提供基于统一时间线的关联任务编排。⑥支持水平和垂直不同版式，可兼容不同的显示设备需求。⑦内嵌 D3-CG 专业图文动画创作系统，通过模板化的制作实现完美的图文效果。⑧支持多种编单方式：自动播出、定时播出、即时插播、即时覆盖、垫片播出等。支持多种格式文件：AVI、MPG、DAT、WMV、MOV、TS 等。⑨支持多种压缩格式 DV25、DVCPRO、DVCPRO50、MPEG2-I、MPEG-2 IBP、MPEG4 以及无压缩视频格式等。⑩支持音视频信号的采集功能。

2. 节目编排模块

节目编排模块根据节目内容策划完成日程节目模板的编辑、制作以及定义与外部数据的连接。然后再根据节目播出计划，调用节目模板，制订播出单，同时设定各播出单的优先级顺序。在编辑节目单时，首先可以对播出终端进行分组编单，从而达到差异化播出的目的。同时在安排具体播出内容时，可以为根据模板的所有区域进行独立编单，从而达到丰富多样的播出效果。另外，不同区域的内容还可以绑定关联播出，比如在播出广告视频时，旁边的图文区域可以播出相应的文字介绍。

该模块主要特性包括：①为操作员提供界面，编排播出终端的 24 小时播出单，并指定此播出单发给那些播出终端。②为每个播出终端提取所需要的版式，播出单以及视频片断等信息，打包后生成发送任务，转给内容投递服务器。③当播出单变更时，为了减轻内容投递服务器的传送带宽压力，在打包之前，按照一定规则，智能判断哪些文件在播出终端上已经存在并没用改变。④实时数据更新采用文件投递方式，每隔一定时间为所选播出终端生成数据更新文件，生成发送任务，转给内容投递服务器。⑤支持多种播出方式：自动播出、定时播出、即时插播、即时覆盖、垫片播出等。⑥支持播出单元内容自动填满排程时段的方式，支持单个播出终端排程和批量排程。⑦支持套用时段与播出单元对应，每个排程时段可以按不同标准分类方式指派播出终端。⑧支持排程方式的模版套用功能，排程时段模板可以保存，以便下次套用。⑨支持排程预览，精确到秒的排成时段。⑩支持自动生成投递任务。⑪通过对多个独立任务、播出单元的排列组合，设定不同的播出、停止时间。

3. 内容投递模块

作为资讯发布系统，需要通过网络进行资讯数据的传送，考虑到资讯高效、实时、快速发布的应用需求特点，这要求有完善的节目传输平台，实现对于各个终端播出设备的内容分发和控制。内容投递模块可以适用于不同的硬件平台和网络环境，支持多种传输方式，如单播、组播等，再结合智能化的流量控制功能，能够有效地节约服务器资源和网络主干带宽。多任务并行传输和断点续传功能保证了内容投递模块工作的高效性（图 9-7）。

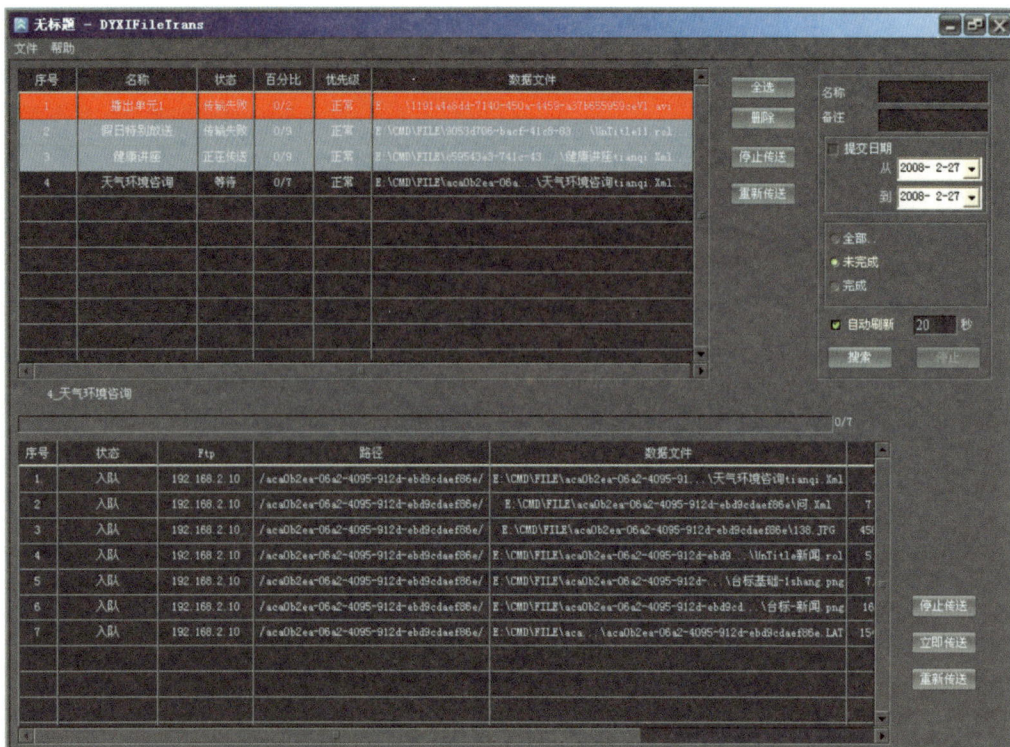

图 9-7　内容投递模块

4. 自动播出模块

播出服务器接收传送过来的播出单，根据播出单计划，将视音频信号输入至有线电视系统。播出服务器可支持多区域分屏播放模式，按照播出单排程系统的信息订制，各区域能够独立播放各自的节目序列。支持多种区域类型，如视频区域、直通视频区域、动画区域、滚动字幕区域、时钟区域、其他图文区域等。且播出区域分为背景和前景两层，可在某区域类型上动态叠加其他区域播放，使区域的播放显示更加自由。播出服务器中任一区域的类型可随播出单变化而改变。

5. 远程监控模块

远程监控模块监控所有终端的运行状态以及播出状态，提供完善的地图式终端搜索，能更加快捷的对终端进行定位和查询（图 9-8，图 9-9）。

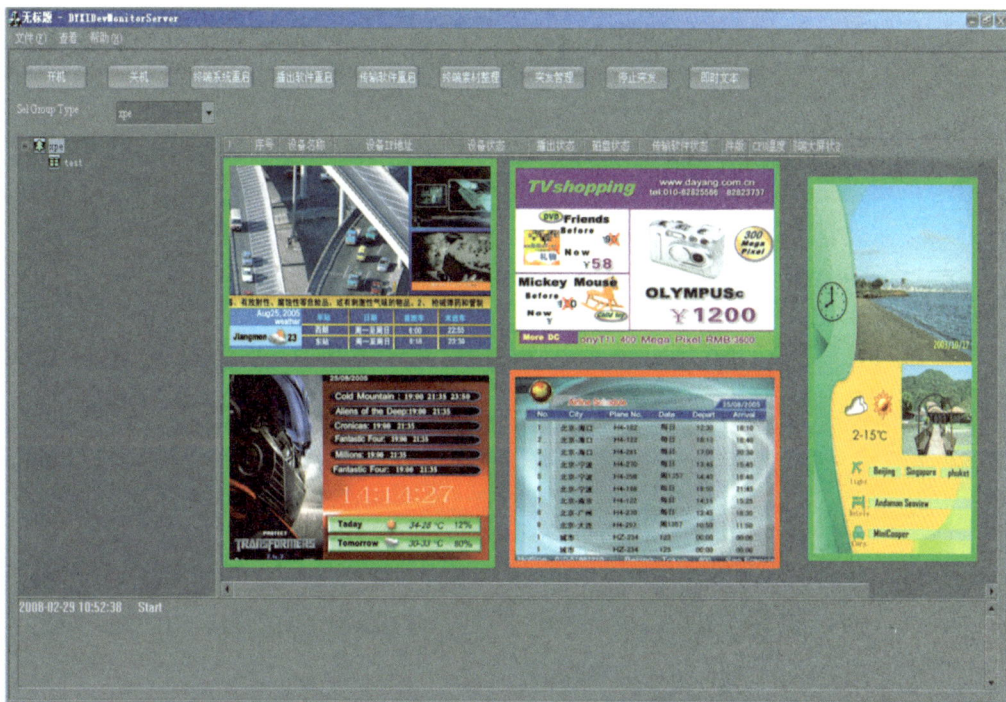

图 9-8　远程监控模块监控运行及播出状态

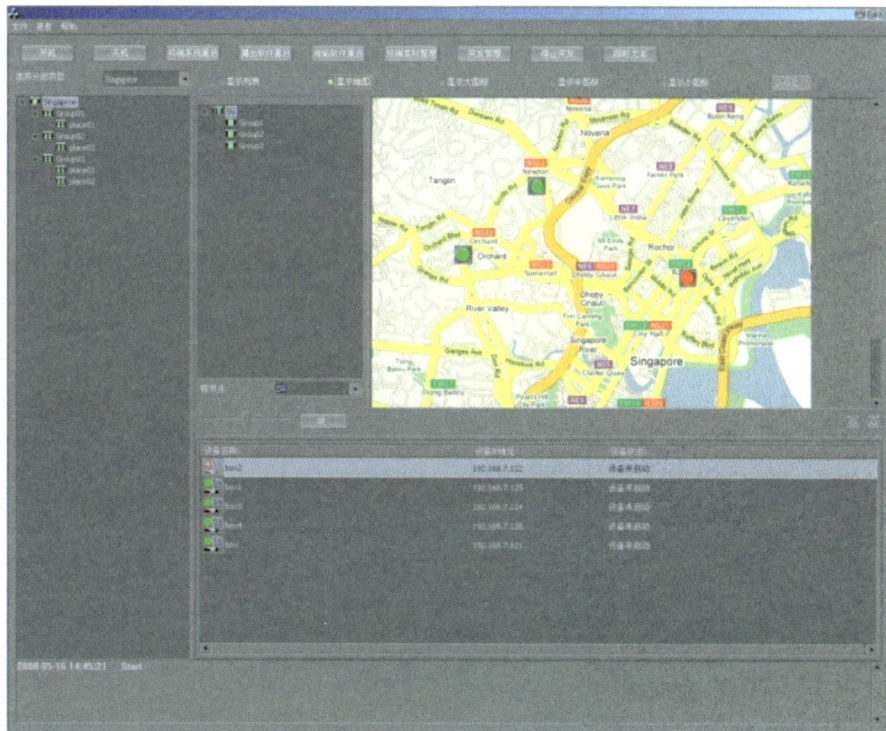

图 9-9　远程监控模块对终端进行定位和查询

此外，远程监控模式还包括系统内设备以及网络状态的监控，播出远程控制。具体功能包括支持故障自动处理和人工处理；重要参数监控，在控制中心监看播放终端的软件运行情况、处理器温度等状态参数；显示画面监控（通过网络将大屏幕上正在显示的图像回传给控制中心，便于查看目前的显示内容和模版布局）；可以对终端设备进行硬件和软件的开启和关闭远程操作；完善的地图式终端搜索，能更加快捷的对终端进行定位和查询；可通过监控系统向播出服务器发送 keep、take 命令来灵活控制节目播出长度。如在转播足球比赛时，可在转播过程中灵活控制直播时长，当比赛长度大于节目单预定长度时可发送 keep 命令，以此来延长直播时长，当比赛提前结束导致直播时长小于节目单预定长度时可发送 take 命令，提前结束直播。

第五节
维护与管理

对于 IT 系统来说生命周期中 80% 的时间属于运营阶段。系统是由软硬件产品集成的整合而成，这些系统，特别是播出系统，需要长时间不间断运行，虽然我们有很多冗余以及各种安全设计，但是经过长时间运行仍然会趋于不稳定，对业务安全造成隐患，因此，对系统进行主动的运维保障以及相关的业务服务是系统运营过程中必不可少的工作。

一、岗位设置及工作内容

表 9-2　岗位设置及工作内容

岗位名称	工作内容
系统管理	● 系统启动和关闭 ● 系统各个应用程序的正常运转 ● 系统各个服务的正常开启 ● 数据库备份、验证等定期维护，问题排查
素材上载及节目单编排	● 节目上载 ● 节目素材技术审核 ● 节目单编辑 ● 字幕准备 ● 字幕模板制作 ● 节目单更新 ● 节目单复核
内容审查值班	● 播出过程中的内容审查 ● 播出任务控制 ● 播出问题应急处理

二、播控相关的管理制度

完善的管理离不开规范的制度。馆内根据自身播控系统在运行过程中的经验与系统特点，制定了相关的制度文件，包括"播控素材制作和显示终端的技术标准"及"播控系统播放审核管理办法"，以确保系统能长期高效安全稳定地运行。管理细则中岗位设置及工作内容见表9-2。

（一）视讯播控系统备播素材的技术标准

1. 视音频素材要求

视讯播控系统可支持多种格式视音频素材播出，但综合考虑终端播出器存储、播出稳定性、网络推送带宽等因素，在保证播出质量的基础上，需符合以下要求：①需使用广播级专业非线编生成渲染的视音频素材文件。②完成版母带和修改工作带的统一标准为数字广播级1/2格式，其他格式的磁带在提供审查时，必须完成母带和修改工作的格式转换。③文件格式需统一。④标清视音频使用12M DV50素材。⑤高清视音频使用20M MPEG2_I素材。

2. 终端播出器安装要求

需根据现场实际情况，综合考虑视觉美观、播出质量等因素，确定终端播出器的安装方式，以及布线方式（以下长度要求均指实际布线长度，不是直线距离）。

（1）安装位置：①显示屏幕后：需考虑网线、电源线布线问题，以及后部预留终端播出器空间；大小约为（200mm×200mm×50mm=L×W×H），终端播出器周围需保证空气流通。②其他位置：需考虑视音频线、232控制线等线材的布线长度、规范限制问题，也需考虑设备的散热问题。

（2）线材长度：①视音频线材长度：为保证播出效果，终端播出器距离显示屏幕的视音频线材长度需≤5m；且在布线时需符合VGA/DVI/HDMI，音频线材布线规范要求。②其他线材：如距离显示屏幕的232控制线、距离交换级的网线长度、电源长度等，均需符合正常布线长度，以及布线方式规范。

3. 显示终端要求

（1）显示接口。①至少配备VGA显示接口，以及常规的音频接口。②建议配备 DVI、HDMI 接口。

（2）显示性能。①至少需支持 1280×720@60Hz、1366×768@60Hz。②建议还需支持 1920×1080@50Hz、1920×1080@60Hz。

（3）远程遥控功能。如需提供远程遥控功能（开关机、音量调节等），则显示屏幕需满足以下要求。①品牌／型号：系统中应尽量使用同一品牌／型号的显示设备。②接口：需提供 232 控制接口，并且能够提供可供第三方软件开发的 232 控制接口协议；且需保证所提供的控制协议符合用户项目要求，并可通过终端播出器软件实现相应控制功能。

（二）机房使用管理规范

（1）中心机房乃核心设备重地，严禁非系统维护人员之外的任何人员进入；如有特殊情况，须在台领导批准后，由系统维护人员全程陪同进入。

（2）系统维护人员应定期检查温湿度及灰尘情况，使之符合《中心机房环境要求》。

（3）所有人员不得对中心机房及所有非编机房内的设备包括连接线等擅自挪用或更改；系统维护人员需在台主管领导批准后，才可进行相应挪动与更改。

（4）所有使用人员不能断／合中心及非编机房的供电开关及设备的电源开关，违者将追究其相关责任。

（5）任何人员不得在中心及非编机房内吸烟、吃喝、乱扔杂物，离开时应将自己所有的物品（包括稿件及报纸等）带离，以保持良好的工作环境。

（三）业务系统使用管理规范

（1）明确以完成电视台节目制作的业务生产需要为主要目的。

（2）本系统属于技术复杂的节目制作平台，其用途是为满足电视台专业性节目制作的业务需要而构建。为保证系统正常运转，只有经过大洋公司统一的操作使用培训，并通过考试认证的人员才可使用该系统制作节目。

（3）任何人员不得私自在大洋工作站上安装任何软件；系统维护人员需在台主管领导批准下才可增删相关应用软件。

（4）严禁将网络系统用节目制作之外的其他目的；如：玩计算机游戏、制作与业务无关的节目。

（5）所有使用人员应使用自己的账号（由系统维护人员提供）登录网络系统各应用软件，编辑完成后应及时退出；账号不得混用，不得将自己的账号透露给他人，若发现有意泄露或盗用他人账号者，将取消上机资格。若因此造成系统故障，将追究其相关责任。

（6）为预防病毒，网络中所有工作站所有对外接口均禁止使用（包括软盘、光盘、USB设备），如有外来文件交互，需通过系统维护人员从专用接口交互。

（四）系统维护管理规范

（1）明确以不停止业务生产为主要目的。

（2）本系统属于技术复杂的节目制作平台，其用途是为满足节目制作的业务需要而构建。为保证系统正常运转，只有经过统一培训，并通过考核认证的系统维护人员才可承担该系统的日常维护工作。

（3）系统维护人员对问题应采取主动认真的态度，事无大小，均应纳入问题处理流程，严禁回避掩盖。

（4）系统维护过程中，系统维护人员应严格按照产品的技术手册进行操作，严禁违规操作。

（5）系统维护人员应执行日常巡检工作，即每天按照《系统日常巡检项目记录表》所列的项目，至少检查两遍系统；并填写《系统日常巡检项目记录表》。

（6）系统维护人员在日常巡检发现系统问题，或者接收到使用人员反馈的问题后应填写到《问题汇总及跟踪表》；以便跟踪处理结果。

（7）系统维护人员每周定期向负责人反馈《问题汇总及跟踪表》，督查系统问题解决进展。

国家博物馆视讯播控系统播放审核管理办法

第一章　总则

第 一 条　为规范国家博物馆视讯播控系统播放审核工作，让公众更好地了解国家博物馆丰富的展陈内容，丰富的藏品信息，丰富的宣教活动，逐步提高国家博物馆的社会知名度和社会影响力，特制定本办法。

第 二 条　依据德国 GMP 国际建筑设计有限责任公司、中国建筑科学研究院和国金项目管理公司提供的国家博物馆功能设计方案，新国博视讯播控系统的点位设计包括：办公区约 1000 个、展示区约 1500 个、公共区约 500 个（包括西门户外大显示屏两块），在上述视讯播控系统的点位播放的内容适用本办法。

第 三 条　本条例适用于国家博物馆引进的播放内容的审核。

第 四 条　国家博物馆对计划排入视讯播控系统的内容实行三级审查制度。

第 五 条　播放内容必须坚持为国家文博事业服务、为国家博物馆宣传教育服务的方向，坚持以国家政策为导向，传播和积累有益于提高和普及中华文明、有益于社会进步的优秀历史文化知识，弘扬民族优秀文化，丰富和提高广大观众的观赏层面。播放内容应当符合国家博物馆的公益性社会形象。

第 六 条　选题内容涉及（中办厅字〔1998〕13 号）和（广发编字〔1999〕137 号）文件所包括的内容，须严格遵守国家主管部门的立项、审查管理程序，并由制作方自行完成相关报批程序，在提交完播放内容进入视讯播控系统备播时须出示批复函件的副本。

第二章　审核程序

第 七 条　项目申请人提交播放内容时须负责处理所涉及的第三方版权问题，一旦与第三人发生知识产权或人格权问题时，项目申请人应负责及时解决并承担相关费用。

第 八 条　项目申请人提交的播放内容中不得出现演职员字幕、机构标识等。

第 十三 条　在国家博物馆视讯播控系统播放内容的审查实行三级审查制度，项目申请人须按以下要求完成《国家博物馆视讯播控系统播放审核表》的填写工作。

（1）只在场馆内安排的播放内容由项目申请人的业务主管（部门）负责内容初审，签字确认后直接送社教宣传部进行技术终审。

（2）如需在场馆外大屏安排的播放内容由项目申请人的业务主管（部门）负责内容初审，签字确认后报分管馆领导进行内容复审，签字确认后直接送社教宣传部进行技术终审。

（3）播放内容涉及国家博物馆的历史沿革、重大事件、主要领导等内容时由项目申请人的业务主管（部门）负责内容初审，签字确认后报分管馆领导进行内容复审，签字确认后报馆领导进行内容终审，签字确认后交社教宣传部进行技术终审。

第 十四 条　通过技术终审的播放内容将进入视讯播控系统的备播库，未通过技术终审的播放内容退回制作方修改直至达到视讯播控系统的技术要求。

第 十五 条　对审查结果提出异议的，可提出复审申请，进行复审。

第 十六 条　本制度自（　　　）起实施。

附：国家博物馆视讯播控系统播放审核表

国家博物馆视讯播控系统播放审核表

节目名称				
节目类型	☐ 新闻类 ☐ 专题类	节目时长	节目编码	
节目内容介绍				
播放位置要求				
申请主体所在 业务主管部门 意见				
分管领导 审批意见				
馆领导 审批意见				
技术审核意见				

三、巡检制度

（一）日常巡检

（1）检查核心机房基础环境，如温度、湿度及 UPS 状态（附表 1）。

附表 1　核心机房环境检查表

日期	20＿＿年＿＿月＿＿日		检查时间		记录人	
温度＿＿℃		湿度＿＿%		机房电压＿＿V	机房电流＿＿A	
UPS 面板状态		□正常　□异常	空调运行状态		□正常　□异常	

（2）检查核心机房内服务器、交换机、存储及带库的面板指示灯状态，确认所有设备都正常稳定的进行工作。若有异常状态，及时处理（附表 2）。

附表 2　核心机房硬件检查表

硬件检查					
种类	设备名称	检查项	状态	异常设备状态描述	异常设备位置
存储系统	磁盘阵列	指示灯、控制器、电源状态	□正常　□异常		机柜　U
	IBM 带库	面板显示状态	□正常　□异常		机柜　U
交换系统	以太交换机	指示灯、电源、端口状态	□正常　□异常		机柜　U
	光纤交换机	指示灯、电源、端口状态	□正常　□异常		机柜　U
服务器	MDC 服务器	硬盘、电源、网络指示灯状态	□正常　□异常		机柜　U

（二）交换机日常检查内容

（1）检查所有以太交换机 SYS 指示灯、STAT 指示灯；显示绿色为正常。如指示灯显示异常（如橙色或未亮），请按以下顺序处理以便定位问题：①请先检查连接到该交换机上的所有设备是否以太网连接已断。②恢复系统正常的业务生产后，请立即联系大洋公司售后部门，以进一步处理问题。

（2）检查重要设备和以太交换机连接端口的指示灯，该重要设备包括：主备播出服务器、发布服务器及备用 INFOBox。端口指示灯显示绿色为正常；如指示灯显示异常（如橙色或未亮），请按以下顺序处理以便定位问题：①请先检查显示异常的端口所连接的设备是否以太网连接已断。②如出现异常的端口所连接的是主备播出服务器、发布服务器及备用 INFOBox，请顺序更换该设备的以太跳线、与交换机连接的端口、重新安装该工作站的以太网卡驱动，直到恢复该设备的连接即可。③恢复系统正常的业务生产后，请立即联系大洋公司售后部门，以进一步处理问题。

（三）MDC 服务器日常检查内容

本系统中有两种 INFO 播出服务器，INFO 制作发布服务器作为 INFO 节目制作发布源。

（1）查看主备 INFO 播出服务器上的所有指示灯，包括系统状态灯、硬盘状态灯、网卡状态灯；显示蓝色为正常。如有某个灯为红色或未亮，请立即联系大洋公司售后部门，以进一步处理问题。

（2）查看 CPU，内存信息。在主备 INFO 播出服务器打开任务管理器，查看 CPU，内存信息（附表 3）。

如发现 CPU 或内存占用超限，可能是由于病毒导致，请立即使用杀毒软件线程查看工具，检查当前线程启用情况，并立即联系大洋公司售后部门，以进一步处理问题。由于主备 INFO 播出服务器的 CPU 及内存负荷是依据网络使用量的增减而改变，故大洋公司强烈建议在每日执行此项科目的检查，如发现异常，则请相隔半小时再检查一次，如连续 3 次检查均发现异常，请立即联系大洋公司售后部门，以进一步处理问题。

附表 3　MDC 服务器 CPU 及内存安全阀值表

MDC 服务器 CPU 及内存安全阀值表		
	CPU 安全阀值	内存安全阀值
MDC	35%	800MB

（3）查看系统卷 C 盘空间。如发现 C 卷已用空间超限，请按以下顺序处理以便定位问题（附表 4）。①请检查是否染毒。如确已染毒，请立即将染毒服务器从网络中断开，使用另一台热备服务器接管播出服务，然后对染毒服务器进行病毒

查杀。确认病毒查杀干净后，在停机时段，将该服务器重新接入网络。②请检查是否安装其他第三方新程序。

附表 4　服务器系统卷空间——安全阀值表

MDC 服务器系统卷空间——安全阀值表		
卷名称	格式化容量	安全阀值（80% 以下）
C	19.5GB	14GB

如以上措施均未查明问题原因，请立即联系厂商售后部门，以进一步处理问题。

（四）数据库日常检查内容

SQLServer 数据库日常检查内容。①查看 INFO 制作发布服务器上所有指示灯，包括：硬盘状态灯，系统指示灯，内存指示灯，电源指示灯，风扇指示灯等；在服务器前面有个指示灯面板，正常情况下，指示灯为蓝色，如有某个灯为红色或未亮，请立即联系大洋公司售后部门，以进一步处理问题。②查看 CPU 及内存信息（附表 5）。由于数据库服务器的 CPU 及内存负荷是依据网络使用量的增减而改变，故大洋公司强烈建议在每日节目生产业务高峰期再次执行此项科目的检查，如发现异常，则请相隔半小时再检查一次。如连续 3 次检查均发现异常，请立即联系厂商售后部门，以进一步处理问题。③查看系统卷 C 盘空间（附表 6）。

附表 5　SQL 服务器 CPU 及内存安全阀值表

SQL 服务器 CPU 及内存安全阀值表		
	CPU 安全阀值	内存安全阀值
SQL	35%	800M

附表 6　SQL 服务器系统盘空间——安全阀值表

SQL 服务器系统盘空间——安全阀值表		
卷名称	格式化容量	安全阀值（80% 以下）
C	19.5G	14G

如发现 C 卷已用空间超限，请按以下顺序处理以便定位问题。

首先，请检查是否染毒。如确已染毒，请立即将染毒服务器从网络中断开，使用另一台热备服务器接管数据库服务。

其次，对染毒服务器进行病毒查杀。确认病毒查杀干净后，在停机时段，将该服务器重新接入网络。

再次，请检查是否安装其他第三方新程序。

如以上措施均未查明问题原因，请立即联系厂商售后部门，以进一步处理问题。

（五）问题处理

巡检中遇到问题或事件，根据既定流程及时进行处理，并在《问题跟踪表》（附表 7）中详细记录问题及处理过程。需要记录的内容包括问题及事件描述，产生原因，当前解决状态，解决过程等。

附表 7　问题跟踪表

序号	事件日期	所属系统	关键字	分类	事件等级	填报人	事件处理人	解决状态	事件描述	事件原因分析	事件处理过程纪录	建议
1				软件				处理中				
2				硬件				已解决				

四、媒体视讯播控系统为公众提供的服务

馆前草坪的 LED 落地屏实时播出为观众提供参观信息，注意事项；博物馆内不同位置的显示屏循环播出展讯；宣传屏上播出本馆宣传片（附图 1）。

附图 1　媒体视讯系统所提供的公众服务

参考文献

[1] 耿望阳，许风宝. 浅析公众资讯（PIS）系统 [J]. 智能建筑，2005（6）：29–32.

[2] 方芳，王启汉，陈炜. 华数求索高清频道播出系统设计与实现 [J]. 西部广播电视，2016（23）：192–194.

[3] 杨芳. 浅谈广播电视播出技术维护与管理 [J]. 科技经济导刊，2017（2）.

后 记

　　《文化＋科技——广播电视技术在博物馆中的应用研究》编写历时近 8 个月，由多位具有丰富博物馆广播电视信息建设工作经验的同志共同整理编撰而成。我们希望通过此书，能够将中国国家博物馆在开展广播电视领域信息化建设工作中所做出的努力、取得的经验传达给博物馆界的探索者，为更多的博物馆提供一个可借鉴的广播电视系统管理运营模式。若有疏漏之处，希望读者朋友们不吝指正。

　　在本书付梓之际，我们感谢中国博物馆学会社会教育专业委员会对我们工作的支持、帮助和指导；感谢科学普及出版社为本书出版所做的努力，感谢所有参与本书编辑出版工作的同志。

编者

2018 年 2 月